笑いのスペシャリスト9人に学ぶ

父《ちち》勉《べん》と子育て

春陽堂書店 編

はじめに

「旦那が育児に参加しない」とママさんたちが嘆く声をよく耳にします。育児に参加したいとは思っていても「仕事が忙しい」「ママじゃないと子供が嫌がる」「やり方が分からない」といった理由で、結果的にほとんど子育てに参加できていないパパさんたち。止まらないママの愚痴。ときには子育てが原因で離婚を考える声もＳＮＳやインターネットで見かけます。多くの情報に溺れ、どんな育児をしていいか悩んでいる人もいるでしょう。さまざまな事情で、一人で子供を育てている人もいます。

たしかに、現実の子育ては綺麗ごとだけでは済みません。けれど、少しでも夫婦がお互いの環境を理解しあい苦楽を共有できたら、どんなに素晴らしいことでしょうか。育児をすることで子供とママさんをあったかい笑顔で包むパパさんがもっと増えてほしい――。

本書『父勉《ちちべん》と子育て』は、そんな想いから始まりました。紹介するのは、芸人として活躍する９人の男たちの子育て論です。父親になったときのエピソード、子どもや家族との関わりのなかで経験した挫折や困難、独自のこだわりや育児法などをお聞きしてまとめました。

そして巻末には、教育ジャーナリスト・加藤紀子さんに、芸人パパの優れたところや特徴を解説していただきました。

お笑い芸人は「楽しむこと」のスペシャリスト。話を聞いてみたら、日常の子育てにおいてもそれは同じでした。一緒に喜んで、怒って、泣いて、笑って……本書には、みなさまに役立つヒントがきっとあるはずです。芸人の目線や思考を通して、「子育てとは何か」を考えてみてください。どんな時代でも、どんな子供でも、ずっと変わらない正解はありません。だからこそ、自分なりの育て方を探りながら見つけて欲しいと考えています。

父親になることを勉強するから「父勉」。

今、パートナーや子どもと過ごす時間を見つめることは、自分自身の成長を示す道標にもなるでしょう。ママさんは、パパと一緒に読んでいただき、子育てについて語り合うきっかけ作りをしてみてください。育児が楽しくなるヒントが詰まっています。ぜひ、明日からの子育てで実践していただけば幸いです。

春陽堂書店

もくじ

ISHIDA TAKUMI

2

石田たくみ（カミナリ）　らいおんハートな気持ち

TAKA AND TOSHI

5

SHINOMIYA AKIRA

6

TAKIZAWA SHUICHI

7

ISHIDA AKIRA

8

装　　画 ―― docco
デザイン ―― 駒井和彬（こまゐ図考室）
写　　真 ―― カノウリョウマ、井筒千恵子
執筆・構成 ―― 玉置晴子

1

レイザーラモンRG（レイザーラモン）

対等さを意識

Razor Ramon RG

―― レイザーラモンRG ――

取材日：2020.7.20

1974　熊本県上益城郡生まれ。
1997　大学のプロレス同好会で顔を合わせていたHGと「レイザーラモン」結成。
　　　立命館大学経済学部卒業。
　　　第18回「今宮子供えびすマンザイ新人コンクール」福笑い大賞受賞。
1999　バッファロー吾郎プロデュース「爆笑新ネタ逆転満塁ホームラン寄席」初出演。
　　　同年10月、初のレギュラー番組『クヮンガクッ』が開始。
2000　第21回「ABCお笑い新人グランプリ」審査員特別賞受賞。
2001　吉本新喜劇に入団。
2002　相方のHGがブレイクし始める。
2003　小籔千豊とユニット「ビッグポルノ」を結成し音楽活動を開始。
　　　結婚。
2005　吉本新喜劇を退団。東京進出。
　　　6月に第一子（長男）誕生。
2006　プロレスイベント「ハッスル」に参戦。
2009　あるあるネタがブレイク。
　　　NHK教育『おかあさんといっしょ』の「はみがきじょうずかな」コーナーに親子出演。
2011　『R−1ぐらんぷり』準決勝進出（翌年も準決勝まで進出）。
2014　ツイッターで娘が2013年に18トリソミーで死産したことを報告。
　　　『R−1ぐらんぷり』準優勝。

嫁のたくましい行動に、感謝している毎日。

——妊娠が発覚したときの状況を教えてください。

相方のレイザーラモンＨＧが売れて、僕らは認知していただける芸人になっていく過程の頃に妊娠が分かりました。それより前は大阪で吉本新喜劇によく出ていて、決められた時間に出番がある毎日だったんですよ。定期収入があり、時間もある程度余裕があったので、バイトもきちんとできていました。嫁さんも働いていたので、今思うと**３つの財布があった**んですね。以前から子供が欲しいと考えていたので、このタイミングでつくろうと。ただ妊娠してからは、あっという間に状況が変わり、僕らの計算通りにはいかなくなってしまったのですが……。

——ＨＧさんのブームが２００５年。「レイザーラモン」が全国区になった年ですね。

そして息子が生まれたのもこの年です。仕事が東京中心になり、急遽、新喜劇もバイトも辞めて東京に行くことが決まりました。子供が生まれたときに嫁さんは仕事を辞めているので、子供を育てていけると感じた3つの財布もまったくなく（笑）。テレビに出演させていただいたので一時的には収入が上がったのですが、**収入以上の生活の変化が大きかった**です。

何よりも自分の時間がなくなりましたね。当初は新喜劇に出て、子供が寝ている間にバイトをして、それ以外はのんびり、と考えていたのですがそうもできず。ありがたいことに、東大を目指す番組「豪腕！コーチング!!」（テレビ東京）のレギュラーになったり、月2回行われるプロレスイベント「ハッスル」への参戦が決定したりと、めちゃくちゃ忙しくて。僕は傷だらけで帰ってきて、家では寝るだけの毎日だったので、子育てや家事はすべて嫁さん任せでした。今思うと何もしてあげられなかったことが本当に申し訳ないです。そして、ただただ嫁がたくましかった。

——奥さまのどの辺りがたくましいと感じましたか？

子供は0歳、一番大変なタイミングで、知っている人がいない東京に引っ越したことですね。普通同じところに住んでいても、子供が生まれて生活が変わるから不安になるタイミング。なのによくやったなと。ちなみに最初、子育てのことはあまり考えず都内の便利な場所に住んだんですよ。土地勘がないから〝とりあえず〟という感じで。ただある日、嫁が「**ここはあかん。もっと田舎に引っ越したほうがいい**」と引っ越し先を決めてきました。場所は

子供を育てやすい郊外。「収入がーんと落ちることもあるけど、ここならそれでも大丈夫」と嫁に言われたときは、すごいなと思いましたね。だってちゃんと先まで見えているわけですから。家賃を上げずに広さを確保し、子供のために車を手に入れて維持しやすい場所になりました。僕自身も車が欲しかったのでうれしい引っ越しだったのですが、他の芸人たちからは**「めちゃくちゃ遠っ！」**って言われっぱなしで（笑）。まぁ、仕事をするには遠いんですが、それより嫁さんが色々考えて動いたことに感動しました。

——経済観念がしっかりとした奥さまなんですね。

本当に頭が上がらないです。じつは付き合いだした頃、僕には借金があったんですよ。それを知った嫁は「私が全部返すから」と言ってくれ、実際に返済できました。そのときから、嫁にするならこの人だなという気持ちは強かったです。安心感はもちろん、**彼女となら自分も頑張れる**感じがして。付き合って3、4年で結婚したんですが、プロポーズも劇的な感じではなく、当時の大阪市は結婚したほうが、家賃補助が出たりと経済的な優遇があったので、同棲するくらいなら結婚したほうがいいかな？　と思ったのが大きかったです（笑）。常にずっと支えられているんですよ。

お金まわりは今もすべて嫁任せです。**財布もすべて預けていて丸投げ**（笑）。なので、嫁が先に亡くなってしまったらちょっと大変だろうなという気はします。いずれは考えていかなきゃいけないのかもしれないですが……。感謝している毎日です。

家庭の中心は嫁。嫁が「居心地のいい」場所をつくる。

——お子さんが生まれ、父親になった実感はすぐわきましたか？

すぐにはわきませんでした。嫁は実家の熊本で出産したんですよ。僕は生まれる瞬間には立ちあえず、生後1日たって駆けつけました。出産する1カ月前から嫁は実家に帰っていたので、息子よりも嫁に会えた気持ちのほうが大きかったです。「やっと会えた〜」と（笑）。息子に関しては、正直かわいいというより「**くしゃくしゃでお猿さんみたい**」という感覚に近かったのかも。なんとなく自分の息子だな、自分は父親になったんだなと思い始めたのは、一緒に住みだしてから。お風呂に入れたりしていて次第に感情が生まれてきたという感じです。

――仕事が忙しい時期の子育てとなりましたが、育児はしていましたか？

お風呂は入れていました。とはいえ上手くはなかったですが（笑）。あと寝かしつけはよくやりました。変なしりとりをずっとしたり、誰かのギャグをしたり、**キャッキャ言いながら寝かしつけていました**。それがすごく楽しくて……。帰ってから息子が寝るまではずっと一緒にいました。育児は得意でなかったですが、意外と楽しんでいたんですよ。これが〝うちらしさ〟というか……。**大事にしていたのは「楽しむこと」**。子育てがしんどい、と言うことはないようお互いに気をつけていました。

今振り返ってもそれくらいしか思い出せません。本当に仕事ばかりの毎日で、忙しい中、僕がうれしかったものといえば、当時やっとできるようになったメールの動画。今日何があったのか、毎日動画で送ってもらっていました。そのおかげで、忙しくても身近に息子の成長を感じていたのかもしれないです。

――日頃から奥さまに感謝の気持ちは伝えていましたか？

よく伝えていました。「ありがとう」と口に出すのはもちろん、地方に行くことも多かったので、嫁が好きな物を見つけては買ってきて、少しでも気分が上がるように心がけました。あと「あれをやってよ！」と強く言うタイプではなかったので、ケンカはなかったです。もしそれを言われていたとすると「俺だって仕事が忙しい」と言ってしまうので、絶対にもめていましたよ。いい嫁をもらってよかったです（笑）。

――「育児をしんどいと言わない」の他に夫婦で決めていたことはありますか？

子供に親のケンカは見せないようにしています。お互いムカッとすることもあるんですが、なんとか**笑いで収まるように努力**しています。世の中には子供を虐待したり、残虐な事件があったりするじゃないですか。そんなニュースを見て、「ああなったらダメ」と話し合い決めました。とくに息子が生まれた頃は残虐な事件が多かったんですよ。なかでも印象深いのが兄弟の事件で、成績の良いお姉ちゃんばかりを親がかわいがっていたとか、両親がよくケンカしていたとか、そういう出来事が事件の背景にあって……。子供はきちんと理解していないかもしれないけど、言い争いを身近に見ていると少なからず影響されてしまうのでは？と感じました。なので、なるべく仲の良い親子でいたいと思い、愛情をかけるところはきちんとかけ、**努力しているところはきちんと見せる**ようにしています。

あとは嫁の状況を優先することです。今、彼女が何を考えているのか、機嫌がいいのか悪いのか、何をしてもらいたいのか……など先読みして行動することがいいかなと。洗い物やゴミ出しなど気づけばやっています。僕の**家庭の中心は嫁**なので、家庭を平和に保ちたいなら嫁にとって居心地のいい場所をつくることが大事だと思います。

親子関係は、「シェアハウス」している感覚。

——現在、息子さんは15歳です。どのようなお子さまに育っていますか？

曲がったことが嫌いな少年になりましたね。正義感が強いんですよ。こうなった理由として考えられるのは、小さいときに〝ディズニー・チャンネルをよく見ていた〟こともあると思うんですけど（笑）。ディズニーの番組は根底に「正義感」や「いじめはやめよう」「みんなで仲良くしよう」というテーマがあって、息子は毎日見ていたからそういう思考になったのかな？　と思います。ディズニー・チャンネルに育てられたと言っても過言ではないです。

最近だと、僕がテレビを見ていて「あの子はちょっとブスだね」みたいなことを言うと、「そういうことは言わない」と注意してくれます。**容姿についてやLGBTに関することは本当にフラット**な考え方を持っていて、頼もしいなと思っています。

――しっかりとした息子さんですね。

一人っ子というのもあるんですが、僕にとっては子供というより「弟」や「友達」みたいな感じで対等さを意識しています。もちろん赤ちゃん期が過ぎて、3～10歳くらいまでは「子供」という感覚でしたが、今は人格もしっかりしてきたので、**子供扱いするのは申し訳ない**かなと考えています。スマホや若者文化について彼から学ぶことも多いですからね。気になることがあったら、「これはどうなの？」と聞いています。

家も親子で住んでいるというより、**気の合う仲間たちが〝シェアハウス〟している感覚**に近いのかな？　家族だと自分のことを棚に上げて色々要求してしまいますが、この関係だとお互いを尊重しあえてすごく楽。他の家庭は分からないですが、不思議な親子関係です。

――シェアハウスという考え方はいいですね。子供部屋はどうしていますか？

うちは子供部屋をつくっていないです。あるバラエティ番組で東大出身者の家庭を多く取材させていただいたんですが、子供部屋ではなくリビングで勉強させていたんですよ。それを見てこれはいいなと。リビングは、何をしていても**目が届くので隠し事がなくなる**んですよ。嫁と二人で「このやり方でいこう」と決めました。物が多すぎて子供部屋をつくる場所がなかったという理由もあるのですが……。

なので、息子は生まれてから自分の部屋を持ったことがないです。今、中学3年生で勉強はリビングでやっていますね。でも僕も同じようなもので。寝室に大きなベッドが一つあるんですが、僕と嫁専用ではないんです。大体、嫁はそのベッドで寝ますが、僕と息子は早く寝るほうがベッドを使い、夜更かししたほうがリビングで寝るようにしています。本当に**「部屋」の概念がない家**なんですよ。なので、リビングは息子と僕のおもちゃであふれています。

――不満はないのですか？

今は聞こえてこないですね。できるだけこの形でやっていきたいと考えているので、もし一人部屋が欲しいと言ってきたら、他の物を与えてごまかしていこうかなと思っています（笑）。まぁ、本音は欲しいんだろうと感じます。だって、僕らが出かけて一人で留守番するときなんかはすごく喜んでいますから。そういう**羽を伸ばす瞬間は適当にあげていきたい**と思っています。

色んな人と子供についての考え方を話していると、時代の変わり目にいるなって改めて感じますね。家族の生活習慣が異なり、ご飯を一緒に食べることが本当に珍しい。うちも、ご飯はみんな揃って「いただきます」がなかなかできないので、好きな時間に、好きな場所で食べています。こんなこと昔なら考えられないですが……自分たちがやらなければならないと思っていたことは**一度すべて捨てて、フレキシブルに動いています**。だって、みんなで時間を揃えることが誰かのストレスになってしまう可能性がありますし、家にいるときくらいはストレスなく過ごしたいですからね。

スキンシップは、お互いが存在を気にしている合図になる。

——家庭でのルールはありますか？

挨拶ですね。「おはよう」は必ず言うようにしています。息子から返ってこないときも「おはようは？」と聞き返す感じ。でもそれくらいかな？　あっ！　あと、僕と息子はバスケット選手がよくするグータッチや腕をクロスするハンドシェイク（握手）を「行ってきます」のときに必ずしていますね。どちらかが寝ていても起こして手だけを動かして。これでお互いが存在を気にしているよ、という合図になり、「**いつもつながっている**」と感じる事ができます。息子が5歳のときからだからもう10年近い習慣になっているので、機嫌が悪いときも、眠いときも、ケンカをしたときでも必ずやる。息子が試験の成績が悪くてふてくされているときも手を出せば自然と返ってくるので、反抗期対策にもなっているのかもしれないです。

――日頃から意識して取り入れているんですね。

スキンシップは昔からよくしていて、息子と歩くときは肩を組んでいます。実際の友達と肩は組みませんが息子とならできる。不思議ですね。そのあたりが息子を弟や友達だと感じるところなのかもしれないです。10歳を過ぎたらそれなりに大人ですし、まだ悩みとかは相談されないですが、今後は機会があるかもしれない。お互いに深く入り込むのは照れくさいですが、相談されたら乗ってあげたいです。

本当に息子という友達ができて楽しいですよ。お土産を買って喜んでもらいたいと思ったり、髪を切りすぎて元気がなかったら慰めてあげたり、彼のために何ができるんだろう、と常に考えています。親友ですね。くしゃくしゃのお猿さんのように生まれてきた彼を見たときからは想像できない感覚で、毎日がドラマチックです。

「新しい世界」を子供と一緒に。

――「父親」であり「親友」でもある。息子さんも同じ感覚なのかもしれないですね。

う〜ん、そう考えてくれているとうれしいです。でも僕としては「家」の世界だけでなく、ちゃんと「外」の世界も見て欲しい。親にベッタリになるんじゃなく、人並みに友達とか、彼女ができるといいなと思っています。

息子が0歳のときに引っ越しをして、それ以降していないんですが、じつは**地元の友達をつくってもらいたい**という想いがあったんです。僕は小3のときに愛媛に引っ越しをしているのですが、すべてリセットになる感じを息子には味わって欲しくないんですよね。やはり「地元」って何か特別な存在のような気がしています。そこで大事な人を見つけてもらいたい。

今、僕らは初めて同じところに15年住んでいるんですよ。嫁の家族も僕と同じ転勤族だったので、**やっと地元ができた感じ**。子供ができたからこそ、住んでいる場所が自分の地元になりました。そうやって子供によって新しい世界をつくってもらっているような気もします。

仕事を取るか、子供を取るか。

――息子さんは中学3年生です。父親の職業も理解していますか？

今は分かっているので何も問題はありません。子供ができたときは正直どうしよう？と悩みました。とくに息子が生まれた2005年は、相方のHGにくっついてテレビに出ている感じだったので、まぁ尊敬はされない売れ方なんですよ（笑）。振り返ってみて「あのとき、息子が現在の年齢だったらどう感じていたのかな？」とちょっと恐ろしく感じます。「ハッスル」でプロレスをしていた時期は頑張っているお父さんを見せられる機会だったのですが、まだ理解していない状況。なんとなくテレビに出ている人がお父さんだと認識できるようになったのは「あるある」ネタをやり出したくらい。タイミングは本当によかった。お父さんとしては**いいところだけを見せていきたい**ですから。

息子が小学生の頃、「やりすぎコージー」（テレビ東京系）の番組収録スタジオに連れて行ったことがあります。〝親子芸人大集合〟みたいな企画で、粉が敷き詰められたところにかかった棒の上で叩き合いになり負ければ落ちて粉まみれというコーナーで、僕は落ちたんですよ。

芸人としてはものすごく〝おいしい〟のですが、息子はそれを見て大泣き。「パパが負けた～」って。司会の今田耕司さんや東野幸治さんもあたふた（笑）。そのとき「ほんまにえぇ息子持ったな」と言われたのは鮮明に覚えています。どんな芸風でもやはり息子にとって**お父さんとはヒーロー**なんですよ。育て方は間違っていなかった、としみじみ思いました。

――息子さんが誕生してから少しずつ芸人としてのキャラクターを変化させているように見えるのですが意識していますか？

正直、2005年の頃の〝いじられキャラ〟は芸人としてはおいしかったりするのですが、子供から見たらどうだろう……と考え、なんとなくシフトしています。途中から下ネタ関係の仕事もお断りしていて。これは授業参観に行ったとき、息子が友達に「オマエのお父さん、エロいことやっていたな」と言われたくないと思いまして。ほら、子供って無邪気だったりするじゃないですか。我が家は郊外に住んでいて芸能人がほとんどいない場所なので、**悪目立ちはしたくない**というか。息子がイヤと言ったわけではないですが、僕が息子から言われたらショックなのでやっていないです。

みんなから「RGの息子」として少しでも憧れられたらいいなと思います。もちろん「いじられキャラ」も「スベり芸」も芸人としてはめちゃくちゃおいしいし、なろうと思ってなれるポジションではないと思います。僕はその選択肢をもう捨てちゃっているんですよ。だったら尊敬されて銅像でも建ててもらおうと（笑）。芸人としては大事な物を捨てている気もするんですが、**僕は子供を選びました**。

――葛藤はありましたか？

う〜ん。これがまた難しくて。息子のこともありますが、じつは僕自身、複雑な気持ちがあったんです。〝いじられキャラ〟でテレビに出ていた当時、今のようにＳＮＳがそこまでなかったんですが、ある掲示板を見ると、地元の方や同じ高校・大学の方が「恥だ」と書いていて結構誹謗中傷があったんです。それを見たときは「うわっ」と思いました。地元に帰るのも恥ずかしかったり、親もあまりよく思っていなかったりして……。「これはちゃんとしなきゃ」と少しずつですが考えていました。

――それが漫才やピン芸人として精力的に活動する源になったのですか？

プロレスを頑張っていてもあまり伝わっていなかったし、やはりお笑いをちゃんと頑張ろうと、**芸人としての原点である「漫才」**に力を入れました。２０１２年からかな。相方のＨＧにも家庭ができて、気持ちの変化があったのかもしれないですし、お互い色々葛藤はあったとも思います。ただ、HGは見た目がシュッとしているし、奥さんもタレントさん、当時の芸風であっても子供にはツッコまれはしなかったような気もしますけど（笑）。僕は少しでも**状況を払拭したい**と考えていたのは間違いないです。

そんな経緯があったので2013年の「THE MANZAI」（年間最強漫才師を決める賞レース）で、決勝に進めたのは本当にうれしかったです。息子は小学5年生でしたが、その気持ちは伝わっていたみたいで、学校で日直の一言のときに「今日は、うちの父が『THE MANZAI』の決勝に出るので見てください」と言ったらしいんですよ。聞いたときは胸が熱くなりましたね。

とはいえ、結果はオンエアされた芸人の中で最下位。なかなか厳しい結果だったんですが、その後もうちの息子はすごくて……。両親とスピーカーフォンで電話をしていると、親が「ダメだったね」みたいにイジってきたんですよ。それを聞いていた息子は「いや、**あの場に立てることがすごいと思います**」と言ってくれて。もう、なんて真っ直ぐな子なんだ！ と感動しました。

しつけの難しさ。息子にして欲しくないことはしたくない。

――息子さんがしっかり育っている姿を、節目節目で感じることは素晴らしいですね。

父親として本当にうれしいです。ここまで真っ直ぐ育ったのは、嫁のおかげだと感じます。すごくありがたいですね。

ちなみに、うちは〝出渕《いずぶち》〟という変わった名字で、家系を遡ると愛媛県の武士の名前なんです。番組の企画で判明したのですが、ひいおばあちゃんの世代が女性ばかり生まれて途絶えかけたんですが、おばあちゃんが養子をもらい〝出渕〟の名前を守ったということがあり。それを見ていた、当時小学生だった息子が「僕が**〝出渕〟を絶やさないようにする！**」と強く言ってくれたんですよ。それも感激しましたね。強い子に育ってくれたなと。

とはいえ、**優しすぎるところがある**ので、そこは不安です。僕自身があまり怒ったことがないので、彼は怒られたことがほとんどないんですよ。ダメなことをしたときも、理由を言って〝いつも買ってあげていた物を今回は抜きにする〟という叱り方で。嫁は怒ることはありますが、基本、じっくり冷静に詰めていく感じ。甘やかしていると言えば甘やかしています。僕は若手時代に怒られることが多く、イヤだったんですよ。だから怒られていい気はしないと思うので怒りたくない……。

あと、手が出る子供を見ているとやはり親がやっていることが多いのでなるべくしたくない。しつけとはいえ、息子にして欲しくないことはしたくない。**〝子は親の鏡〟**と言いますからね。ただある程度、強さは持って欲しいです。すごく言っていることは矛盾しているのですが**グッとこられたらやり返す**くらいできないと、これから苦労するような気もしていて……。育て方には正解がないように、そのときそのときで悩んでいます。難しいですね。

生まれてくることが、どれだけ奇跡か。

――RGさんにはもう一人お子さんがいたとお聞きしました……。

嫁が息子を産んで一段落したあと、「もう一人」と思い、頑張って妊娠することができました。ただお腹にいるときに病気が見つかり、調べてみると「エドワーズ症候群（18トリソミー）」という染色体疾患と分かりました。お医者さんからは**「生まれても長くは生きられ**

ない可能性がある」と告げられたのですが、色んな可能性を考え、悩みに悩んで産むことにしたんです。覚悟はしながらも、どのような状況であっても生まれることを楽しみにしていましたが、生まれる直前に亡くなり、出生届も出せませんでした。

あの頃は本当に大変で……。嫁は結構前から入院して、僕は小学生の息子を連れてロケに行ったりしましたね。生まれてくる日も夜中に産気づいて僕だけ病院に向かったのですが、病院に着いたら「娘はすぐに息を引き取った」と聞かされました。

そして同時に、嫁も出血多量で緊急事態だと知らされ、「二人とも死んじゃうのか……」となんとも言えない絶望感に襲われました。待合室では何も考えられなかったです。朝4時に手術が終わり、嫁が大丈夫だと判明してやっと、娘について考えることができました。あのときに見た朝焼けは今でも覚えていますし、写真に撮って手元に残しています。

——息子さんもそのことは理解していたのですか？

小学生だったので、娘が生まれてくる前から「生まれてきてもすぐにいなくなってしまう病気だよ」と話していました。だからこそ、いつもとは違う環境でも文句を言わず頑張ってくれたんだと思います。ただ娘の葬式をしてあげたかった。出生届を出す前だったので生きた証がなく、きちんとした葬式をすることはできなかったんです。なので僕たち家族だけの形で行い、命日には今も家族で旅行して長女を思い出しています。
ちなみに生まれてくる2週間くらい前にレイザーラモンのDVD撮影があったんですよ。そこにお腹が大きい嫁も来てくれたので、スペシャルサンクスとしてエンドロールに娘の名前を入れさせていただきました。〝ここにいた証〟を残す意味で。まぁ自己満足なんですけど、すごくいい記念になりました。

――この出来事をきっかけに家族の関係や気持ちは変化しましたか？

僕たち家族の絆を一層強くしてくれたと思います。**普通に生まれてくることがどれだけ奇跡か**ということを教わりました。「子供を授かりました！」と喜んでいる人には、もっとこの奇跡を大事にしたほうがいいよとも思うようになりましたね。そして息子がここまで元気で過ごしているのも**奇跡の集合体**であることを知り、より息子をかわいがろうと思いました。

――娘さんの病名、亡くなったことを世間に公表しました。周囲の反応はどうでしたか？

「私の子供もじつはそうでした……」という声が多く来て、悩んでいる方がたくさんいることを知りました。そして「健康に生まれてくるのは相当な確率だ」とも感じました。僕らはもう年齢が年齢だったのですが若い夫婦なら諦めず、また子供をつくるチャレンジをして欲しいです。そのあと、元気なお子さんを産んだ方もたくさんいらっしゃいます。ただ悲しむのではなく、亡くなった子供たちが教えてくれたことがあると思うので、今いる子供やこれから生まれてくる子供に伝えていって欲しいです。

僕たちも本当につらかったですが、今は**世の中の色んな事を教えてくれた**とすごくありがたいと感じるようになりました。「生まれてきてくれて、授からせてくれてありがとう」と素直に思えます。息子もこれがきっかけで少し大人になった気がします。

僕自身の変化としては、仕事に対してより気合いが入るようになりました。「R－1グランプリ」（ピン芸人のコンクール）で決勝に出られたりと、仕事が一段階スムーズにいくようになり、娘が運をつけてくれたんじゃないかなと感じています。

僕は暗く考えずに「ありがとう」という感謝の気持ちでいっぱいです。**あらがえない運命ってあります**から。彼女は僕らに色んな事を教えてくれて旅立った。またいつか会えると思っています。

「一緒にドライブしたい」。息子は首尾一貫して車が好き。

――娘さんの存在で愛情がより深くなったと思います。息子さんの将来については、どう考えていますか？

　自分の好きなことを活かした職業に就いてくれればと思っています。小さい頃からミニカー収集が好きで、**かなりの車好き**なんですよ。車に関しては英才教育をしていまして（笑）。「サーキットを見に行きたい」と言えば連れて行き、車に関して欲しい物はできるだけ買ってあげていました。僕の実家が田舎だったこともあり、**欲しい物が手に入らない悔しさ**を知っているので、自分みたいな気持ちにさせないようにと考えていて……。そのおかげか、息子は車に関してはかなりのエキスパートですね。「世界ラリーＷＲＣ」という試合レポートの仕事でドイツに行ったりしていますから。そのときは僕が息子についていくまさかの〝逆パターン〟。マネージャーのようでした（笑）。

　最初は好きという気持ちだけだったのですが、どんどん知識も増え、活躍の場も広がっているようです。先日、２０００台ほど持っているミニカーを披露する番組に息子が出たのですが、それを見た視聴者の方が松任谷由実さんのラジオにメールをしたんですよ。ユーミンさんの旦那さんの松任谷正隆さんは車に目がない方なので、「正隆さんに伝えますね！」と広がっていって（笑）。なんか**人ごととして面白い**なと思っています。

あとeスポーツもやっていて、車のゲームで国体にチャレンジしていましたね。東京都はめちゃくちゃレベルが高いみたいで予選突破できず悔しがっていましたが、そうやって彼の世界が広がっていくのは本当に面白い。いつか仕事になればいいなと思います。そしてどうやって仕事にしていくのか、かなり気になります。地方の子供だった僕からすると**東京の子供は夢のような世界**にいます。子供は可能性のかたまりなので、息子の芽を摘まないように、やりたいと言ったことは基本やらせたいと思っています。

――「車好き」以外の息子さんの可能性はどのように見つけようとしましたか？

やはり習い事ですね。僕がバスケットボールを好きなこともあり、息子の友達もやり出したので習わせたことがありました。でも向いていなかったみたい。中学に入って球技が自分に向かないと感じたらしく、バスケの代わりに柔道を始めたいと言ってきました。基本、僕ら親から「これをしろ」と言わないようにしています。

柔道は本人にハマったみたいで強くなっていきました。ちょっと泣き虫なところがあったのですが泣かなくなりましたし、痛みを知ったこともよかったみたい。今は受験なのでお休みしていますが、**自分でやりたいものを見つけると続く**と思います。

ただ、家の財政もあるのでそこは息子に包み隠さず伝えています。それこそ「こういう物があるから欲しい」と言われてほいほいと買うのではなく、値段を聞いて、我が家ならここまでは出せると相談しています。


――息子さんはお小遣い制ですか？


欲しい物を言ってもらうシステムで「〇〇ができたら買ってあげる」という感じにしています。お小遣い制もいいのですが、**親に言えない物を買えちゃう**ので、それはなくしたいなと。そして息子が欲しいと言った物は、みんなで調べて情報を共有しています。

最近だと音楽のＥＤＭを聞くようになって、お風呂場で聞けるスピーカーを買ってあげました。僕も学生時代、洋楽にハマったので気持ちは分かるんですよ。興味を持ったことは**どこで花咲くか分からない**のでとりあえず伸ばしてあげたいですね。

それにともなって親の趣味はゼロになりつつあります。嫁も息子と一緒に車についてどんどん詳しくなっていくし……。息子をきっかけに家族みんなで共通の趣味を持っている状態。

僕、こんなに首尾一貫して車が好きと言っている人に会ったことがないので、そのまま迷わず車業界に入って活躍してもらいたいです。息子に呼ばれてアメリカに行くのが夢。すごく期待しています。自分が子供のときにできなかったことをやっているのも尊敬ですよ。あと息子が大人になったら早く車を買ってもらい、「一緒にドライブしたい」という夢があります。楽しみなことばかりです。

感情グラフが揺れ動き、プラスも大きければマイナスも大きい。

——息子さんの成長が楽しみですね。

赤ちゃんの頃はよく病気もしていたし「食べたら吐く」を繰り返していて、5歳になってようやく、よく食べるようになったら、今度は太っていったりと、手放しで**勝手にすくすく育っていった感じはまったくない**んですよ。そんなことがありながらも10歳くらいまでは毎日いとおしく、それ以降は「息子」というより一人の人間として日々の成長がすごく励みになっています。

感情のグラフがあるとしたら、普通に生きていてもプラスとマイナスを行き来しますが、子供がいるとその倍以上、上下して揺れ動いているような気がします。プラスも大きければマイナスも大きい。日々ちょっとしたことでグラフが揺れ動きます。そんな毎日をくれた息子に感謝です。

復習

- 日々の感謝は口に出して態度で示す
- 息子は弟でもあり友達。子供扱いはしない
- 息子にして欲しくないことは自分もしない
- 生まれてきてくれたことに感謝

2

石田たくみ（カミナリ）

らいおんハートな気持ち

Ishida Takumi

── 石田たくみ ──

取材日：2020.8.29

1988　茨城県鉾田市生まれ。
2009　帝京大学文学部に入学。
2011　幼なじみの竹内まなぶと「カミナリ」を結成。
2014　４月に結婚。10月に第一子（女児）が誕生。
2016　「M−1グランプリ2016」決勝進出。
2017　ブレイクタレントランキング1位。
　　　「M−1グランプリ2017」決勝進出。
2018　3月に第二子（男児）が誕生。

資格　中学高校第一種教員免許（英語）

認定　いばらき大使、鉾田大使

どうしても結婚したかった。やっぱり〝嫁が一番〟。

――たくみさんは授かり婚だったんですよね？

僕も嫁も結婚したかったのですが、いかんせんお金がない状態で、毎日がアルバイト一色だったんですよ。それで「結婚したい！」と言ってもお互いの両親に反対されるんじゃないかと思い〝本気を示そう〟と妊娠を狙いました。確認したときはうれしかったです。

親へは妊娠の報告に行く、というより結婚の報告に行きました。子供のことは**最後の切り札**として取っておいて、最初に「結婚します」とだけ伝えましたね。僕たちの予想では反対されると思っていたので、普通に「おめでとう」と言われて……。〝あれ？　子供の件、どうしよう〟と感じたのを覚えています。

そして「じつは妊娠をしていて……」と言ったらめちゃくちゃ怒られました。順番としてどうなんだって。こっちも**普通に挨拶に行ったら結婚できる**なんて知らずに行っただけなんですけど（笑）。「娘さんを大事にします！」という言葉では限界があると勝手に思い、それ以上の行動として〝この子を育てます！〟を言おうと考えたけど取り越し苦労でした。

今となっては、女の子の親としてこの行動はどうなんだ？　と思うようになりましたが、当時はそこまで考えられていませんでした。もう**自分と嫁のことしか見えていなくて**。どうしても結婚したかったんです。そしてその気持ちは今も変わっていないです。

――奥さまへの愛は子供ができても変わらなかったですか？

不思議なことにやっぱり〝嫁が一番〟なんです。出産のときは娘と息子のどちらも立ちあったのですが、**赤ちゃんよりも先に嫁**に目を奪われていましたから（笑）。

もちろん赤ちゃんのことは心配でしたが本能なんですかね、最初に「大丈夫？」と声をかけたのは嫁でした。ＳＭＡＰさんの「らいおんハート」の歌詞に「もし子供が生まれたら世界で二番目にスキだと話そう」とあるんですが、この意味が分かりました。まぁお医者さんが取り上げてくださって元気かどうかの確認もしてくれるのも大きかったですが。

よく子供ができると〝奥さんからママになり性格が変わる〟と言われますが、それはそうだと思います。とくに一人目のときは育児が大変で、付き合っていた頃には見たことがない表情や感情の波がありました。些細なことで怒ったりするんですが、それはイヤとかではなかったですね。逆に**こんな一面があったんだと発見ばかり**で、少しうれしいところもありました。

育児を〝手伝う〟と他人ごとのように言うのはどうなんだ。

――育児をしていて怒られたりすることはありますか？

ライブが終わって飲んで帰ってくるなど、今まで普通だった行動をすると機嫌が悪くなっていました。きっと早く帰ってきて欲しかったんだと思います。嫁は赤ちゃんができるまでは、お酒を飲んでたばこも吸っていたけど、お母さんになってからはすべて止めたんですよ。でも僕は変わらずで。そこにイラッときたんだと思います。お母さんは状況的に変わらないといけないことも多いですが、お父さんは**変わろうと思わないと変われない**ので、その辺りの差は最初の1年、よく出ていました。

なかでもよく怒られたのは、育児や家事などを「手伝うよ」と言ったときですね。「**許可を取る必要あるの？**」と言われて、もうどうしようって感じです。まぁ、どちらも平等にやらなければいけないことを〝手伝う〟と他人ごとのように言うのはどうなんだ、って思うのはもちろんのことですが、当時の僕らはきっと余裕がなかったんだと思います。なので何度かそれを言われてからは、無言でやるようにしました。〝これやっとくよ〟みたいな言葉も言わずに、**当たり前のようにやることを意識**して。そうすると怒られることは減りました。

――奥さまに気を遣って行動することに〝理不尽だ〟と感じて、イライラしなかったのですか？

これはどの人間関係でも同じですが、心に余裕があるほうが尻に敷かれるのがいいと思っています。**余裕がないと対応できない**ですから。僕は何を言われても〝なんだこいつ？〟みたいなことは思ったことがないんですよ。ちょっと怒っていても、そういうところも好きだ、という気持ちがあるんで（笑）。

あと機嫌が悪いのなんてその瞬間だけじゃないですか。しばらくすると大体のことは収まります。大事なのは**その瞬間をどう過ごすのか**だけで。まぁ大抵のことは「ごめん」と言えば解決するので、そこに対してストレスはなかったです。付き合っているときと違って「子供を育ててくれている」という嫁に対するリスペクトが増えたのもすぐに謝れる要因だったのかも。僕ができないことをしてくれているわけですから。

ちなみに僕がまだアルバイトをしていた頃は、夜中に帰ってきて育児や家事をやりたいという気持ちがあっても眠くてできないことが多く、それが些細なケンカを引き起こしていました。

　正直、心の中では「**君らのために夜中、寝ないで働いているんだよ**」とつぶやいたことは何度かありますが、絶対に口にしないようにしていました。これを言ったら関係がぶち壊れて離婚になるのは分かっていたので。ちょっと俯瞰して今言っていいことなのかダメなことなのかを判断するのも大事なのかもしれないですね。

――奥さまにあまり負担をかけないように気をつけていることはありますか？

　できるだけ嫁の時間を取ってもらうようにしました。やっぱり四六時中、家にいて子供のことばかり見ているのは大変だと思うので。とはいえ、最初の頃はやはり子供が気になるから、なかなか外に行こうとはしなかったです。無理に一人で外出させるのも違うので、家族でどこかに行くようにしていました。これはいまだに続いていますが、「ご飯を食べに行く」とか「大好きなショッピングモールに週1で出かける」とか。**ぷらぷら歩いたりするだけ**ですが、いい気分転換になるんですよ。だってトイザらス（おもちゃ店）に家族で行くだけでも面白いことだらけですから（笑）。

　子供が大きくなってからは、友達の結婚式とかイベントのときは、時間を気にせず出かけてもらっています。子供が理由でイベントに参加できないのは違うと考えているので……。でも、こっちが朝まで友達と遊んできていいと言っても、嫁は思っているよりも早く帰ってくるんですよ。そういう姿を見ると、**この人と結婚してよかった**と改めて感じます。自然と譲り合いができるわけですから。

あとは夜遅くに家に帰ってご飯を食べた後、洗い物をしたりもします。まぁこちらとしても嫁が喜んでくれるだろうなという気持ちと、やって当たり前だよね、という思いでやっているんですが、嫁は**必ず「ありがとう」と言ってくれる**んですよ。この言葉がすごくうれしい。きっと嫁の中では自分が家事をする立場という考えがあるんだと思います。

――互いを思いやることはすごく重要ですね。夫婦で決めた育児ルールはありますか？

とくにないです。嫁がなんとなくのルールを決めているみたいなので、それを横目で見ながら**足りないことをフォローしていく**という感じです。〝育児は二人でするもの〟という気持ちはもちろんありますが、嫁はどこかで家庭のことは自分がやりたい！と思っている節があるんですよ。専業主婦ということもあり、家事と基本的な育児にはプライドを持ってやっているみたいで。僕の仕事に対するプライドを感じ取ってくれて、「あなたが仕事で頑張るなら、私は家庭を！」というのがあったのかもしれないですね。なので、その**プライドを傷つけるようなことは絶対にしない**ようにしています。

任せるところは任せて、やれるところはやる、それが一番だと思います。

〝十月十日〟の計算違い。出産計画の盲点。

――お子さんは姉弟の二人。最初から二人と考えていたのですか？

そうです。最初から計画的で。僕も嫁も4歳上に兄姉がいるんですよ。僕は兄、嫁は姉です。兄弟と姉妹、同性きょうだいの二番目として育ってきた僕らにとって**〝きょうだい〟は絶対につくってあげたい**と思っていました。そして密かに年齢も4つ違いを狙っていたんです。僕が子供の頃に親が「入学式など被らないから**4つ違いはいいね**」と言っていたのを覚えていて、やっぱり行事が被らないってすごく大事ですから。

で、授かったのが現在6歳と3月で3歳になる姉弟。じつは、計算を間違えちゃったんですよ。4月生まれの子供にしたく、よく〝十月十日〟って言われるからそこから逆算して6月に励んでいました。実際に上手いこといったと喜んでいたら、病院で予定日は3月と言われて、ただただびっくり。**〝十月〟の1カ月目は、その月を含む**から6月から数えなきゃいけないことを知らなくて……。盲点でした。気づけば3歳違いになってしまいました（笑）。

――たくみさんや奥さまと同様に〝同性のきょうだい〟までは考えていましたか？

できればそうしたかったです。一人目はなぜか僕らは男の子だろうと勝手に思い込んでいたんですよ。僕と嫁の性格的に「男の子が生まれそう」と。でも女の子で。二人目は、やっぱり**同性のほうが楽しいはず**と女の子がいいなと思っていたら男の子。これぱっかりは上手くいかなかったですね。

でも面白いなと思うのは、自分に置き換えて考えることができなくなったことなんですよ。同性の兄弟、姉妹で育ってきた僕らにとって、姉弟の感覚が分からなくって……。そういう**初めての経験をさせてくれるのは本当に感謝**です。うちの親は女の子を、嫁の親は男の子を育てたことがないので、自分たちの親も経験していないことなのも面白い。初めてづくしですよ。

――子育てをしていて男女の差はどのように感じますか？

下の男の子が2歳なので、まだそこまで分からないのですが、男の子のほうが、きかん坊な気がします。お姉ちゃんはめちゃくちゃ大人しくていい子。親馬鹿なのかもしれないのですが、いい子過ぎて怒ったこともそんなにないんですよ。兄の子供たちと遊んでいたりすると、姪っ子のほうは〝なんでそんなことをするのか？〟ということをするんだけど、うちのお姉ちゃんはそんなことしたことがなくて……。兄にも、じいちゃんばあちゃんからも「なんでこの子はこんなにちゃんとしているんだ？」と言われちゃうくらい。だからそんな姉と比べられたら弟はちょっとかわいそう。普通なだけ、かもしれないのに（笑）。

あと育児をしていて感じるのは、男女というより**一人目と二人目の違い**です。やはり一人目で少し慣れるんですよ。一人目だと首がまだ据わっていないときの抱っこなんてこわごわしていましたが、二人目だと前傾姿勢で抱きかかえたりして（笑）。きっとここまでは**大丈夫というライン**を知った、というのが大きいですね。そのため堂々と育てていました。その辺は夫婦間でも伝わって、ちょっとしたモヤモヤやいざこざは二人目のほうが少なく、どちらかと言えば楽しみながら育てていました。やはり**慣れは大事**です。

――つい姉弟で比べて怒ることはないですか？

それはしないようにしていますし、今後もする予定はないです。例えば、息子が物を投げたときに、「お姉ちゃんは物を投げる子じゃなかったのに、なんで投げるの？」と怒っても意味ないですから。大事なのは「なんで投げるの？」であって、変な枕詞はいらないんですよ。まぁ比べたほうが言うことを聞いたり、負けないぞという気持ちが生まれたりするのかもしれないですが、僕はまったくもってそうは思わない。その**行為そのものを怒らないと意**

味がないというか……。これは他の子でも同じです。比べたっていいことなんて一つもないですから。なので、他の子の成長も気にならないんですよ。誰それが早く文字を読めたとか、言葉を話したなんてあまり考えなくていいかなって。**その子なりのスピードで成長する**と思いますんで。

とりあえずやる！ 抱っこは、触れるにつれて慣れていく。

――お子さんが赤ちゃんの頃、積極的に育児されていましたか？

一人目のときはアルバイト生活で時間も不規則だったこともあり、おむつ交換やお風呂に入れるなど、ある程度のことしかできませんでした。二人目のほうがある程度時間が読めるようになっていたので色々やりましたが、嫁には負けます。やっぱり彼女はすごいなって思いますね。**毎日育児と向き合っている**わけですから。

ちなみに妊娠が分かってからは、父親になるためのステップとしてパパさん講習とかに行って教わりましたが、それが意外と講習を担当していただいた方から好評で（笑）。他のパパさんたちは赤ちゃんをお風呂に入れるときとかおどおどしていたんですが、練習のときは人形を使っていたので僕の中では「**人形じゃん！**」という気持ちがどこかにあって、そこまで恐れず堂々としていたんですよ。そしたらめちゃくちゃ褒められたし、なんか自信もつきました。「**思い切ってやったほうが、じつは安全**」と言われたことはずっと残りました。

――とくにお父さんですが、首が据わっていない赤ちゃんを抱くのが怖い人も多くいらっしゃいます。

もちろん怖かったですよ。嫁から受け取る瞬間なんて怖さしかない。僕が支えないとどうなるんだ、**壊しちゃいけない**……と思うことばかりで。でも成長と共にその気持ちは薄れていきました。やっぱり触れるにつれて慣れていくんですよ。とくに首が据わってからは人間だなと感じることも多く、緊張はほとんどしなくなりました。

――得意だった育児はありますか？

よくやっていたのはお風呂とおむつですが、それが得意だったかと言われれば微妙ですね（笑）。**とりあえずやる！**　ということだけを考えていましたから。苦手というか、やっぱりお母さんにはかなわないなと感じたのは寝かしつけ。赤ちゃんも何か感じるものがあるんですよ。高音で「ワー」と言い続けたら寝るという秘策を見つけたときはうれしかったですが、それもしばらくすると効果がなくなって……。嫁だと普通に揺らしているだけで寝るのに、手を替え品を替えの自分が悲しくなったりもしました。でもそれがお母さんなんですよね。たぶん、**へその緒の絆**です。

　正直、嫁で育児がまわっているときは「僕なんていなくてもいいじゃん」と思った瞬間が本当に一瞬ですがありました。**できることなら嫁が二人いればいいな**と（笑）。だからこそ、娘が大きくなって一緒に遊ぶことができるようになったときに、自分の存在感を出していこう！　と思いました。1歳になるかならないかくらいですが、一緒に遊ぶことがうちのお父さんとしての役目なんだ、みたいなことを勝手に感じていましたね。

子供との関係は〝無意識にみんな対等〟。

——子育てをしていてのポリシーを教えてください。

　赤ん坊だろうがよその子だろうが〝赤ちゃん言葉〟は使ったことはないです。番組でロケをしていたら子供たちが集まってくることもあるんですが、そんな子たちにも「**なんだおめぇ**」って芸人仲間に言うような感じで話しているんですよ。これは意識しているわけではなく周りから言われて気づいたんですが……。あまり、子供と大人という分け方はしていないです。例えば、子供たちが野球をしていて空振りしても「上手だね」とは言わないです。無理にいいところを見つけて褒めることもしない。ボケたらもちろんツッコミますし、「こうしたらもっと上手くなる」というアドバイスはします。でもこれは無意識なんですよ。〝**無意識にみんな対等**〟。褒めることもありますが、無理して褒めるのは違うかなと。だって上っ面で褒めていたらこっちが恥ずかしくなっちゃいますから。

それは自分の子供に対しても同じで、「これができた〜」と言われても、たいしたことなかったら〝そりゃできるでしょ〟みたいな感じでツッコんじゃいます。まぁ、言い方やキャラクターもあるんでしょうけど、周りから「やめろ」と言われたことはないです。どちらかといえば〝面白いね〟という感じですかね。理由は思いつかないんですが、やっぱ身長が関係しているのかな。他の大人よりも背が小さくて子供みたいですから。

あと、学校の先生を目指していた時期もあり、そのときに憧れていたのが〝生徒と対等な、友達みたいな先生〟だったので、無意識にそういうのが出ているのかも。対等に話すことによって、子供たちはすごく慕ってくれます。**友達みたいな感覚**になっているのかもしれないですね。いずれ自分の子供たちが大きくなったとき、この目線に「面白い」と言ってくれるといいな〜。お父さんには悩み事も言いやすい、みたいな感じで。でも聞きたくないことも多いんだろうけど……。親子でありながらも友達としての感覚は必要だと思っています。

——友達感覚の親子は増えてきていますよね。逆に怒ったりすることはありますか？

友達感覚の親子……僕ら世代の親にはなかなかいなかったですね。不思議な感じです。そしてもちろん怒ることはありますよ。「ごめん」と言わなかったら絶対に怒ります。やってしまったことはしょうがないのですが、その後、どうするかがすごく大事で。それは小さい頃からずっと言っています。ある程度、話せるようになってからは、何かしたら「ごめんなさいは？」と言って謝らせてから、「なんでこんなことをしたの？」と**理由を聞く**ようにしています。それがないと「ごめんなさい」と口だけになってしまいそうな気がするので。本当に反省をしてもらうという意味で理由もセットにして聞いています。

受験や習い事は、あくまでも選択肢を与えるもの。

――娘さんの小学校受験について考えたりしましたか？

私立がいいか、公立がいいのか、悩んでいるみたいな会話を芸人の先輩たちがしているのを耳にすることはありますが、僕は娘が行きたいというのでなければ公立でいいかなと考えています。**親って選択肢を与えることはできるけど、決めるのはやはり本人**だと思うので。確かに、公立に行ったらいじめられそうという話は分かるんですが、でもそれって私立でも変わらないんじゃないかな？　と思ったりして……。どこに行ってもいじめる子はいるし、いじめられる子はいる。あまり**場所任せにはしたくない**というのがあります。とはいえ、もしいじめられてしまったら、その場からすぐに逃げて違う道を探すのはありだと思いますが、最初からというのは違うかなって。一応、小学校はこういう学校があるよ、といくつか伝えました。でも幼稚園の友達と一緒のところに行きたいと言われたので、それ以上話はしていません。やはり彼女にとって**今は友達のほうが大事**みたいで……。まぁ中学校になると変わるかもしれないです。そのときも同じように、どこに行きたいか、ちゃんと聞きたいです。

――習い事はされていますか？

娘は今、チアダンスと英語を習っています。ちょっと前まではスイミングをやっていたのですが、本人が辞めたいと言ってきたので辞めさせました。もし全部辞めたいというなら、めんどくさいだけなのかもと思うのですが、スイミングだけなんで本人に合っていなかったのかなと思っています。

正直、習い事をさせるときに思ったのは、今後に活かすというより友達ができて学校と**家庭以外のコミュニティをもう一つ、つくってあげたい**という気持ちが強かったです。あくまでも彼女の生活が豊かになるきっかけ作りになればいいなと。

習い事もあくまでも選択肢を与えるものだと思っています。子供がそれを「親がやれと言っている」と感じたら意味合いが変わってくるので、**軽い気持ちで選択肢を与えています**。そして決めるのは本人。子供は単純なところがあるので、YouTubeとかで運動の動画を見ているとそれをやりたくなったりするんですよ。で、すごくやりたそうにしていたら体験入会みたいなのに入って続けるかどうかを決めてもらう。まぁ口にしなくても態度で大体分かりますけどね。本当にイヤそうにしているときは、「イヤと思っているでしょ」と言えば「うん」と言ってくれますから。

――勉強はさせていますか？

お姉ちゃんに算数や英語のドリルを買ってあげたら、黙々とやっていますね。ただこれらを押しつけるのは止めようと思っています。「勉強をやれ」ばかり言っていて、勉強が一種の罰みたいに感じられたらイヤですから。最近は、塗り絵をするような感覚で自分で「お勉強する」と言ってくれるのがうれしいです。**何事も楽しみながらやってもらいたい**です。

芸人一本で生活する！　娘がやる気を持ってきてくれた。

――一人目のお子さんが生まれたときは、まだアルバイト生活だったんですよね。

あの頃は月20万くらいしか稼げていませんでした。当時、家賃10万のところに住んでいて、**10万で3人が暮らしていく**という……。今考えたらちょっと恐ろしくなります(笑)。でも全然苦じゃなかった。へっちゃら、というか気合い満点だったんですよね。若かったのももちろんあるのですが、夢や希望がいっぱいあったからできていたんだと思います。

そして改めて嫁はすごいと感じました。その金額でなんとかやりくりしてくれていました

から。だからこそ、その気持ちに応えたい思いが強くありましたし、嫁から**お金の心配を10%でも取り除けたら**、もっと穏やかに暮らせるんじゃないかとも考えていました。子供が生まれて以降は、嫁とちょっとしたことでギクシャクしたりすると〝俺が売れればいいだけ！〟と逆にやる気に変換するようにしていました。

それはネタ作りにも反映されてきました。これまでは相方のまなぶとおしゃべりをして、そのときに生まれたことをネタにしていましたが、きちんと〝仕事〟という気持ちを持ってネタ作りをするようになりました。ちょうどその頃、相方が早稲田大学を辞めて「芸人一本」に絞ったタイミングだったので、**改めてふんどしを締め直す感覚**でしたね。そして目標として〝Ｍ－１の決勝戦進出〟を掲げました。明確な目標をつくることで、より芸人として頑張ろう、**芸人一本で生活する！**という気持ちが生まれてきて……。今思うと娘がやる気を持ってきてくれたんだと思います。

――その気持ちが成就して２０１６年の「Ｍ－１グランプリ」の決勝に進出。カミナリの名前が全国区になりました。

本当にありがたかったですね。一気にお金の心配がなくなりました。それと同時に、**芸人としての名刺をもらった**ような気持ちになりました。芸人って名乗るのは簡単なんですよ。

でもそこに実力や実績、肩書きがないと世の中にはまったく認められない存在で……。引っ越しをするときも芸人だと審査が通らないからアルバイトと書いたりして情けなかったというのもあります。そういうところに堂々と〝お笑い芸人〟と書けるようになったのは本当に大きかった。**芸人で稼いだお金で娘を育てる**ことができるというのはこの上ないことでした。

あと娘に「お父さんは何をやっている人なの？」と聞かれて説明できないのはイヤだったので、それが解消できたのもうれしかったです。〝ミッションを1個クリアした〟みたいな感覚でしたね。

どれだけやりたいのか。将来は志の大きさを大事にして欲しい。

――お父さんを見ていて、お笑いをやりたいとは言ってきませんか？

言ってはこないですが、うちの娘は結構有望なんですよ（笑）。子供ながらに空気を読むのが得意なんで、**何を求めているかが分かる**んですよ。なんなら僕の相方のまなぶくんより優秀かもしれない。なんたってフリもできますから。以前、ご飯に行ったときになんでも「これは?」って聞いてきたので、お味噌汁のときは「お味噌汁」、サラダのときは「サラダ」、カレーのときは「うんこ」って答えたら大爆笑で。それをマネしているのか、以降、三番目に必ず「うんこ」と言って落とすということを覚えました。それ以外にもセンスが光る出来事がいくつかあって……。やるなって思っています。ちなみに息子も、お姉ちゃんの姿を見ているからなのか、システムは把握しているんですよ。恐ろしいですね(笑)。**いつの間にか僕を見て覚えている**のかもと思うと、ちゃんとするところはしたほうがいいかもと思いました。

——言葉づかいとかは大丈夫ですか?

家にいるときは「バカ」とか強めのツッコミの言葉を使ったりしていますが、どうもこれは家の中だけのようで。友達の前で言っていなければいいと思っています。**訛りに関してはしょうがない**ですね。だって、うちの嫁も東京生まれなのにちょっと訛っていますから(笑)。いずれ直したりするのかな……。あまり気にしたことはないです。

言葉づかいもそうですし、「チンチン」や「うんこ」といった言葉も外で言わなければいいかなと思っています。年を取っていくと自ずと言わなくなることなので、あまり強く言っても……。もし言ったとしても、それを聞いた友達や親御さんが**笑ってくれるならいい**気もしますね。だって、なんで言ったらいけないのか考えたら、僕らが恥ずかしいだけですから。まぁ嫁のことを考えたら言わないであげて欲しいですが（笑）。

――子供の将来について考えていることはありますか？

基本的に好きなことをやって欲しいという考えがあります。そして、どれだけやりたいのかという、**志の大きさを大事にして欲しい**と思っています。変な話、プロ野球選手になるのとコンビニで働くという2つの夢があったとき、プロ野球選手のほうが大きな夢を持っているのでいい！　と思うかもしれないですが、それよりもプロフェッショナルなコンビニ店員になりたいという思いが強ければ、そっちのほうを応援したいと思います。僕はありがたいことに芸人として食えていけるようになりましたが、そこには絶対に売れてやる！　という気持ちが強かったので。

そしてもしその夢に破れてまた違う夢を持つようになったら、それはそれでいいと思います。**長い人生失敗はつきもの**ですし、正直、話のネタができると思えば、失敗なんてものは一つもないですから。人間、たくさんの寄り道をしながら前に進んでいます。今の自分につながっているものは何一つ失敗ではないんですよ。それを大人になったら子供たちに伝えたいですね。人生は長いですからちょっとした失敗なんてたいしたことないんですよ。

地元が好きになれば、都会だろうが田舎だろうが関係ない。

――たくみさんは、茨城県出身でバリバリの方言を使われていますが、東京で子供を育てることに対して葛藤はなかったのですか？

最初の頃は〝都会で子供は育たない〟という偏見がありましたが、嫁は都会育ちなんです（笑）。もちろん自然があるところが理想なんですが、東京だとそういうところはなかなかなく……。それ以上に気にしたのは、**子供にとっての地元**をちゃんとつくりたいということでした。

娘が生まれた頃は杉並区に住んでいたのですが、まだアルバイト生活をしていて、ちょっと広い家に引っ越したいと思っても、なかなか手頃でいい家が見つからなかったんですよ。そこで一度、千葉県に引っ越しました。家賃と広さの兼ね合いがちょうどよかったんです。その後、テレビの仕事も増えてきて〝やはり東京がいい〟となり、品川区の下町に。娘は生まれてから3回も引っ越したことになります。これで止めよう、と思いましたね。いくら子供の頃だといってもやはり記憶があるし、地元の友達をつくるには、**幼稚園に入る前にちゃ**

んと居場所をつくったほうがいいと。幼稚園、小学校と上がっていくと友達ができるので、離ればなれにしたくなかったというのもあります。

あと、今の場所がいいというのも大きいです。商店街があって街全体が温かい雰囲気を持っているというか。地元と呼べるところがあり、そこを好きになることができれば、**都会だろうが田舎だろうが関係ない**と今は思っています。

コソコソ隠し事。自分だけの世界を持つことが大人の始まり。

——家のこだわりはありますか？

今は賃貸なんですが、そろそろ**子供たちが二十歳くらいになるまでを見越して引っ越し**をしたいなと考えています。もちろん今と同じエリアですが（笑）。

子供たちに自分の部屋をつくってあげたいとも思っています。最近は〝子供部屋をつくらない〟家庭も増えていますが、僕は与えてあげたいと感じています。やはり自分の部屋があると自立すると思うんです。そして大人になるにつれてコソコソ隠し事をする（笑）。ちょっ

とおかしいのかもしれないですが、子供たちには僕の目を盗んで何かをして欲しい、と思っているんですよ。**自分だけの世界を持つことが大人の始まり**というか……。そしてそれを見つけるのが親の仕事ですから（笑）。もちろん見つけても見て見ぬふりをするものは黙っておくし、やっちゃいけないことが発覚したら怒りますけど。あのバレちゃいけないと思ってすることって、ハラハラドキドキが止まらない。楽しいですよね。なので、僕らが寝ている間にこっそり家を出られるルートがある部屋にしてあげたい（笑）。まぁこうなると**壮大な家族コント**になりますが（笑）。

　でも本当に子供部屋がない家は結構増えているんですよ。ロケでお宅訪問的なことをすることがあるのですが、そこでもよく見かけて。扉がないから解放感がある、リビングから子供が何をやっているのかが見えます！　みたいなことを言っているのですが、正直僕にはその魅力が分からないんですよ。小さい頃はいいと思うんですが、大きくなったときのことを考えたら丸見えってイヤじゃないのかなって……。子供の時期より、物心がついて隠し事をしたい、と思う年頃になってからのほうが人生長いと思うので。家族とは違う自分だけの世界を持ったり隠し事などをすることによって大人になっていく、そんな過程をきちんと歩んでもらいたいと思っています。僕もそうやって育ちました。やっぱり子育てをする上で、自分の体験から色んな事を考えちゃいます。僕にとっての**育児の基準は自分の親の教育**です。

家庭や家族は幸せの塊。

——芸人仲間や先輩たちに相談したりはしないのですか？

　子育てに関しては相談したことはないですが、どちらかといえばされるほうが多いかも。意外と結婚して子供ができたのが早かったし、何よりアルバイト生活をしていたときと芸人としてやっていけるようになったときの両方で子育てをしているので、自分で言うのもなんですが**経験が濃い**ですから（笑）。

　僕自身は第三者的な人に相談はせず、**すべて嫁と話し合って決めています**。今でも子供が寝た後に二人っきりになる時間があるので、大好きなゲームをしながら今日起きたことなどを話しています。そんなに大きな出来事がなくても、「**今日はヘンなことあった？**」というのが口癖で。このヘンなことというのは面白いことという意味ですが、やっぱり聞いておきたいんですよ。嫁と僕の意思の疎通がしっかりできているから、これまであまり大きな心配事が起きていないのかもしれないと思っています。話し合うことって大事ですよ。

――ケンカになるから夫婦で話し合わずに奥さんに任せるという意見も聞きますが……。

まぁ子供が原因でぶつかるというのはあることだと思います。我が家でさえも、昔付き合っていた頃とはまったく違う、お母さんとしての一面を出すようになりましたから。でもそれでいいじゃないですか。そうやって悩んだりぶつかったりするのが家庭であり家族なんですから。僕は、**家庭や家族は幸せの塊**だと思っています。たとえ、今はつらいかもしれないけれど俯瞰して見てみると、今いる場所は恐ろしく幸せな場所です。木を見て森を見ずではないですが、今、幸せの中にいることだけは忘れずにいて欲しいです。

復習

- ✓ 子供より嫁を一番に考える
- ✓ その子なりのスピードで成長するのを楽しむ
- ✓ 赤ちゃんの世話は思い切りが必要
- ✓ 家族以外のコミュニティをつくってあげる

3

吉川正洋（ダーリンハニー）

趣味人の流儀

Yoshikawa Masahiro

── 吉川正洋 ──

取材日：2020.8.7

1977　東京都世田谷区生まれ。
1994　和光高校２年のときに、同級生の長嶋トモヒコと「モダんず」を結成。
1998　一時休止していたお笑い活動を再開。
　　　「ダーリンハニー」に改名。
2000　太田プロに所属しプロデビュー。
2006　「タモリ倶楽部」内の鉄道企画が人気。以降、不定期出演。
2008　結婚。
2009　著書『ダーリンハニー吉川の全国縦断鉄博巡り』を出版。
2010　5月に第一子（女児）誕生。
2011　「鉄道ひとり旅」にレギュラー出演。以降、「新・鉄道ひとり旅」にも出演。
2013　「笑神様は突然に…」の鉄道企画が人気。以降、不定期出演。
2014　6月に第二子（男児）誕生。
2017　「アメトーーク！」鉄道芸人が人気。以降不定期出演。
2018　「横浜DeNAベイスターズ　ファンフェスティバル」の総合司会に。

自分のやり方を見つけることが、コツ。

——吉川さんは〝いいパパ〟というイメージがあります。

それは僕がきっと3年間ほど育児雑誌のCMでお父さん役をやっていたからかもしれませんね（笑）。実際に撮影で赤ちゃんを抱かせていただいたりしていて……。長女が生まれたとき、じつはちょっと自信があったんですよ。お父さん役をやったので赤ちゃんの扱い方を「初めてパパになる人に比べると知っているぞ」と考えていて（笑）。

でも、実際に育児をしてみると全然無理でした。**知っていたのは赤ちゃんの抱き方**だけだったんです。

——育児はどの程度、やられたのですか？

長女が生まれた頃は芸人の仕事はほとんどない状態だったんですよ。なので時間がたっぷりある。そのぶん、奥さんと一緒ですができる限りやりました。

奥さんと勉強しながら、自分なりのやり方を見つけていきました。なかでも「お風呂」は得意でした。最初はあたふたしていたんですが、色々やり方を改良していくと途中で寝るようになったんですよ。**〝あ～気持ちいいんだ〟と思って自信がつきました。**

ポイントはリズムですね。軽～く揺すりながらチャプチャプ入れる。もうこれは感覚です。あと「抱っこ」も得意でした。これもリズムです。色んな抱き方をして、子供の顔をしっかり見ておくんですよ。で、ご機嫌になっている表情のときのリズムをつかんでハメていく。そうなると逆に、子供がそのリズムにやみつきになって、〝それちょうだい！〟という顔になる。もう勝ちですよ（笑）。

夜泣きもよくしていたので、**ご機嫌になるリズムに合わせて抱っこ**して寝かせていました。って、楽しそうに話していますが、その当時はやっぱり必死でした。

おむつ替えやゲップをさせるのも、自分の中でコツをつかんでいくことが大事で。そのために講習を受けましたし、事前に育児雑誌を読んで勉強はたくさんしましたが、でもやっぱり**本物は違う**んですね。実践が大事で。基礎を学びつつ、**自分のやり方を見つける**のが、育児を楽しみながらやるコツだと思います。

ちなみにうちの奥さんが喜んでくれるのは「注射係」です。子供の予防接種ってめちゃくちゃ多いですよね。それを買って出て連れて行っています。当たり前ですが子供は注射が嫌いで泣いて暴れるんで、申し訳ないと思いながら押さえたりして……。子供との「行く」「行かない」の攻防も含めて注射は大変ですが、終わった後には小さな達成感があります（笑）。

おむつの切り替えは、「薄ピンクおじさん」。

——事前に調べても上手くいかずに困った事はありましたか？

娘のおむつからパンツへの切り替えですね。インターネットで調べて色々挑戦させてもなかなか上手くいかず、かなり困りました。奥さんと二人で結構悩んだのですが解決策は見えず。こうなったら〝面白いことをしてトイレを好きになってもらおう〟と考えたらドンピシャでハマり、うれしかったのを覚えています。

やってみたのは**「薄ピンクおじさん」**というキャラクター。娘の小さな薄ピンクのレインコートを着て、コントで使っていた瓶底メガネをかけて、チューリップハットの帽子をかぶる。もちろんこれは僕ですね。

そしてそんな薄ピンクおじさんは、娘がトイレに座ったら現れて**回転しながら「頑張ーれ！」って叫ぶ**んです。応援しているんですが、もうかなりおかしな状態（笑）。でも娘は大爆笑。トイレに行くたびに薄ピンクおじさんが現れるので、あっという間にトイレを好きになり、おむつを取ることができました。ネタとして面白いかは置いておいて、子供が〝**なんか面白そう**〟と思うことをやってあげるのが大事だと感じました。今も娘は「薄ピンクおじさん」が大好きみたいです（笑）。

「期待されることをやる」とみんな幸せ。

――芸人でよかったと感じたエピソードはありますか？

寝かしつけのとき子供たちにお話をしてあげるのですが、物語を妄想でどんどんつくっていけるのが意外と〝芸人っぽいことをしていたのかも〟と思います。

絵本を読むフリをしながら、**突拍子もないことをよどみなく話す**と子供たちは大喜び。毎日5分くらいなんですが、僕は内容を忘れることが多く、子供たちは「昨日はこんな話だから早く続きを！」と言ってくれて純粋に楽しんでいました。子供にとって突拍子もない物語が面白かったみたいですね。

ちなみにこれは、タモリさんが赤塚不二夫さんの告別式で白紙の弔辞を読まれていたのを見て思いついたんです。〝芸人たるもの、ああできるといいな〟って。実際にやってみると子供たちに好評。あることないことずっと話せるのは芸人ならではなんでよかったです。

あとこれは〝芸人の性《さが》〟に関することですが、どこかで「みなさんを少しでも楽しませたい！」気持ちが出てきてしまうんですよね。

例えば、保育園に提出する保育日誌を僕が書くことが多かったんですが、ちょっとこだわりをもって書くんです。毎日だとどうしても単調になりがちなので、毎回読んでいてクスッと笑える**〝ひとボケ〟を入れる**ようにしていました。本当にたいしたことはないけど、おならをしたときは「すごくいい音で、録音しておけばよかったです。後悔しています」みたいなことを書いたり……。やはり保育園の先生の貴重な時間を使っているわけですから**その時間を楽しませたい**。そして、保育園の先生たちが毎日楽しみにしてくれていたことを知ったときはうれしかったです。逆に**お母さんが書いたときはちょっと残念**みたいになったのは、申し訳ないけど笑っちゃいました。

このように「あのお父さんは芸人さんだから、どう楽しませてくれるんだろう？」みたいな期待を裏切らないとすごく喜んでくれるんですね。遠足のあいさつでもちょっとボケてみたりして。些細なことですが、みんなが喜んでくれるなら**イメージは引き受けたほうがいい**

と思いました。まさか僕がこんなことをするようになるとは、思いもよらなかったですけどね……。

若い頃は「舞台に立っているときは芸人としてボケるけど、オフのときは一個人だ」みたいなところがありましたから(笑)。でも**期待されることをやる**ことはすごく大事なんですね。親になって分かりました。そのほうがみんな幸せですし、何よりもそれを聞いている子供が満足げですから。スベったらつらいですが、みなさん優しいので笑ってくれます(笑)。

父親の自信、芸人の自信。成長できているのは子供たちのおかげ。

――奥さまも働いているそうですが、出産前後はいかがでしたか?

生まれるタイミングで育休は取っています。そのあと仕事復帰して今も働いていますがすごく助かっていて……。ご多分に漏れず、我が家も娘ができたときは本当に経済的にはキツキツでした。娘は5月生まれで、**4月の給料は確か7000円ほど**。当時は〝月収数千円〟が結構ありましたね。もちろん、僕の給料で食べさせていくなんて絶対にできなかったです。

でもなぜか日々の充実感はありました。すごく明るく〝未来はどうにかなるさ〟という気持ちでいっぱいでした。

――そう思うようになったきっかけはあったのですか？

事務所の先輩の土田（晃之）さんに「心配するな」と言われたことは大きかったですね。「子供は勝手に育つから**あまり細かいことは気にしなくていい**」と。二人目ができたときも、「大丈夫ですかね？」と相談したら、「一人でも二人でも変わらない。家族が増えると人間関係がそのぶん増えて、どんどん面白くなっていくから全然気にしなくていいよ」と言ってもらって。この言葉にすごく救われました。

同じく先輩の有吉（弘行）さんもすごく気を遣ってくださるんですよ。昔、よく二人で飲みに行っていたのですが、その帰りに「パン屋さんに寄ろう」とパンを買いに行くんです。なんか一人暮らしにしてはたくさん買っているな……と思っていたら、「これ子供にあげてよ」とたくさんのパンをいただいて。すごくうれしかったですね。本当に優しいなと感じます。

周りに相談できて頼りになる人がいるのは大変ありがたいです。やはり**本で読んでいるだけでは分からないことがたくさんあります**から。

――父親としての実感はすぐにわいたのですか？

正直、わいてきたのは相当遅いです。最初に妊娠を聞いたときからフワフワしていて〝お父さんになる〟ことを頭で考えましたが、正直分からなかったんですよ。

生まれてからもその感覚は続いていて、親の自覚はあるんですが、自信が出てきたのは本当に最近。どなたかがなんでも**毎日10年続けていれば「プロ」になれる**とおっしゃっていましたが、親もそれに近い気がします。娘が生まれたのは２０１０年なので、僕も２０２０年でちょうど10年。僕の場合は、やっと父親としてのスタートラインに立った感じです。

――娘さんが誕生して変化したことはありましたか？

もうすべてですよ。娘が生まれたのは夕方で、その日ちょうどライブがあって。ちょっとだけ娘の顔を見て「ようこそ！」と声をかけてからステージに向かったんです。そのときのお客さんはたしか10人くらい。場所もやっているネタもこれまでと変わらないんですが、なぜかお客さんがキラキラして見えました。**世界が変わった**というか。もう世の中があの日から変わりましたね。

芸人をやっていると〝社会に加われていない〟みたいな気持ちがちょっとあるんですよ。稼ぐ金額はもちろん、仕事も時間もフワフワしているので。他の人たちと違うことをしている楽しさはありますが、どこか社員証をぶら下げている人へのうらやましさもあって……。すべては自分が選んだことなんですけどね（笑）。

ただ子供が誕生して一気に日の光を浴びた感じがして**少しだけ社会人になれた！**と感じたのを覚えています。そして、色んな事に感動するようになりましたね。すぐ涙も出てしまって……。今までの僕にはなかったものがどんどん出てくるというか。パパになるときは、**自分が変われるチャンス**なのかもしれません。

若手芸人はお金が本当にないので、「何のためにいるんだろう？」と考えたらとことん落ち込める職業。時間がたっぷりあると考え込んでしまうときもあります。ただ子育てをしていると物理的にとにかく忙しいので、そういう意味でも落ち込んでいる時間がなくてありがたいです（笑）。

あと芸人としての自信もつけてもらった気がします。子育てをしていると仕事について書く書類が多くて、自分の職業と向き合うことが増えるんですね。〝もうこれは腹をくくって芸人としてやっていくしかあるまい〟みたいなことを考えると、無駄に根拠のない自信が出てきます。そうやって結果的に**成長できているのも子供たちのおかげ**だと思います。

鉄道から命名。父親だけど、それ以前に「趣味人」。

――現在、小学4年生の娘さんと5歳の息子さんがいる吉川さん。お子さまの名前を大好きな鉄道にあやかってつけたと聞きました。

僕は幼い頃から鉄道が好きで、ありがたいことに最近は鉄道系の仕事が多いのですが、子供にはやっぱり「鉄道ネーム」をつけたいと思っていたんです。

一見、おかしなことを言っているように聞こえますが、じつは**鉄《てっ》ちゃん（鉄道オタク）の中では結構あるある**で。鉄道には「のぞみ」「ひかり」「はるか」といったいい名前がたくさんあるんですよ。それをつけたかったんですが、さすがに名前は人生に関わってくるので、すんなりとはいかなかったです。

奥さんは僕が鉄道好きなのは当然知っていて、もちろん理解もあるんですが、すぐにズバリと切り込むことはできなかったです。最初は時刻表をこれ見よがしに読んで「**鉄道の名前もかわいいね**」と大きな声で言い、じわじわプレゼンをしていきました。まずは、絶対ない！と思われる名前、たとえば「『Ｍａｘとき』なんてないよね」とか言って。そのあとも、「スーパーあずさ」「ドクターイエロー」などありえない名前を並べ、「でも『こまち』って普通でいいよね」と言うと、「こまち」のときだけ「いい名前ね」とご乗車いただけたんですよ。完全なる**ギャップ作戦**。「あれ？　画数もいいよ」「吉川こまちってしっくりくるね」とどんどん引き寄せていって、最終的に「『こまち』いいんじゃない」となりました。

息子は「はくと」なんですが、これはあっさり。奥さんも「一人目がそうだったんだし、二人目もでしょ」って。すべて見透かされていました。

――お子さんは何か言っていますか？

僕がテレビで言っていたのを娘の友達が聞いて、「『こまち』って新幹線の名前なの？」と聞かれたみたいです。**「バレたか」と思いましたね**（笑）。でも、人気のある新幹線だと伝えたら、意外とすんなりと受け入れてくれたようです。

「こまち」と「はくと」は僕がすごく好きな列車。「はくと」は、青色のフォルムで気動車、そしてめちゃくちゃ速く、長距離も走れる。先頭の顔もかっこいいし、そんな男の子になって欲しいなと思いつけました。子供たちには「お父さんが鉄道好きで……」みたいな感じで話のきっかけで使ってもらえたらいいですね（笑）。

――ご家族みなさん、趣味に理解があるんですね。

どんどん〝こちら側〟に来てもらっています。奥さんとの初めての旅行は、パノラマカーに乗りたくて名古屋に行ったのですが、ありがたいことに一緒に楽しんでくれました。

それは今も変わらないです。鉄道もそうですが、大好きな野球も同じように受け入れてくれて、最近では選手ではなく「通訳さんやマネージャーが魅力的」と言い出すほど。**奥さんはありがたい存在**です。そのあたりはちょっと子供たちも似てきたのかも。

我が家は毎年、沖縄に行きます。目的は僕が大好きなベイスターズの沖縄キャンプを見に行くこと。キャンプ地には当然行きますが、「美《ちゅ》ら海《うみ》水族館」や「国際通り」に行ったことないんですよ。**吉川家に生まれた悲劇**ですね（笑）。

ただ子供たちも諦めているのか、大人のように文句一つ言わない。それどころか、ベイスターズが勝つと「ハマの躍動感」というブレた写真を撮ってツイッターにアップするのですが、毎回、「パパ、あれやる？」と聞いてくれて撮ってくれるんですよ。ありがたい理解者です。本当に我が家は僕が「子供」で、子供たちと奥さんが「大人」なのかもしれないです。

――お子さんとそのような関係性を築き始めたのはいつ頃からですか？

う～ん、自然とですね。僕みたいな父親を持つと、子供のほうが大人になっていくのかもしれません。昔から趣味に没頭したいときは、「ごめん、今から時刻表を読みたいから、ちょっと静かにしてくれる？」と言ったりするんですよ。上から目線というより、あくまでも友達のような感覚で言います。

――奥さんを含めて、どちらかと言うと親子というより友達に近い関係なんですかね？

ちょっと不思議なお父さんかもしれません。旅行では、同じ場所に行くのでも行きと帰りで違うルートで帰ったりしますしね。僕は自分のことを「趣味人」だと思っているんです。**父親だけど、それ以前に「趣味人」**。できることなら、子供もどっぷりハマれる何かが見つかったらいいなと思うときもありますね。

――大好きな鉄道や野球に興味を持って欲しい、という想いはないのですか？

そうなってくれたらうれしいですが、**押しつけるのは違う**と思っています。まぁ子供の頃はプラレールを買ってあげたり、電車について質問があれば知っている限り伝えたりしているので、他の子より詳しいとは思います。ただ、そこから先にいくのは本人次第。**好きになったら止まらないはず**。好きに理由はないですから。なんか好きになっちゃって、次第にどんどんのめり込んでハマっていく……。「好きなものができたら教えてね」とは言っていますがこの先どうなるでしょう。僕だけ趣味人ってこともありえますが（笑）。理想は子供がハマったことを僕も一緒に楽しめたら最高ですね。

芸人として、子供たちにどう映っているのか。

――仕事について子供たちに話しますか？

あまり話さないですね。子供たちが生まれた頃はヒマだったのですが、ありがたいことにここ最近は「鉄道芸人」として日本各地に行かせていただいています。だんだん、お父さんが〝家にいない人〟になっていて、家にいるのがレアみたいな存在になっています。

でも、ときどき考えるんですよ。**僕って子供たちにどう映っているのか**。芸人の多くは、バラエティ番組に出たり、ネタをしたりリアクションをしたりします。僕の場合、電車に乗ったり野球を応援したりしている（笑）。子供たちに「パパはどういう芸人なの？」と聞かれますが、僕にも分からないので、そのまま「パパにも分からないよ」と伝えています。「鉄道芸人になりたい！」と思ってこの世界に入ったわけではなく、2歳から大好きで、それが結果的に**たまたま仕事になっているだけ**ですから。子供に仕事を理解してもらうのは難しいです。もはや芸人なのかも分かりません（笑）。東京で営業の仕事があるときは奥さんが子供たちを連れてきてくれますが、それを見ても〝**不思議なことをやっているな**〟と感じているんでしょうね。僕から色々伝えるより、感じ取ってもらうほうがいいかなと思っています。

家族の核が奥さん、周りに僕や子供がいる感覚。

——奥さまと教育方針で対立することはありますか？

ないですね。色々と話し合うことはありますが基本、対立することはないです。

僕と奥さんは昔から気が合うんですよ。付き合っていた頃から夜中まで話していても飽き足りないくらいで。彼女は僕と違って無趣味ですが鉄道のことも興味を持って聞いてくれる。「それ何の話？」と話の腰を折ることがなく、自ら楽しもうとしてくれる人で。話が合うので、色々なことも彼女に任せています。

――奥さまとの間にしっかりした信頼があるからこその家族関係ですね。

それはあるかもしれません。**奥さんがいての吉川家**ですから。家族の核が奥さんで、周りに僕や子供たちがいる感覚。奥さんが元気でいるのが一番です。

そして奥さんの機嫌がいいとみんな機嫌がいいです（笑）。働いているので、とくに休日くらいはのんびりさせてあげたいというのはあります。今でも奥さんが喜んでくれるのは、二人の子供を連れ出して遊びに行くこと。公園にちょっと長めに2、3時間くらい行くんですよ。その間、**奥さんは一人を楽しみます**。その時間はどう使ってもらってもいい。そうすることで気持ちがリセットされるみたいです。とはいえ子供とあまり長時間、離れたくないみたいですけど……。母の日には、いつもの感謝を伝えるため子供たちと花を買いに行きますね。これもすごく喜んでくれるので、うれしいです。

冷蔵庫に貼った「陽気にいこうぜ」の言葉。

――奥さまと決めた子育てのルールはありますか？

生まれてくる前に話し合って決めたのは**〝大変〟という言葉はやめよう**ということです。子供が生まれてきてくれたのに、「大変だ」ばかり言っていては、子供にとって良くない気がして。何があっても「ありがたいね」と言い換えてポジティブに捉えようとしたんです。でも実際はあまりにも〝大変〟すぎて全然ダメでした（笑）。すぐに「大変だ！」と言ってしまい、**子育てとは〝理想の世界ではない〟**と気づかされました。育児雑誌の世界観のようになればいいって思っていましたが、甘いものではなかったです。

それでも、現実に大変なことが起きても、できるだけポジティブに状況を捉えていくことはやめませんでした。娘が1歳の頃、肺炎で入院したときもよりその想いを強くしました。それまでずっと子供と一緒にいたのに離れなければならなくなり、かなり堪えました。娘も病院で不安そうな顔を見せて泣きまくっていて……。僕らも毎日病院から帰るときは本当につらかったですが、ただこればかりは仕方がない、と気持ちを切り替えました。逆に子供がいてずっと外食ができていなかったので、久しぶりに**豪華焼き肉を食べに行きました**。

どんな状況でも楽しむのは、東日本大震災のときも同じ。じつはあの日、僕は福岡に向かって飛行機に乗っていて、家には1歳になる娘と奥さんしかいなかったんです。仕事から帰ってきたら余震も結構あって子供はびくびくしていて……。そこで何ができるかと考え、**「地震ダンス」を考案しました**。余震があったら安全を確保した上で自らダンスして一緒に揺れる。被害にあわれた方には申し訳ないですが、あのときは状況を楽しむ必要がありました。子供も不安げな顔から一転、少し明るくなって……。今でも我が家でやっています。

芸人だからかは分かりませんが、つらいこともアイデア一つで変わっていきます。考えていてもしょうがないですから。そういうお気楽なところは我が家にはありますね。

――発想の転換でつらいことも自ら楽しく思える状況にしていく……。すごく大事なことですね。

我が家の冷蔵庫には「陽気にいこうぜ」という言葉を貼っています。大好きな佐野元春さんの歌のタイトルなんですけどね。世の中いろんなことがあって〝陽気〟で〝ご機嫌〟でいることはなかなか難しいものです。〝常に明るくいる〟ことは難しいですが、少し機嫌が悪くなったら、できれば**自分で機嫌を取り戻してもらいたい**。そしてもっと言うと、他人から「あの人、いつも機嫌がいいね」と言われるようになってもらいたいですね。

娘は今、小学4年生。なかなか難しいことも多くなってきていますが、何があっても笑っていればいいと思います。実際に「**笑っていれば大丈夫**。なんとかなるよ」と伝えています。あと、「僕らはあなたの味方だよ」とも言っていますね。パパとママは絶対に味方だから。それを子供たちに言うとすごくうれしそうにしています。

叱ることの難しさ、「自分のことは自分でやろう!」。

――自我を持ち始めたお子さんとどのようにして付き合っていますか?

例えば子供が悪さをしたとき、最初の頃は父親っぽいセリフを吐いて叱ろうとしていましたが、なんか笑っちゃうんですよ。

覚えているのが、家族で沖縄旅行に行く前日、子供がちょっと悪さをして怒っているときに、「もう沖縄には連れて行かないよ!」と言ったんですよ。でもなんかモヤモヤしてしまって。僕の心の中では、〝**なんだこのお父さんっぽいセリフは**。プププ(笑)〟となってしまいました。何かお父さんっぽいことをしているんだけど、まったく身が入っていない感じがして、途中からめちゃくちゃ笑いました。どこかコントしている感覚に近いというか、「まだ父親にはなっていないでしょ」という気持ちがありました。見習いの人なのに、一丁前に親方みたいなことを言っていて。それを見て奥さんも大笑いしていたので同じ気持ちだったんだと思います。

やはり父親としてはまだまだなんですよ。**10年たってやっとスタートラインに立ったくら**

い。そして、どこかに「自分は〝趣味人〟なのに、なんでお父さんぶっているんだろう?」という感覚もあるのかもしれないです。
だから、お父さんとしての自覚が芽生えないと悩んでいる人も、あまり気にしなくていいと思います。

——では、あまり怒ったりはしないんですね。

あまり怒らないですね。逆に上手くいっているときに「その調子!」と声がけしています。すると子供たちは乗ってくるんですよ。間違ってもそれを止めるようなことは言わないようにしています。ときどき間違って僕が否定的なことを言ってしまうこともありますが、それに気づいたら意地を張らず自分から切り替えて、調子を上げるようにしています。
あまりにもふざけているときは、「困るのはこまちだよ。パパが一緒にやってあげることはできないから。自分のことは自分でやってね」と言って。うちにあるもう一つの家訓が「自分のことは自分でやろう!」。これも冷蔵庫に貼っています。

子供は自分からやりたいと思わないとダメ。

——とはいえ、まだ小さい頃はなかなか自主性が生まれてきませんよね。

全部、自分でできるようになってもらいたいという気持ちは昔から変わっていませんが、もちろん突き放すのではなく、一緒にやれることに関しては**協力を惜しみません**。ただ、最近感じたのは、自分からやりたいと思わないとダメだなって。

はくとは6歳なんですが、自転車に全然乗らないんですよ。こまちが同い年くらいのときは、3カ月毎日一生懸命練習をして乗れるようになったのに、またがりもしない。初めは指導法を考えていたんですが、乗らないならしょうがないと放置したんです。

するとついこの間、「僕、自転車乗りたい」と言ってきて。そして練習を始めたらその日のうちに乗れました。やはり、親がやりなさいと言ってもなかなか身が入らないんですよね。**やりたくなるまで待つ**というのも一つの手だと思います。

ただ、親だったら他の子たちはできているのでどうしよう、と思って焦ったりするはず。でもそこは堪えて、本人の気持ちが熟成されるまで待てるようになったらいいのかも。最近息子からそんなことを教わりました。もちろん親に言われた課題をコツコツやっていくことで成長するお子さんもいるでしょうから、十人十色だとは思います。自転車一つとってもそれぞれ違って面白いものですね。

普通列車だと思って、一個一個確実にクリアしていく。

――本当に日々、成長ですね。

ここから反抗期があったり、いろんなことがたくさん出てくるのでまだまだですね。東海道新幹線で例えると、まだ東京を出て小田原あたり。「こだま」でのんびりと向かっているイメージです。正直、**一足飛びで京都になんて行けません**。だからこそ楽しみがあると言いますか。子育てはコツコツとするのが大事です。例えとして新幹線を出しましたが、もちろん在来線でも構いません（笑）。

とくに最初は〝完璧〟を目指してしまい、想像もしていないアクシデントにあたふたすることだらけ。**自分を優等列車や特急だと思わない**ことが大事。自分を普通列車だと思って、一個一個確実にクリアしていくことが大切な気がします。たとえ最高時速が３５０㎞出せる車体だとしても、２８０㎞くらいで常に走っていたほうが車体は長持ちします。飛ばしたとしても、**自分が思っている最高速度の一つ手前くらいの感覚でやる**のがいいのではないでしょうか。

子育ては〝人対人〟のことなので、頭で思い描いていた理想通りになんて絶対にできません。終点はまだ先なので各駅停車でゆっくり行きましょう。最終的に振り返ったとき「あぁいい旅だった」と言えるようになるのが理想だと思います。

ってなんか電車で例えすぎましたね（笑）。でも**失敗ベースで物事を考えていく**ことはすごく大事だと最近とくに思います。

子供はテーブルに置いてあるコップをすぐに落として飲み物をこぼしたりしてしまいますが、できるベースで考えていると「なんで落とすの！」と思ってしまいます。できないベースだと「そうきましたか」と受け入れやすい。そしてそれを見ている子供も謝りやすい。みんなに余裕ができてきますから。

僕はこのようなことを趣味から教わってきました。

だからこそ、子供たちにも一生ものの趣味が見つかったらうれしい。アツくなれるものとの出合いを大切に見守っていきたいです。

復習

- 子供の〝面白そう〟をつくってあげる
- なんでも10年やればプロになる
- 趣味をつくってもらいたい
- 何があっても笑っていればいい

4

タケト

資格は役に立つ

Taketo

── タケト ──

取材日：2020.7.27

1976　千葉県千葉市生まれ。

1996　専修大学北海道短期大学で同級生だったナベ、ハブサービスと共にトリオ「Bコース」を結成。オーディション番組に合格し札幌吉本に所属。

1997　東京進出。

2002　「爆笑オンエアバトル」に出演し、人気を集める。

2006　結婚。

2012　「Bコース」解散。
4月に第一子（女児）誕生。

2015　シナリオを担当した絵本『きょうもいやがらせべんとう』を出版。

2020　保育士資格取得。

資格　ベビーダンスアドバイザー（日本人第1号）
ベビーサインパパアドバイザー（日本人男性第1号）
ベビーマッサージ講師
プリネイタル講師

認定　こどもパートナー

妻と子供が美味しいものを食べられるなら「なんだってやる」。

――タケトさんは育児の資格を多く取得されています。パパになるのが分かってから取り始めたのですか?

　子供ができてテレビの企画で取ったのが最初です。お父さんだからきた仕事で……。じつは僕、妻の妊娠が分かったときはトリオ（Bコース）で舞台などの仕事をしていたのですが、娘ができてすぐに解散しているんですよ。そして一気に仕事がゼロ（笑）。

　父親としてどうなんだ？　って思いますよね。解散して3カ月後の給料は3万。冗談で妻に「**家族三人で3万だから1万ずつだね**」と言ったら怒られました。

――金銭面に関して不安ではなかったですか?

　もちろん不安はありました。嫁と子供がこんなにも好きなのに〝自分のやりたいことをやめられない〟ってなんだろう？　と考えたりして……。ただ、誰に聞いたか定かではないのですが、「**子供の食べる分くらいは絶対に稼げるようになる**」。仕事は子供が持ってきてくれる」という言葉をどこかで信じていたんです。で、実際に次の月からなんとなく仕事が回り始めて飯が食えるようになりました。なんですかね？　意識はしていないですが、思い返せば**変なプライドがなくなった**というのは大きいかも。それまで仕事を断ることはしなかったですが、どこかで「これって芸人がやることなのかな？」と感じながら仕事をしていて。その気持ちは本当になくなりました。仕事が終わって家に帰り、妻と子供が寝ている姿を見たら〝この生活を続けさせなきゃ男じゃない〟としみじみ思います。妻と子供に美味しいご飯を食べさせることができるならなんでもやりますよ。

――父親としての自覚は、すぐにわきましたか？

妻とは20歳から付き合っていて、30歳で結婚したんですよ。すぐに子供を授かるかと思ったら結構時間がかかって……。結婚して5年たっても子供ができなかったので、病院に行き、体外受精も視野に入れつつ1年間タイミング療法をしてると、ありがたいことに妊娠したという流れです。

妻から子供ができたと聞いてすごくうれしかったし、エコー写真を見て〝**ついに父親になるんだ**〟と実感しました。……なんですが、それはあくまでもつもりで（笑）。それが分かったのは、8カ月検診のエコー検査に僕が初めてついて行ったとき。子供の心音を聞いたら、

「父親になるんだ！」と急に実感がわいてきて、恥ずかしい話ですがそのまま倒れちゃいました。**〝お父さんをやっていけるのか？〟**と今更感じたというか。もうドクンドクンという**心音が漫画のように文字となって迫ってきて**、気づいたら天井が揺れていました。

まぁ、あとで聞いたら、僕みたいなお父さん多いみたいです。なので、この本を読んでいる方には「父親の責任感につぶされそうな方は、あなただけではない！」と伝えたいですね。

妻のお腹を触ったりして子供を感じていても、「心音」の強さには勝てないですよ。心音は本当にここで生きていることをまざまざと感じさせてくれました。

――〝父親の自覚〟が出てきても仕事面は不安定なままだったんですよね。

そこが僕のちょっとおかしなところで。妻に「芸人をやめて違う仕事に就いて」と言われたらやめたかもしれません。でも妻は「頑張って」としか言わなかったので、〝このまま頑張る道〟を選びました。今考えてもそう言ってくれた妻は本当にありがたいです。だからこそ、先ほどの3万円の話をしたときは怒られて驚きましたが。

病院のロビーで爆睡。父親としてどうなんだろう？

――出産には立ちあったのですか？

立ちあうつもりでした。劇場の出番が終わったときに、病院に行くと妻から連絡があり、里帰り出産だったので車を飛ばして長野まで行って。すぐに生まれるのかな？　と思っていたら、なかなかの難産で、待っている間は常に義理の母親と交互に腰をさすっていました。ですが最初の1時間だけで……。1時間ごとの交代制だったのに、自分の順番が終わったら**いつの間にかロビーで爆睡**していて。本当に「父親としてどうなんだろう」って感じですよね（笑）。義母は変な姿勢で腰をさすっていたため、いまだにヒザが痛いみたいで。話を聞くたびに、チクチク心が痛みます（笑）。

そんなこんなで次の日の昼になっても生まれず、最終的に36時間かかりました。**想像していた以上**でしたね。正直、妻と子供の体力の問題で「帝王切開をするかも」と言われたときは本当にハラハラしました。で、立ちあえたかというと仕事があり、頭が出たところで時間切れ。デジタルカメラを義理の父親に渡していたので、のちにテレビ番組の企画で初めて見ました。あまりのかわいさで声も出ず、号泣するわけでもなく、ただ感動して（笑）。**芸人としては失格**ですよね。笑いは一切なかったんですから。

　そしてかわいいと思ったのと同時に、「この子が成人するまできちんとお父さんができるのか？」と自分のことが不安になりました。よく「子供が生まれてうれしさしかなかった」と言う人がいますが、あれは成功者ですよ。やはり経済面を含めて、思っている以上に責任を感じました。

「おっぱい」があるならあげたい。「うんち」もかわいい。

――自治体が開催する〝パパ講習会〟によく参加されたと聞きました。育児は積極的にやっていましたか？

　仕事が不安定だった負い目もあり、結構やっていました。本音を言うと全部自分でやりたかったんですよ。**「おっぱい」があるならあげたい**くらい。講習会はきちんと教えてくれるので、それなりに一通りできて、苦手やイヤというものはなかったです。

育児をして一番驚いたのは「うんち」。概念が変わりました。昔は赤ちゃんのうんちも汚いという印象で……。それが自分の娘だと愛おしく見えるんですよ。母乳しか飲んでいないときのうんちは、緑色のヨーグルトみたいで匂いもなく「食べてもいいな」って思うくらいかわいい。離乳食を始めたらしっかりとした大人顔負けのものになっていって……。日々変化していくんですよ。成長が分かりやすかったし、すごく感動を与えてくれました。

ちなみにしっかりしたうんちをしたときは、こんな小さな体からこんな大きなものが！と**うれしくなって写真を撮りました**（笑）。独身のときの自分で考えたら想像もできないことですが、かわいいと思えるから不思議です。

あとうれしかったこととして、首が据わってきた4カ月のタイミングで、娘と湯船に一緒に入っていたんですよ。僕のお風呂の入れ方がよかったのか分からないんですが、気持ち良さそうにうんちをして……。言葉にはできないですが、**体全体で喜んでくれて**いるんだって。ついそのお湯で顔を洗っちゃいました。これもまたうんちトークですが、いまだにあの喜びは忘れられないです。

芸は身を助く。娘のジェスチャー「雨の赤ちゃん」。

——認定ベビーダンスアドバイザーの資格もお持ちですが、役立ちましたか？

めちゃくちゃ育児に役立ちました。「ベビーダンス」は一定のリズムで縦揺れしながら赤ちゃんを抱っこするものですが、赤ちゃんがお腹の中にいたときと同じ動きをするからか、すぐに寝てくれるんですよ。もともとママっ子なのか、僕が寝かしつけをしても寝なかったんですよ。「ママと匂いが違うからか？」と思って妻のTシャツを着たり、ブラジャーをつけたりしたのですが、なかなかダメで。そんな中、ある番組でベビーダンスを教わり、その通りにしたら**すぐに寝てくれる**ようになりました。世の中のパパたちにおすすめです。

お父さんって「子供の世話をしたい」と考えていても、できることが限られていると思います。お風呂を夜遅くまで待たせるのもなんだから厳しいし、朝はバタバタしているのである程度のことしかできない……。となると、**寝かしつけはパパに向いている育児ナンバーワン**だと思います。子供が寝てしまってから帰ってきて、ほっぺを触って起こしてしまっても、寝かしつけが得意ならなんとかごまかしがききますから（笑）。

――ベビーサインパパアドバイザーの資格も取っていますよね？

「ベビーサイン」は、話ができない赤ちゃんと「手話やジェスチャーを使って話すことができる」というもので、我が家で大活躍しました。2歳頃までは、子供が話せたとしても一語や単語ばかりで、意思の疎通を図ることってかなり難しいと思うんですよ。でもベビーサインを使うと、1歳未満でも思っていることや伝えたいことをジェスチャーでやってくれるようになる。これはかなり面白かったです。

例えば、水族館に行って魚を見せているときや絵本で魚の話をしているときに**魚のジェスチャー**をします。すると、子供がマネをするようになるんです。それだけで面白いって思うんですが、スーパーに行って刺身を見ているときもそのポーズをしていたんですよ！　これには驚きましたね。だって見た目は全然魚じゃないですから（笑）。

ここで思ったのは、「**子供は大人の話を理解している**んだな」って。単語を知らないのと、喉の筋肉が発達していないから言葉を発することはできないけど、ある程度は分かっているんです。あと、いいなと思ったのは、小雨が降っているときに娘を見ると、「雨」「赤ちゃん」というジェスチャーをしていたんです。小雨を「雨の赤ちゃん」って感じていることがすごくかわいくて……。より愛おしく感じました。

ベビーサインを知っていたら育児がすごく楽になると思います。育児をしていて一番大変なのは、**子供が泣いている理由が分からない**ことですから。

「おっぱい」のジェスチャーをしてくれれば飲みたいときにおっぱいをあげられるし、離乳食では「もっと食べたいのか、そうじゃないのか」も分かる。

僕はよく娘に離乳食をあげていたのですが、いつもどれくらいの量を食べるのか、微妙に分からなくなるんですよ。妻に「もっとあげて」とか「あげすぎだよ！」とか言われていたんですが、娘がジェスチャーをするようになってからは僕一人で離乳食をあげて、その間に妻は違うことができるようになり、**完全に分担する**ことができました。

ほら、意外とお父さんが育児をしているときってお母さんは不安になることもあるじゃないですか。それが解消されたというか。すごくありがたかったです。

見て分からないの？　夫と妻のすれ違い。

――ベビーサインのお話から、子供はちゃんと大人を見ていることが分かりますね。

そうだと思います。僕らは〝お刺身事件〟があって以来、子供の前でのケンカはやめました。理解して見ているわけですから。とはいえ、ケンカがなくなったわけではなく、メールでやり取りしています。**何かあったときは長文のメッセージ**が届いて……。

それをトイレで見るわけですよ。グダグダ言い返すのはよくないので「ごめん、悪かった」と返すのですが「なんでそんなに短いの?」って言われます（笑）。正解はよく分からないですが、文章のほうが楽だとは思います。書くという作業を挟むことで、少し冷静にもなれますし、頭がスッキリするので。

――奥さまとはどのようなことでケンカしますか?

些細なことです。良かれと思ってやったことが感謝されなかったり（笑）。男女の脳の違いを感じます。例えば、僕が洗い物をしていると妻が無言で洗い直していたりするんですよ。どうも洗い方が違うらしく。僕としては教えてくれれば洗い方を覚えるし、次からは楽になるんじゃないかな?　と思うんですが「**見て分からないの?**」と言われるだけ。

正直、見ても分からないです、教えてくれないと。僕は**男は基本バカ**だと思っているので、見て感じるなんてことは難しいんじゃないかな。もし女性がこの本を読んでいたらちゃんと教えてあげて欲しいです。やる気はあるわけですから。

そして男目線としては、「手伝ったのに」という気持ちは少なからずあります。そうなると**すれ違いしか生まれない**。妻目線で言うと、「せっかくやってくれたことに文句をつけたくないから自分で直そう」と気を遣っているんですが、じつはお互いにモヤモヤした気持ちになるだけという……。なかなか難しいなと思います。

――奥さまの大変さを感じたことはありますか？

かなりありますね。僕は育児の資格を取っていたこともあり、普通のパパよりも積極的だと思っていたんですよ。ただ娘が4歳のときに妻が倒れて。三半規管の問題で常に船酔いをしているような感じになり3日間入院しました。とくに薬があるわけでもなく安静にするしかない状況だったのですが、お医者さんからは「4年間、子供の生活に合わせて寝起きをしていたことによる疲労の蓄積」と言われ、そのとき初めて妻に大きな負担をかけていたと気づきました。考えるまでもなく、妻は**四六時中、子供と一緒に生活をしていて**自分の時間なんてないんですよ。外で仕事をしている僕とは違う。妻には聞かなかったですが、倒れるまで無理していたことを知られたくなかったんだと思います。

今思うと本当の意味での〝気遣い〟ができていなかった……。それまでも「僕が見ているから美容院に行ってきなよ」とか言っていたのですが、「（娘と）離れたくないからいい」と言われ、その通りにしていました。入院してからは**無理矢理、妻の時間をつくってもらう**ようにしています。1~2時間、お茶をしてくるとかですが。子供が心配で常に一緒にいたい気持ちは間違いではないですが〝リフレッシュする時間〟を強引にでも取らせることの大事さを知りました。

人と違っていい。娘には今やりたいことを見つけて欲しい。

――子育ての方針で、夫婦がすれ違うことはありますか？

基本、相談して決めるのでないですね。一つ言われているのは、「家で汚い言葉遣いだけはやめて欲しい」と。「なんでだよ！」「違うだろ！」のような**ツッコミ的な言葉はイヤ**みたいです。感情を乗せて発するので、本当に怒っているように聞こえるんですかね？ ただ抑えきれない。これは今後の課題です。ちなみに娘がリカちゃん人形で遊んでいるときに、僕の感じでツッコミを入れていて、ちょっと笑っちゃいました。

――〝我が家ならでは〟と感じるルールはありますか？

芸人だからかもしれないですが、「人と同じことが決して良いことではない」と伝えています。**人と違っていいし、それも魅力**。学校に行くとみんなと一緒が普通です。芸人になって感じるのは、人と違うことのほうが魅力的だし売りになる。人と違った見方をするからこそ面白さが生まれるし、社会に出たとき武器になるんですよ。極端な話、親としては普通と違った「ちょっと変な感覚」を持った子に育ってもらいたいです。

そう考えるのは、自分が普通ということもあります。芸人の中にいるとみんな個性の塊で、僕はあるとき、その中で飛び抜けられないことに気づきました。娘はまだ理解できていないところもありますが。「人ができないことができること」「人ができることができないこと」はすごいんだよと伝えています。

近年はeスポーツ選手やYouTuberなど、個性の光る職業があるのでより一層感じます。僕らの時代より自由の幅が格段に広がっています。熱中できるものさえ見つかれば、仕事につながっていくので、**オールラウンダーにならなくてい**いんです。一個だけ飛び抜けてくれる何かがあれば。ただ好きなことってなかなか見つからないみたいです。僕自身やりたいことが仕事になって幸せなので、娘にも早く見つけて欲しいですね。お笑いを好きになった理由なんてないから、どう見つければいいのか分からないのでアドバイスできませんが、どこに好きなものが転がっているか分からない。なので、何をするのも基本止めないようにしています。

そして極端ですが、好きなものさえ見つけていれば逃げてもいいと思っています。

例えば、もし娘がいじめられて「学校に行きたくない」と言い出したら、学校に行かなくてもいいかなって。転校してもいいし、家からリモートで何かをすればいい。僕らが子供のときにあった**〝イヤなことから逃げてはダメだ〟という考えは改めてもいい**かなって。もう時代が違いますしね。

さらに「勉強はしなくてもいい」「頭悪くてもいいよ」と言っています。僕は40歳を超えてから通信教育のみで保育士の資格を取ったので、勉強はしたいときにすればいいと考えていて。それよりも**今やりたいことを見つける**ことのほうがすごく大事。ただ僕が子供ならすごく喜んだと思うんですが、娘は僕を反面教師にしているのか、すごく真面目。学校から帰ってきたらすぐに勉強する子になりました。理由は分からないんですが、僕が保育士の資格を取るために一年中、猛勉強していたのを見ていたのかも。それだとうれしいですね（笑）。

勉強面はとくにこれという方法はないです。


――〝当たり前が当たり前じゃない〟という考えですね。

まさにそうで。保育士の試験を受けたとき、とくに感じました。テストには実技があり、音楽・造形・言語表現の3つの中から2つを選択するんですよ。僕はピアノができなかったので造形と言語表現を選びました。言語表現は「視聴覚情報（絵や音楽）を一切用いないで物語を子供たちに伝える」というもの。目の前に子供がいると想定して試験官の前で3分間、桃太郎を聞かせるんです。このテストを知ったとき、僕は〝もらった〟と思いましたね。よくお笑いの舞台では3分、5分、10分という感覚でネタをやっており、3分という時間は芸人にとって身に染みた時間。本当にラッキーだと思い、落語家ばりに声色を変えて桃太郎を話そうと決めたんですが、いざ本番が始まると頭の中が真っ白になって……。3分間で話を終わらせなきゃいけないのに、アラームが鳴ったときは**まだきび団子をあげている途中**。「終了です」の声を聞いた途端、「ウソだろ！」ってつい言っちゃいました（笑）。

もうそこからは、どうリアクションをとっていいか分からず芸人に戻っちゃって、試験官の先生を笑わせましたね。話が途中でも「続きはおうちの人に教えてもらおうね」など切り抜け方はあるみたいなんですよ。でも僕はそのマニュアルを知らなかったし、もし知っていても思い出す余裕もなく（笑）。最後、試験官に「笑いましたね。こんな保育士さんが世の中にいたらどう思いますか？」と言って場を和ませて退室しました。あとで聞いたら、合格点ギリギリ。かなり危なかったんですが、僕らしいかなって。そんな経験をしたからこそ余計に、「**物事はマニュアル通りにしなくてもいい**、それも個性」と思うようになりました。

赤ちゃんの頃から「みんな違う」。寝ないのも個性。

——親としては他の子と比べてしまいがちですが、そのあたりはどうされましたか？

我が家は基本、比べませんね。人と違うのが個性ですから、まったく一緒なんてあり得ないんですよ。だってそれ言ったら僕なんて変なパパですから（笑）。

ただ育児の仕事をしていて感じるのは、**赤ちゃんの頃から「みんな違う」**ということ。すぐに寝る子もいれば、ぐずぐずしちゃったり夜泣きする子もいる。比べて見ていると、すぐに寝てくれる子がいいと思っちゃうんですが、寝ないのも個性だと思うしかないかなと。

あと僕なんて36歳でパパになりましたが、よく聞くのが「もっと早く産んでおけばよかった」という言葉。個人的にはどうかな？　と思います。若いときに産んでいたら自分の意識も違うので絶対に今の娘ではないわけで……。今の状況を喜ぶことが大事だと思っています。

——親もそれぞれのスピードで成長して、子供と一緒に幸せを感じるのが大切だと思います。親御さんの悩みの一つでもある食べ物の好き嫌いはどうしましたか？

ガリットチュウの福島（善成）くんに教えてもらったのですが、「イヤ！」と言い出した食材に対し、親が異常にオーバーなリアクションをとることで切り抜けました。

例えば、ピーマンを食べられない場合は、親がピーマンを食べて「美味し〜い。こんなに美味しいの!? 知らなかった〜」と言っていたら興味が出てくるみたいで。実践していたらほぼ娘の好き嫌いがなくなりましたね。幼い頃はたくさん味を知っているわけではないので、**親の反応で変わってくる**と思います。無理矢理食べさせなくてもいい、という意見があるのも分かります。必要な栄養素は代用品でまかなえばいいところもありますから。でも僕はそれをすると給食で困ると思うので、一応食べて欲しいなと考え、娘の好き嫌いはなくしました。本当に親御さんがどうしたいかでいいような気もします。

娘と友達の関係、「失敗を笑いあえる」がいい。

――現在小学校2年生の娘さんに、学校生活の面で話していることはありますか？

「人と違っていい」という個性の話にも近いのですが、「**失敗は恥ずかしいことではない**」

と伝えています。「友達とは失敗を笑いあえる関係になったほうがいい」とも話していますね。年頃になってくると恥ずかしい気持ちが先に出てくると思うんですけど、この笑いあえるのはすごく重要で。一方的に笑っているだけだとイジメになってしまうんですよ。

大事な場面で転んだ友達を見たとしたら、その場で友達のことをツッコんで笑うのと、あとから違う友達と笑うのでは全然違います。**ベストな関係は、芸人のボケとツッコミ**なんですよ。漫才はウィークポイントを指摘しながらそれを笑いに変えていくわけですから。仲良くないと成り立たない関係です。そんな友達関係をつくってもらいたいと思っています。

——娘さんの学校の友達は把握されていますか？

うちに遊びに来る友達は挨拶しますね。あと最近の小学校は「学校開放」という昔の授業参観のライト版が週一であるんですよ。なので、よく顔を出しています。どういう感じで学校生活を送っているのか、どのような友達がいるのかは知っておきたいです。まぁ、まだ隠し事をせずに全部話してくれているように感じるので、今のところ心配していませんが、年を重ねるにつれ、そういう不安は出てくるのかもと思います。

そして、うちは女の子なので、僕は知らないけれどお母さんは知っていることが増えてくる気はします。お父さんとしては悲しいですがもうしかたがない。最近では、「パパ、ちゃんとしてよね！」とよく言われていますから。一人娘ということもあり、お姉さんぶりたいのかも。**家族のランクでは僕が一番下**になっています（笑）。

「チンカスくんって何？」。この質問にどう答えるか。

——子育てをしていて困っていることありますか？

正直、お金の教育と性教育はどうしようか悩んでいます。まだ小学2年生なのでどちらも早いと言われればそうですが、あっという間に成長しますから。お小遣いに関してはまだあげていません。祖父母からもらった**お年玉を「1年かけて使いなさい」**と伝え、何か欲しいものがあればそこから買っていますね。

意外にすごいなと思うのは、8月くらいに「あと4カ月なので、1000円ずつ使ったら4000円で……」と娘が言っていて。ちゃんと考えているのはいいなと思っています。一緒に買い物に行って同じようなものを買いそうになると「似たものを持っていたような気がするけど……」とやんわり誘導したりしますが、娘は基本的に好きなものを買っています。

お年玉以外に生まれてからいただいたお金は、子供の銀行口座をつくって管理しています。ただその金額を一度、娘に伝えてしまったことがあって……。それ以降、「私、14万円もっているんだ～」って言うんですよ。失敗しましたね。できることならその記憶を削除したい。イチから自分で貯めて欲しいです。だから今貯まっているお金で旅行するのもありかなって（笑）。２０２０年は世の中の状況もあって行けませんでしたが、毎年必ず夏休みに旅行するようにしています。娘に**「夏は必ず家族と旅行した」という思い出**を残していきたいです。

そして難しいのは性教育。以前使用していたスマホを渡して、Wi-Fi環境があるところだけでYouTubeを見たり、ゲームをすることを許可しているのですが、この間、チラっとのぞいたら、高校生になって彼氏をつくったりして学校生活を楽しむというゲームをしていて。あくまでも健全なゲームですが、それを見てドキッとしちゃいました。彼氏となぜかベッドに寝ているんですよ（笑）。とりあえずさっと**アプリを削除**しておきました。

ただ「なんでダメなの？」と聞かれてもどう説明したらいいか困っちゃう。自分自身は親から教えてもらったことはなく、なんとなく知っていったタイプですが、娘は女の子。あと2年くらいしたら考えなきゃいけないと感じています。きっと妻に頼んじゃうかもしれませんね。子供ができる前まではなんとも思っていなかったことに**やきもきすることが増えた**なとも思います。

同期のバッドボーイズの佐田（正樹）は僕のことを昔から〝チンカスくん〟って呼ぶんですよ。家に来ても、車の中でスピーカー設定の電話をしていても変わらず呼んできて。一度娘から「チンカスくんって何？」と聞かれ、もうあたふたですよ。なんとなくごまかしたのですが「家の外でその単語を言わないかな？」と心配もあります。個性的な娘に育って欲しいとは言いましたが、さすがにそういった言葉はなるべく言って欲しくないですね。

娘とできなくなることが増えるけど、かわいさは更新の毎日。

——東京での子育て。娘さんを〝東京の子供〟と感じる瞬間はありますか？

最近、田舎に土地を買ってＤＩＹをしながらキャンプ場をつくっているのですが、娘は**自然を全然知らない**ですね。たき火をしていて、薪をプラスティックの定規でずらそうとしたり「なんで？」と思うことが多々あります。話を聞いてみると、学校でハサミを使えない子や家のコンロがＩＨだからか火が熱いことを知らない子がいたりするようです。でも僕のときはどうだったかな？　と考えたら、そういうことって遊びの中で学んだんじゃないかなって。なので**〝危ないから何もさせない〟のはやめよう**と思っています。自然の中で教えていきたいですね。とはいっても、僕がつくった小屋のウッドデッキでiPadを見ながら遊んでいたりしますけど（笑）。あと、田舎で遊ばせてよかったなと感じるのが、隣に住むおばあちゃんと仲良くなったことです。東京では「知らない大人と話したらダメ」と伝えているので、自分の祖父母以外のおじいちゃんおばあちゃんと話すのは新鮮みたいで。今はコロナの影響もあり、手紙交換をしていますが、最初は〝知らないおばあちゃん〟だったのに、ここまでの関係になれたことが本当にうれしいです。

娘には**知らないことを少しずつでいいから教えてあげたい**のと、それを僕らと共有していい思い出になっていけばと思います。だってうちは娘なので男親の僕と何かをする時間が限られていますから。

――どのようなときに〝女の子だから〟と感じますか？

スーパー銭湯や温泉などの大浴場にもう一緒に入れなくなりました。家ではまだ入るんですが、公共施設はどういう人がいるか分からないのでさすがに……。幼い頃に一緒にできていたことが一つできなくなったんですよ。色んな事を急いでやっていかないと、どんどんできることが減ってしまいます。

そして思うのは、急に気づくのではなく事前に心の準備をしておいたほうがいいということ。「今からできなくなることは増える」と思いながら計画的にたくさんの思い出をつくっていきたいです。よく「誰かのもとに嫁がせたくない！」と聞きますが、僕は**早く誰かと家庭を築いてもらいたい**です。娘は一人っ子なので、僕と妻が死んだら天涯孤独になるのが気がかりで。早めに結婚してくれるのもいいかなと思っています。そのためには今の家庭を好きになってもらうことが大事です。ちなみに芸人の彼氏を連れてくるのはあんまりな〜。ちょっと失礼ですが、ネタを見せてもらって判断したいです（笑）。そんな心配もありますが女の子はすごくかわいいですよ。

ちょっと気になっているのは、一人っ子ってこと。兄弟が多いと自然と弁が立つようになるんですが、一人っ子だと言い争いなんて滅多に経験しないので強く言われたときにきちんと言い返すことができるのか。「イヤなものはイヤ」と言える子に育って欲しいです。

あと将来といえば一番大事にして欲しいのは「挨拶」です。**挨拶だけできれば人生は変わる**と思う。そして挨拶のいいところは、相手の気持ちはもちろんですが、言っている自分も気分が良くなります。勉強はできなくてもいいから、挨拶ができて、謝れる人になって欲しいですね。ちなみに、**子供は親を見る**ので、僕も心がけています。

昔はエレベーターでボタンを押してくれる人に「ありがとう」と言えなかったのですが、

今ではきちんと言えますから。娘によって成長させてもらっています。

――子供を育てて感じることはなんですか？

日々が楽しいです。僕は「毎日かわいさを更新している」と感じていて。あのときもかわいかったけど、今のほうがもっとかわいいって思っています。成長して、やることや考えることがどんどん変わっていくのを間近で見ていて面白いです。

復習

- ✓ 人と同じことが決して良いことではない
- ✓ イヤなことから逃げてもいい
- ✓ ベストな友人関係の形は漫才コンビ
- ✓ 資格で勉強した子育てスキルは意外と役に立つ

5

タカアンドトシ

明確に分かる父親像の違い

Insei'313

Insei'313

Taka and Toshi

― タカアンドトシ ―

取材日：2020.7.26

1976	北海道生まれ（タカは札幌市、トシは旭川市）。
1990	中学校の同級生だった2人はコンビを結成。漫才を披露。
1994	高校生ながらオーディション番組に合格。
1995	「タカ＆トシ」としてプロデビュー。舞台とローカル番組を中心に活躍。
1997	『全国吉本若手漫才』優勝。
2001	「タカアンドトシ」に改名。「爆笑オンエアバトル」に出演し人気を集める。
2002	東京進出。
2004	「M−1グランプリ2004」決勝進出。
2005	「爆笑オンエアバトル」チャンピオン大会で優勝。“欧米かっ！”のツッコミでブレイク。
2006	「爆笑オンエアバトル」チャンピオン大会連覇。
2007	「タカアンドトシの音楽魂か！」など冠番組が多数開始。
2008	「お試しかっ！」がスタート。人気メニューを当てる“帰れま10”が話題に。 「ゴールデン・アロー賞」バラエティー部門放送賞、「東京スポーツ映画大賞」エンターテインメント賞受賞。
2010	(トシ) 結婚。
2011	(トシ) 6月に第一子（男児）が誕生。
2012	(タカ) 結婚。
2013	(タカ) 3月に第一子（男児）が誕生。 (トシ) 5月に第二子（男児）が誕生。
2015	(トシ) 6月に第三子（女児）が誕生。
2017	(タカ) 3月に第二子（女児）が誕生。

本当にパパなの？　子供への意識と父親の自覚。

――お父さんになるのはトシさんのほうが2年早かったんですね。

トシ　そうですね。うちは2歳違いで息子、息子、娘です。次男とコイツ（タカ）の長男が学年は違うけど同じ年に生まれています。

タカ　うちは息子、娘の二人。

トシ　**いまだにコイツがお父さんというのが不思議**ですが……。本当にパパなの？　という感じです。

タカ　なんでだよ。

トシ　以前、劇場にお互いの家族を連れてきたときがあったんですが、そのときも恥ずかしいからか、オレの前ではパパをしているところは一切見せなかったんですよね。挙げ句の果てに夫婦で何もしないから、コイツの長男をうちの家族で面倒みて。

タカ　それがうちのリアルだから（笑）。

トシ　いやいやリアルって（笑）。普通、パパらしいところって、にじみ出てくるはずなんだけどな……。あとちょっと怪しんでいるのが、うちの子供がコイツのそばに寄っていったら、「おぅおぅ」と犬が苦手な人みたいな反応して。明らかに慣れていない。同い年の息子がいるんじゃなかったっけ？　ってかなり悩んじゃった。

タカ　**他人の子供は苦手**。それは昔から変わんないな。自分の子供なら泣いても放っておけるけど、よその子だとそうはいかないから怖いんだよね。いまだに「もし泣かしてしまったら」という心配がどこかにある。もちろん自分が父親になったので抱き方とかは知っているんだけど。テクニックは知っているけどメンタルがついていかないという（笑）。

トシ　その苦手意識は子供にも伝わっているよ。

タカ　だから余計に……。でもこういう人もいると思う。親になったからって、**すべての子供に対して優しくなるわけではない**から。

トシ　普通は子供がいたら「何歳になったの？」とか聞いてもいいのに、それもまったくないから。なのに写真は勝手に撮ってInstagramに勝手にアップするし。

タカ　フィルターの力って本当に大事。カメラ越しなら全然平気だから。

トシ　どれだけ人見知りなんだよ（笑）。

――お父さんとしての自覚はいつぐらいから芽生えてきましたか？

トシ　すぐにはわかなかったですね。子供はずっと欲しかったので、奥さんが病院から帰ってきて「できたの」と言われたときはめちゃくちゃうれしかったというのはありますが、**オレの体に何か変化があるわけでもなかった**から。赤ちゃんのときも、あやしたりして泣き止んだりはするけど、分かりやすく反応があるわけでもないから実感はそこまでなくて……。やっぱり1歳近くなって、よちよち歩きをして、自分の意志を持ってこっちに歩いてきたりすると「かわいい、**この小さい体を守ってあげなきゃ**」と思い、そこからじわじわと父親としての自覚がわいてきたのかも。やっぱり赤ちゃんというより子供になってからという感じかな。

タカ　うちは結婚する前から子供が欲しいと思って妊活していました。奥さんには「子供ができたら結婚してやる」って言っていて。

トシ　上から目線過ぎておかしくないか？(笑)

タカ　まぁ言い方はあれだけど、でも結婚するきっかけとして子供が欲しかったというか。病院にも通って、妊娠しやすい日は僕も早く帰ったりしていました。そういうのが続いていったら、「そこまでしているなら結婚してもいいかも」と、**できる前にプロポーズしよう**と作戦を変え、後輩を呼んで明日プロポーズするシチュエーションを考えていたんですよ。そしたら嫁から連絡がきて、すぐにでも帰ってくるようにと言われ、帰ったら「できた」と。

正直そのときは「えーーーー」でしたね。だって明日にはプロポーズしようと思っていたから。嫁にそのことを言っても全然信じてもらえなかったんですが……。

トシ　子作りするきっかけはあったの？

タカ　それはとくに。でも昔から子供は欲しかったから。ちなみに長男を妊娠していて安定期に入った頃、ちょっとしたことから破水してしまったんですよ。僕はそのとき札幌にいて急いで戻ってきたら、すでに病院に運ばれていて……。先生に尋ねると「母体は大丈夫ですが、98％子供は助からないでしょう」と言われて。そのとき、めちゃくちゃ焦ったけど**一番に思ったのは母体のこと**だったんです。子供のことも頭をかすめましたが、嫁さえ大丈夫ならまたチャンスがあると。まだお腹の子に対して父親という実感は、そこまでわいていなかったのかも。嫁はずっと泣いていましたが、僕は泣かなかったですし。結局心臓が止まることもなく羊水も戻ってきて無事に生まれて、その子が長男になって……。今の息子の姿を見て、当時のことを思い出すと、なんとも言えない気持ちになりますが、あのときは実感がなかったですね。**子供を宿している女性と、そうではない男性**の感覚はまったく違うんだなと感じました。

トシ　まぁなかなか実感というのはわかないのは分かる。

タカ　子供が手を握り返してくれるとか意思表示がないとなかなかね。申し訳ないけど夫がお父さんに変わっていくまで気長に待ってもらいたい。

トシ　長い目が大事だよな。

きょうだいは、つくってあげたい。

――タカさんは男の子と女の子、トシさんは男の子二人と末っ子が女の子ですが、男女両方欲しかったのですか？

タカ　もちろん授かるなら男女欲しかったですが、僕としては男の子が欲しい、という気持ちが強かったです。そして育てているとやっぱり一人っ子より兄弟がいたほうがいいなとなり、二人目をつくったら女の子で。もう理想通りでした。

トシ　うちは奥さんが姉妹なんで「姉妹をつくりたい」と言っていました。男の子って自分でも感じますが、**やっぱりちょっと〝薄情〟**なんですよ、親にもそんなに連絡しないし。奥さんは毎日のようにお姉ちゃんとお義母さんと電話で話していますから。でも男、男が生まれてきて……。三人目で女の子と分かったときはすごく喜んでいました。それでもやっぱり

女の子をもう一人産みたかったみたいで、結構トライしましたがそれこそ授かりものなので、なかなかでした。

タカ　本当に諦めたのかな？

トシ　何かあると「赤ちゃん、かわいいね」とは言ってくるし、子供の友達が家に遊びに来たりしているのを見ているときに、「五人きょうだいってのもいいね」とか言ったりしているけど。ひょっとして……(笑)。

タカ　それはもう欲しいって言っているだろ(笑)。

トシ　オレはそんなにいっぱいいいたらと考えると育てていけるかゾッとするけど、奥さんは意外と本気で子供が大好きみたい。

タカ　でも**きょうだいはつくってあげたい**と思った。うちは姉ちゃんがいて、子供の頃は仲が悪かったけど、今ではありがたいなと感じてる。姉ちゃんがいることで自分の両親のケアもしてくれるし、助け合えているので。これは大人にならないと分からないことかも。

——きょうだいができたことで子供たちに変化はありましたか？

トシ　うちは変わらなかったな。男の子はバカだから(笑)。ただ次男は赤ちゃん返りがあった。ちょっとわがままになったり、赤ちゃん言葉になったり……。でもそういうときは、**次**

男のケアを意識的にしました。赤ちゃんは奥さんなど見てくれる人がたくさんいるから大丈夫なんだけど子供たちはね。そのことによって寂しい気持ちになるのはかわいそうだから。

タカ　うちはそこまでなかった。というより妹に対しても「かわいいね」とか言うけど、そこまで関心がないというか。今でも「絶対に妹を守ってあげる！」みたいな意気込みは感じられない（笑）。逆に**妹のほうがお姉さんみたい**な振る舞いをしているときがあるかな。

トシ　うちも。この間なんて、娘が洗面所で三人分の歯ブラシに歯磨き粉をつけてあげていたから。上の二人なんて、歯を磨けと言っても磨かないのに（笑）。

タカ　**お母さんを見てマネしている**んだろうね。でも二人で話したり遊んだりする姿を見ていると、きょうだいをつくってあげられてよかったなと思う。

トシ　ケンカも毎日やっているけど（笑）。うちなんて2歳ずつ離れているから、長男と次男、次男と長女はがっつりケンカをする。

タカ　次男がトラブルメーカーだな。

トシ　自由だし気性も激しいから一番手がつけられない。毎日、「はいはい、やめようか～」ばかり言っているわ。

子供ができたからって、昔からやっていることを変えたくない。

――育児はどれくらいやっていましたか?

トシ　長男のときは、めちゃくちゃ忙しいタイミングだったんですよ。「お試しかっ!」(テレビ朝日系、08~15年放送)がちょうどゴールデン枠に移動になるタイミングだったりして、毎日夜中まで何かを食べていることが多かったんです(お店の人気メニューを食べてベスト10を当てるコーナーが人気)。なのでたまに家にいても何をしたらいいのか分からなくって……。

タカ　あの頃は普通にしているだけで毎日大変だった思い出。

トシ　一応、奥さんのお義母さんに北海道から来てもらって手伝ってもらっていたんですが、**オレができることは寝かしつけ**くらいで。とはいっても、長男は2、3分で寝てしまうすごく寝つきのいい子だったので、抱っこして歩き回るくらいでしたね。

タカ　おしめとかは?

トシ　おしめは最初の頃はまったくできなかった。うんちをしたことはなんとなく分かるので、そのたびに**「うんちだと思う」と報告**だけして。まぁそれじゃいけないと思ってやろうとするんだけど、どうすればいいのか分からない。とくにうんちがついているときはどうしたらいいんだろう？　って。それを見かねた奥さんが一度、最初からレクチャーしてくれて、そこからは気づいたらやっていたのかな。奥さんも「やって！」とは言わないですが、**自然と教育された感じ**。

タカ　僕も一通りはしたけど、積極的にはしなかった。だってうちは奥さんのお義母さんがいたから、子供一人に対して二人がかり。それ以上に手はいるのかな？　って。

トシ　また最低なことを言っているな（笑）。

タカ　いや、でも**一人に対して二人は多すぎ**でしょ。

トシ　そういうところがダメなんだよ。奥さんイヤな顔していたでしょ。

タカ　一度、夜中に「たまには手伝ってよ」と言われたけど「ちょっと待てよ、何を甘えているんだ」ということを伝えたらそれ以降は言わなくなった（笑）。

トシ　ダメだこれは。すげえ上から言っている……。もう呆れていたでしょ。

タカ　それでもいいかなって（笑）。でもやれることはやっているし。

トシ　これは全国のママたちから批判必至だな（笑）。

――タカさんは亭主関白なんですね。

タカ　どうなんだろう。もともと付き合っている頃からこういう関係でした。もちろん頭ごなしになんにもやらないというわけではなく。最近は、徐々に嫁も強くなってきていますよ。子供を盾にモンスター化しているから（笑）。

トシ　ひどい言い方だよ。本当に世の女性の敵だな（笑）。

タカ　手先になるのはイヤなんだよ。手伝うことはできるけどそれを**当たり前だと思うのは違う**というか。

トシ　手先って（笑）。オレはやれることはやろうという感じ。一番イヤなのは奥さんがイライラして**家の空気が悪くなる**ことなんだよね。ほら長年一緒に住んでいると、向こうが今、何をしてもらいたがっているか肌で分かるようになるだろ。それを感じたらできることならやってあげるとすべてがうまく回るようになる。ひいては自分のためにもそれが一番で……。オマエみたいに、やって欲しいことを拒絶していったら、めちゃくちゃ家の空気が悪くなるでしょ？

タカ　でも自分を守るためだから。**なし崩しになるのがイヤ**。

トシ　対決しようとしているのか？　勝ち負けじゃないんだから（笑）。

タカ　分かっているけど（笑）。だからといって育児がイヤなわけではなく、**頼りにされすぎるのは困る**って話だから。もちろん興味はあるから。

トシ　赤ちゃんの頃は分かるけど、大きくなってきてからもまだそういう気持ち？

タカ　そりゃ赤ちゃんのときよりかは子供に意志が出てきたりして面白いし、一緒にいて楽しいよ。子供はかわいいので**仲良くなるチャンスはつかみたい**から、最近だとお風呂によく入れている。一緒に入ると楽しいし。

――自分の負担にならないように調節しながら育児をしているんですね。

トシ　よく言えばね（笑）。

タカ　でもそうなんだよね。僕は昔から飲みに行くのが好きだから、コロナ禍になる前までは毎日仕事が終わったら飲んで帰る生活で。それに絶対に文句言われたくない。だからそのためなら手伝うこともあるし、教育に関わるお金とかも渋らず出したりしている。とにかく、「あなたの飲み代……」というキーワードは出ないように生きています。

トシ　言われたらいいのに。

タカ　イヤだよ。昔からやっていることを結婚したから、子供ができたからって変えたくない。**昔からの自分でいたい**と思っていて。でもそれ以外のところで協力できることは協力しています。

――育児の主導権は奥さまが握っているのですか？

タカ　そりゃそうですよ。そこに関しては信頼して任せています。

トシ　うちも奥さんだけど、基本的に相談してくれるから、話し合いをしつつ決めています。**道は奥さんがつくってくれて**、よっぽど変なことでなければ賛同するという形です。やっぱり一番身近で子供たちを見ているのは奥さんなんで。信頼しています。

奥さんは子供の送り迎えだけでも、準備が大変すぎる。

――奥さまが喜んだ育児はありますか？

トシ　子供を幼稚園や小学校のバス停まで送るのはオレがしていますね。それは前日がどれだけ遅くてもその時間にいれば必ずやっています。それこそ「お試しかっ！」をやっていた頃、朝方にお腹パンパンになって帰って寝ていたんですが、なんとなく朝起きたほうがいいのかな？　と思って起きたんですよ。そしたらいつも通り「いってらっしゃい」ということになって（笑）。

タカ　連れて行ってと言われたの？

トシ　いや、別に**強要はしないけど空気がそんな感じ**だったんで。それから、どんなことがあっても行こうと思った。悩むだけムダだし、行って帰ってきて寝ればいいだけだから。やはり頼ってくれるのはうれしいですよ。

タカ　まぁ、うちも子供を連れて行くよ。目の前の学校だからすぐなんだけど。

トシ　でもさ、奥さんだったらすぐの距離でも大変なんだよ。メイクするからオレたちより早く起きないといけないし、朝ご飯もつくらないといけない。その上、幼稚園とかでママ友と出会うと話もしなければならないから、ただ送りに行くだけなのに準備が大変すぎる。その点、オレだと知り合いに会っても挨拶だけでいいから楽で。

タカ　**付き合いって大変**だよな。

トシ　そっちは自分から起きて連れて行くの？

タカ　子供が起こしに来て「パパ行こう」って。で、玄関出てとことこ歩いたらすぐに「じゃーね」って。あっという間。下の子の幼稚園も連れて行ったりするけど、これは車で。嫁さんだと自転車で大変そうだし、車だと早いから。

トシ　意外とやっているな。

タカ　だからやらないことはないんだって。あとお迎えも時間が合えば行っている。帰り道にその日あったことなど聞けるからちょうどよくて。**子供と二人っきりの時間ってなかなかない**からいいんだよ。いつかは、友達に見られたら恥ずかしいと思うようになるので、嫌がられるまではやり続けようかなって考えてる。

——育児で失敗したエピソードはありますか?

タカ　笑えないものとしては、へその緒のケアに使う消毒液を目薬だと思って子供の目に入れたことがある。

トシ　それめちゃくちゃ危ない。

タカ　すぐに「ギャー」と泣き出して、「もうヤバい」と、水で洗い流してから病院に駆け込んで。結果的には大丈夫だったけどめちゃくちゃテンパった。原因としては、目薬と同じケースに入っていたから。これは絶対に間違える。

トシ　奥さんは何か言っていた?

タカ　何も言わなかった。言えなかったんだと思う。あれだけ似ているんだもん。でも焦った。**子供の将来に何か影響が出たらどうしよう**って。

トシ　オレはそこまでポンコツエピソードはないな。子供の服を着替えさせることが多くて前後反対に着させたりすることはいまだにあるけど。これは日常茶飯事で。よく奥さんがママ友に「今日はパパが着させたんだね」みたいなことを言われているみたい。でも、そんなかわいいことしかないですね。

子供の学校は、公立？　私立？

――トシさんのお子さまはインターナショナルスクールに通っているんですよね。

トシ　奥さんの昔からの知り合いの子供が通っていて、「意外といい」と聞いたので見に行って決めました。北海道にいた頃はまさか自分の子供がインターナショナルスクールに通うなんて想像もしていなかったですよ。実際に見に行くまでは、外国人の先生が教えてくれるのかな？　というくらいのボヤっとした印象しかなく。でも行くともちろん日本の幼稚園とは全然違うんですが、**意外とアットホームで優しい子に育ちそう**だと思って。全体的にフランクな感じで校長先生もいい人だったんですよ。なので、三人ともそこに通わせています。

タカ　チェックしに行ったんだ。

トシ　そこは面倒くさがらずにやった。**奥さん発信だけど絶対チェック**しないと。オマエみたいに奥さんに「オマエが見てこいよ」なんて言ったら一気に家庭の空気が悪くなるから。

タカ　みんな国際人になっていくのかな？

トシ　どうなんだろ。本人たちがどう思うかだよね。周りの友達は**ほとんどが日本人で、何人か海外の人**がいるくらい。一応、近所の公立の小学校にサッカーのチームがあってそこにも入っているから近所の友達もいるし、授業とか全然違うけどそんなに変わったことをしているという感じではないかも。あとは本人の意志次第な気もする。

タカ　うちは公立の小学校に入れているけど、最初は悩んだ。幼稚園のときに私立を考えて、先輩の芸人さんのお子さんがそこに通われているというのを知って色々教えていただいたりして……。雰囲気もよくて実際に受験しようという話になったけど、受験をするといっても子供は幼稚園に入る前だから2歳とかで受けるの。もうこんなの**子供は関係なく親を見る**わけで……。親の面接はスーツを着て行ったけど、めちゃくちゃ緊張して全然上手くできず、落ちちゃった。そのときに、**僕が挫折してしまった**んだよね。この年齢になって評価されたということと、子供は何も悪くないのに落とされたという事実だけが残って心が傷ついて。それ以降、もし受験するにしても親の面接がないところじゃないとイヤだと思って。もちろん小学校に上がるときも面接があるところには絶対に行かず、結局歩いてすぐのところにある公立に。あれはイヤな思い出だね。

——公立ではなく私立と考えた理由は何かあるのですか？

トシ　公立に入れたことがないから分からないですが、色んな子たちがいるので〝親が芸人だから〟という理由で**いじめられたりするのはイヤ**だなと思いました。あと親御さんとの関係もありますね。うちは海外赴任していた人たちが多いから、あまり芸能界に詳しくなかったりするんですよ。なのでオレのことをあまり知らない。それはうれしかったですね。**子供たちのパパとして自由に動きやすい**ので。

タカ　それはあるよな。幼稚園は芸能人の子供がたくさん通っているところだったのであまり気にならなかったけど、小学校は入学式のときからその心配が的中して。入学式、普通に並んでいると、後ろにすでに仲良しのパパ三人組がいてずっと話しているの。その内容が「**タカアンドトシの子供がいるみたい**」って。

トシ　真後ろで？

タカ　そう。しまいにはその方の奥さんが「ちょっと見て！」みたいなことを言い出して……。もう気まずかった。それを聞いたうちの嫁は「だからこうなるでしょ！」みたいなことを言っているし。でも今後、子供たちが友達になっていくわけだから無視することもできず、コミュニケーションを取ろうとしましたよ。その三人組が自分たちの写真を撮ろうとしていたので、思い切って「カメラ撮りましょうか?」って声をかけたりしていい人ぶってみた(笑)。

トシ　大変だ。

タカ　まぁそれ以降、とくに何もなく2年過ぎているから大丈夫なんだけど。親のことで**子供に何か影響が出るのはすごく心配**でした。

――お子さんはお父さんの仕事について気にしていますか?

タカ　まだ小学2年生なんでとくになさそうです。どちらかというと今は喜んでいるというか。近所の公園とかに一緒に遊びに行くと、全然知らない子たちがいる中で、〝パパは芸人だから〟みたいなことを大きな声でアピールするんですよ。こっちはマスクと帽子で変装しているのに「**余計なことはするなよ!**」って気持ちでいっぱいですよ。

トシ　とんでもないガキだな。

タカ　でもそんなことを言っているということは今のところはまだ〝自慢のパパ〟なのかなって。これが**隠し始めたら要注意**。そんな姿を見たら傷つくだろうな。

奥さんが聞いたら怒りそう。いじめっ子に対する解決法。

――お子さんの友達については把握するようにしていますか？

タカ　学校の行き帰りに誰といるかなど、なんとなく仲の良い子は把握しています。

トシ　うちも一応把握しているけど、子供の交流ってどんどん広くなっていて、とくに小学校に上がってからは見える範囲でしか分かっていないかも。泊まりにくる程、仲の良い子は親同士もどんどん仲良くなっていくので、今では家族ぐるみの付き合いになっています。親同士が仲良くなっているのも意外と大事な気がしていて……。あまり積極的ではないですが、一応、パパ会みたいなもんに参加したことがあります。

タカ　えっ！　絶対無理だわ。

トシ　オレも最初は逃げていたけど、連絡先を交換しちゃったんで一度くらいは参加しようと。さすがに毎回逃げることはできないから（笑）。行ったら、それなりに楽しかった。子供のことや学校のこと、奥さんのことなど話したりしていて。ただ、誘ってくれた人の子供とうちの子は同い年じゃなかったので子供の話はあまりできなかったけど（笑）。

タカ　なんのために行ったの？

トシ　まぁ交流ってことで。この業界とは**違う職種の人たちばかりだから仕事の話とかは新鮮**で面白かった。こういう会もあっていいのかなと。

タカ　いじめっ子はこの子、みたいな情報とかもらえるならアリなんだろうけど。ちなみにうちの子のクラスに一人やんちゃな子がいるんだよ。話を聞いたらすぐに手を出してくるみたいで。それを聞いたときはヤバい！　と思った。

トシ　子供にどうするように伝えたの？

タカ　まぁ今のところは何もされていないからいいんだけど、もし何かされたらすぐにキレろと伝えた。**何かあれば大きな声を出せ！**　って。

トシ　すごい教えだな。

タカ　自分が子供の頃に、明らかにこっちが悪くないのに絡まれたことがあって、そのときは困ってパンチしたんだよね。そしたら次の日から一気に態度が変わってもう弟子みたいになっちゃったの。そのときのことを今でも覚えているから、ひるむのはよくないなって。**相手がひるむと人って調子に乗る**んで、コイツめんどくせぇと思わせなきゃ。

トシ　だから大声？

タカ　うん。「なんだオマエ」って言えって伝えている。それでも手を出してきたら、迷わずパンチしろって。

トシ オマエらしい解決法だな。奥さんが聞いたら怒りそう（笑）。

タカ **嫁だったら絶対言わない**。でもこれが効くから。実体験で知っていることなんで、それは伝えています。

子供のやる気。ママがやれと言わないと、本当に何もやらない。

――タカさんのご長男はピアノを習っていると聞いたのですが……。

タカ 奥さんがさせたかったのでピアノを習わせています。自分がサッカーをやっていたので本当はやらせたかったけど、体験入会みたいなのに行かせてもボールを追いかけないでずっと砂いじりばっかしていたので、もったいないなと思って止めて。ピアノはなんやかんやで続いているかな。最初は電子ピアノでやっていたんだけど、あるとき嫁から「**本物のピアノが欲しい**」と言われ、ちょうどコンクールがあったから「そこで賞を取ったら買ってあげる」と言っていたら賞を取っちゃったんだよね。で、買いに行ったら、嫁が「耳ができあがる小学2年生までに本物の音を聞かせないと意味がない」と言い出し、アップライトピアノでなくグランドピアノを見始めて……。グランドピアノって結構な金額もするし、才能がないともったいないないし、続けないと意味がないと感じたんだけど、ここで渋ったら**飲みに行くのを減らされる！** と思い〝ちゃんとやり続けること〟を条件で買うことにした。

トシ　出た！　飲み代（笑）。

タカ　でもそれが嫁にとっていいプレッシャーになっているのか、めちゃくちゃやらせている。で、子供はめちゃくちゃ嫌がって泣きまくっている（笑）。

トシ　グランドピアノを買ったことによる、地獄（笑）。

タカ　毎日すごいのよ。嫁がスパルタで、子供が全然練習しないと叱って練習させて。あるときなんて、エキサイトしすぎて嫁が息子を怒鳴りつけたら、一緒に住んでいるお義母さんがそれを見て「子供に何をしているの！」って嫁をビンタ……。嫁が息子を怒って、それを見たお義母さんが嫁を怒る。**もう負の連鎖でしかない**（笑）。

トシ　で、オマエが嫁のお義母さんをビンタするんだろ？

タカ　するわけないだろ（笑）。もうヤバい。嫁のイライラも分かるし、お義母さんの孫がかわいそうと思う気持ちも分かる。複雑だなって。

トシ　練習はどれくらいやっているの？

タカ　学校が休みのときなんかは、5、6時間ずっとやらせている。やり始めるまでに時間がかかるし、集中力がまったくなくなってふざけている子供につきっきりで……。

トシ　奥さんすごいな。

タカ　**嫁の負担も半端ない**。もし自分が……って考えたら、やらないヤツにやれと言い続けるのって絶対無理。もういいじゃんって思っちゃって。それを根気強くやり続けているのはすごいなって。そして本気で怒るのもちょっと分かるんだよね。笑えないけど母親の強さみたいなのを感じる。

トシ　ママがやれと言わないと子供って本当に何もやらないからな……。うちの子たちも、リモートで課題があったりしてやらなきゃいけないんだけど、全然やらずに怒られまくっていた。基本、風通しのいい住みやすい我が家を目指しているオレとしてはもう最悪。奥さんがずっと「ちゃんとやりなさい！」と怒り続けていて、その根気はオマエの奥さんと同じですごいなって。結局、子供たちは泣くんだけどやらないから、オレが「**パパと一緒にやろうか**」と言って答えをほとんど教えてあげる（笑）。

タカ　分かる！

トシ　算数とかなら、これをこうしたらこの数字になるだろ、でこれを当てはめて……みたいな、とにかく本人に書かせて早く終わらせる事が目標で。一番困るのが、オレが**横にいな**

がら子供たちが全然していないことだから。

タカ　そんなことがあったら自分が怒られる（笑）。

トシ　頼むからやってくれーーって（笑）。

――母は強しですね。

タカ　本当に尊敬に近いかも。以前は怒っている姿を見て、「さすがにやり過ぎじゃないか？」って言っていたんですが、実際に子供に付き合っている姿を見ていたら、その愛情の注ぎ方はすごいと思っちゃって。**嫁が怒っているときは疲れているとき**だ、とやっと分かるようになり、それ以降は、怒っている声が聞こえてくると子供に「ちゃんとやれ！　ママがこんなに付き合ってくれているじゃないか」みたいなことを言うようになった。

トシ　普通に子供に怒るの？

タカ　うん。一番効くのは、〝○○できたら○○してもいい〟とか〝○○しないと○○させない〟とか。怒りながら応援をするけどね。あと、そんなことになっているときって、誰も俯瞰して物事を見ていないから、**ちょっとずつコントロール**しているかも。夜遅かったら、無理矢理やらせず今日は寝て、明日の朝からやらせたり。で一番やっかいなのが、嫁のお義母さんの登場。うちは一緒に住んでいるから、すぐ登場するんだよ（笑）。で、孫がかわい

いから〝飴〟を与えまくる。その辺の舵取りが難しいかな。

トシ　おばあちゃんってそういうものよ。うちは夏休みとかの大きな休みのときしか会わないけど、**子供をめちゃくちゃダメなヤツにしてしまう**（笑）。一度笑っちゃったのが、うちではカップラーメンを食べさせないのに、実家に行ったときに食べさせてあげて、大好きになってしまったこと。東京に戻ってきてからも「夜ご飯、何を食べたい？」と聞くと「カップラーメン」って言ったり、学校で「好きな食べ物は？」と聞かれ「カップラーメン」と書いちゃったりして。もううちの奥さんは必死でカップラーメンの〝カップ〟のところを消していたけど（笑）。あとおもちゃをたくさん買ってあげたり。こっちが色々考えてやっていることを飛び越えていくというか。

タカ　本当にそれ。

トシ　でも闇雲に怒れないんだよね。**たまにしか会えない**からそうやっているのも分かるし。とりあえずやんわりしか注意できない。

――〝物で釣る〟ではないですが、やる気を引き出すため、頑張ったご褒美に〝おもちゃ〟を買ってあげたりしますか？

トシ　おもちゃは誕生日とかが多いかな～。

タカ　うちはご褒美によく買ってる。地方ロケに行ったときのお土産もおもちゃのほうがいいだろう、と思っておもちゃにしている。

トシ　お菓子とかではなくて？

タカ　お菓子なんていらないだろ～。それこそ子供の頃、親父がおもちゃのお土産を買ってきてくれたのをいまだに覚えているくらいうれしかったし。でも買ってあげるのは好きなんだけど、なんでもかんでもあげていいわけではないから難しい。一応、買う前に嫁に電話して、**頑張っていたかどうかを聞いて買う**ようにしてる。子供って意外とおもちゃに釣られて頑張るから。頑張ってもらうためにはなんだってするよ。

使う？　貯める？　お年玉の使い道。

——お小遣いはあげていますか？

トシ　うちはまだですね。お年玉ももらったものは預かっています。

タカ　お年玉なんて全部使っているよ。

トシ　え？　子供たちが？

タカ　いや家族みんなで。うちの子供がときどき「あのお年玉どうしたの？」って聞いてくるけど、「そのお金でおもちゃ買っただろ」って言ってる。

トシ　めちゃくちゃ厳しい家だな。

タカ　そりゃそうだろ。**もらったお金をやりくりして楽しませてあげている**わけだから。

トシ　子供は選ぶことができないのに、かなりひどいな。

タカ　家族みんなで飯に行くときにそこから払ったりもする（笑）。

トシ　**子供におごってもらっている**じゃないか（笑）。

タカ　それはバレないから。

トシ　絶対大きくなってから、「お年玉をまとめていたら結構な金額になっていると思うけどどこにあるの？」って言ってくるよ。

タカ　そのときは素直に、「オマエのおもちゃやご飯代に消えた」と言うわ。

トシ　オレだったらブチギレる！

タカ　だって一人で買い物にも行けないから買ってあげているわけだし……。自分でちゃんと**管理ができるようになったら渡す**ようにするよ。

トシ　うちは最近言ってくるようになった。まぁ実際にオマエみたいに使い込まずに置いているけどな。

タカ　それにしてもお小遣いもどうしていこうかな。僕は小学４年生から３００円スタートだったけど、今は違うだろうし。

トシ　３００円だと何も買えなさそう。

タカ　生活にまつわるものは親が買ってあげるとして、少しは渡してお金の使い方を学んでいかないと。

トシ　**財布を持ちたくなる年頃**ではあるかも。最近、長男はたいした用事もないくせにコンビニ行こうとする傾向が出てきたから。これは要注意だな。

タカ　うちはお義母さんが子供のために〝貯まったら60万になる〟みたいな貯金箱に貯金をしているんだけど、それを知ってから「僕は60万持っているんだよ」って言いふらしていた（笑）。

トシ　子供あるあるだな。なんでそんなことを言うのか分からないことを言いふらしていたりするから。

タカ　嫁はめちゃくちゃ怒っていたわ（笑）。

子育てへの〝こだわりがない〟のが悩み。

――子育てする上でこだわっているルールなどありますか?

トシ　それがないんだよな〜。自分のルールだと、奥さんがやって欲しいと思っていることはやってあげるとか、**家庭の空気を悪くしないために動く**とかあるけど。子育てのためとなるとまた違って……。

タカ　ないのが悩みかも。僕は子供の頃、人のものを取らないとかウソはつかないなどの基本的なルールは口酸っぱく言われていて。でもすごく難しくて、子供って基本バカだから、〝これさえ守っておけばいいんでしょ?〟と他の悪いことはしちゃったりして。

トシ　そんなことある?

タカ　子供の頃から「万引きは泥棒だから絶対ダメ」と言われてたからか、周りがやっていたりしても僕は絶対にやらなかったのよ。でもダメなのは万引きだけで**他のことは大丈夫**だよなと思っていたら、ある日、草むらでゴミとか燃やしていたら、あっという間に火がついて消防士が呼ばれる事態になっちゃって……。そのときにめちゃくちゃ怒られたんだけど、

やっぱり心のどこかで万引きよりマシだろって感じていて。先生に「放火のほうが罪は重いんだ」と聞かされたときに、そういう**ズレが怖いな**って思った（笑）。

トシ　特殊な話だね。

タカ　だからこれはしちゃダメと言うのは誤解を生むなって考えていて……。

トシ　子供に勉強以外で怒ったりしないの？

タカ　妹が「お兄ちゃんがこんなことをしているよー」みたいなアピールしてくるときは怒るかも。やっぱり末っ子って要領がよくて、怒られそうと感じたら上手く立ち回ろうとするんだよ。そんなときは頭ごなしにお兄ちゃんを怒らず、**告げ口する妹を叱ったりもする**。その場で注意しないで言うってズルいから。でもこれも正しいかといえば微妙で。

トシ　まぁその場で悪いことを注意することで、何か大きなことに巻き込まれるってこともあるから。

タカ　本当に。よく「困っている人がいれば助けなさい」と言うけど、今の時代それが本当に正しいのかな？　とも考えちゃう。巻き込まれることもあるし、例えば、溺れている人がいて自分は泳げるからと助けに行ったら一緒に溺れてしまう、なんてこともあるし。**子供って臨機応変という言葉を知らない**から。

トシ　そのままの意味で受け取ると大変だよな。オマエの火遊びがまさしくそうだから

（笑）。

タカ　笑えないけどな（笑）。でも本当は核となるルールをつくりたいとは思っています。

子供たちに教えてあげられること。してあげられること。

――子供たちとの約束事とかは何かありますか？

タカ　隠し事はしないように伝えています。一度、顔に擦り傷をつくってきて、「どうしたの？」と聞いたら「マスクがズレてひっかいた」と言ったことがあって。きっと転んで傷をつくったんだろうけど「ウソだろ」って何度も言ってもかたくなに本当のことを言わなくて。そのときはすごく悲しい気持ちになりました。以前からなんでも話して欲しいと言っているんだけど、上手く伝わっていないのかなって……。良いことでも悪いことでも話してくれれば、良いことなら褒めてあげたいし、悪いことならその場で怒ったりせず対応策も考えられる。**なんでも言ってくれないと始まらない**。

トシ　恥ずかしいというのもあるのかもな。

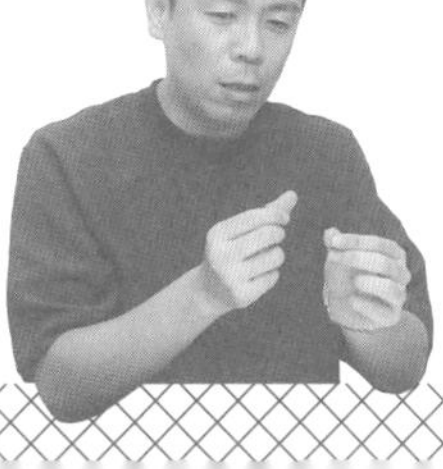

タカ　カッコつけているというのもあるんだよ。でもこっちはなんでも知っておきたいから。だから自分のヘマしたエピソードを話すようにした。こんなことがあっても恥ずかしくないんだよ、って教えるために。そして必ずコミュニケーションを取って、**今日何があったのかは聞く**ようにしている。いつかは相談に乗りたいな。

トシ　うちは基本的に挨拶をする、というのはあるけど、独特なものといえば、最近奥さんから提案されたことで、ご飯を食べているときはテレビを消すことになった。テレビがついているとどうしても見てしまって手が止まっちゃうから。でも、うちの実家は常にテレビがついている家だったから、テレビを見ながら食べるのが当たり前で、逆にオレが一番見ながら食べている。

タカ「パパが見ながら食べているじゃん」って言われない？

トシ　うん。だから一応、我慢して消すようになった。でも、すぐ忘れちゃう（笑）。奥さんとオレも違う環境で育ってきているから、**親側でのルールも徹底しておかないと**意味がなくなってしまうんだよな〜。意外とルール作りは難しい。

――芸人だから子供に教えてあげられることは何かありますか？

トシ　オレがテレビに出ていることを子供の友達も知っているので、来ているときは一応笑わせようとしています。でもたまに息子が、「それ面白くない」みたいなことを言ってきて……。そのときは怒りますね。その言葉は人を傷つけると。楽しませようとしているのに、その言葉によってこの場が楽しくなくなってしまう人がいると。もし言うなら、「こうしたら面白くなるよ」と**よくなる方法を考えて伝えなさい**と。これって意外となんにでも当てはまって……。人の好意を無にするようなことは言わないように伝えています。

タカ　うちらの時代の芸人って「勉強するのは面倒くさい」「毎日同じことをするのはイヤ」「できれば休みが多い方がいい」みたいな考えを持っている人が多いから、**何かを教えてあげられることはないのかも**。公園でボールが木に引っかかっている人を見つけても僕はボーっとしているけど、息子のほうが「パパ取ってあげたら？」と言ってきたりして。

トシ　ヘンな親父だな。

タカ　子供のほうがしっかりしているというか、ちゃんと育ってくれている気がする。それは間違いなく嫁のおかげなんだけど。僕のほうがコミュニケーション能力ないし、子供のほうが的確な指示を送ってくれるので。芸人の親だからこそ、反面教師にしてしっかりしているのかもしれないです。

復習

- 昔からの自分を変えなくていい
- イヤなことをされたらキレていい

TAKA

- 家庭内の空気を読んで行動する
- 夫婦のルールを徹底することも大事

TOSHI

6

篠宮 暁（オジンオズボーン）

自由は不自由のなかに

Shinomiya Akira

― 篠宮 暁 ―

取材日：2020.8.12

1983　京都府京都市生まれ。
1999　養成所で出会った高松新一と「オジンオズボーン」を結成。
2002　「NHK上方漫才コンテスト」優秀賞を受賞。
2004　「爆笑オンエアバトル」で高得点を獲得し常連組に。
2005　若手芸人を集めたコント番組「10カラット」にレギュラー出演。東京進出。
2008　「爆笑オンエアバトル」第10回チャンピンオン大会でゴールドバトラーに認定。
2012　「THE MANZAI 2012」認定漫才師50組に認定され、本戦サーキットに進出。
2013　「THE MANZAI 2013」認定漫才師50組に認定され、本戦サーキットに進出。
結婚。
2014　12月に第一子（男児）誕生。
2015　「上方漫才大賞」奨励賞ノミネート。
2017　1月に第二子（女児）誕生。
2019　Twitterに投稿した難しい漢字の覚え方が話題に。
2020　「R-1ぐらんぷり」準決勝進出。『オジンオズボーン篠宮暁の秒で暗記！　漢字ドリル』『オジンオズボーン篠宮暁の秒で暗記！　漢字ドリル 小学校1･2年生編』『書けたらカッコイイ 漢字が秒で覚えられる！』を出版。

出産の思い出は、カサカサしているものを顔に当てるんじゃねぇよ。

――いつ頃から父親の実感がわいてきましたか？

妻が退院して、おしめだミルクだとやっているときに、少しずつですがやっと出てきた感じですね。妊娠が分かってうれしい気持ちはあったんですが、いまいち実感がわかなくて……。妻のお腹はどんどん大きくなっていくのに、正直**どこか非現実的な気持ち**がありました。

――出産は立ちあいましたか？

立ちあいましたよ。でも実感する余裕もないというか。昔から立ちあえるもんなら立ちあいたいと思っていたんですよ。仕事のこともあるんでどうやろ？　という感じやったんですが運がよく。で、いざ分娩室に行ったらなんか違いました。お父さんならみんな「頑張れー」と声をかけると思うんですよ。僕も当たり前のように「頑張れー」って言っていたら**「てめぇが頑張れよ！」**って逆に言われて（笑）。

妻はもうめちゃくちゃ口が悪かった。汗が出ているので、ティッシュで拭いてあげたら、「カサカサしているものを顔に当ててるんじゃねぇよ」って言われ……。最終的に「もう動くな」と。端っこにあるイスに座って、黙って見ているだけ。

今思うと、痛くて他に気をまわせなくなっていたと思うんですが、ただただその**口の悪さに驚くばかり**でした（笑）。なんで少し苦い思い出です。陣痛がして最初に病院へ行ったらまだ生まれないと判断されて実家に帰され、再び陣痛が来るようになってもう一度病院に行き3時間ほどで生まれました。初産とは思えないほど早かったですね。

――お子さんが生まれた直後、しばらくは奥さまの実家だったのですか？

いいえ、退院から自宅に戻ってきたんで、余計に大変で。長男は冬生まれなんですが、部屋が寒いといけないなと思い、めちゃくちゃ暖かくしていたんですよ。そしたら体温が38度にまで上昇して。今やったら〝赤ちゃんの38度はそこまで慌てる程でもない〟と分かるんですが、そのときは何も分からず、夜中に**救急病院に駆け込みました**。初めての子は、そんなことがたくさんありました。

生まれる前から結構、育児本は読んで勉強はしていたんです。でもそこまで細かいことは書いておらず、部屋を暖かくしたらアカン、なんてどこにも書いてなかったと思います（笑）。

知識はあまり役に立たなかったかもしれないです。分からないことがあると、とりあえず病院に向かうというか……。何かあってからは遅いと思って、常に余裕がなかったです。

――初めてのことだらけですもんね。

当時は**事が起きて、それに対処して知る**ことばかりでした。

熱が出たり、うんちの色が変わったりするだけでめちゃくちゃ焦ってしまって……。ただ途中から〝すべて経験だから色んな事にぶつかっていくしかない〟と腹をくくりました。

そういう意味で二人目は、もう知っていることばかりだったので、めちゃくちゃ楽。どーんと構えていて、熱が出ても〝これは大丈夫〟と判断ができ、病院に連れて行くことも少なかったです。なんで、どうしても大変だった話となると長男のことばかりになってしまうんですよ。やはり**何事も初めては怖い**し、僕らが責任を持たなければならないことに対してはより過敏になるというか。とにかく初めての子は本当にしんどかったです。

別の世界を一つ持っていると、少しでも心は楽になる。

——篠宮さんは日頃から〝恐妻家〟とよく語っています。母親になった奥さまの変化を教えてください。

めちゃくちゃ怖くなりましたね。出産時に妻の新たな一面を見させてもらってからもう、ずーっと。それまではお互いが気を遣いながらバランスを取っていたんですが、子供ができてからは余裕もなくなり崩れていきました。

僕なりに育児はやっていたつもりだったんですよ。家にいるとき、おしめはほとんどやっていたし、ミルクもかなりあげていて、あと寝かしつけもやっていましたね。でも妻は、「私のほうが大変」と**あまり評価してくれない**。そうなるとやっぱり認めてもらいたくなり、「どっちが大変か」と言い合いにもなりました。でも冷静に考え、あまり良くないなと気づき、それからは僕が耐える日々を送っています（笑）。

——子供が生まれる前まではどのような生活になると思っていましたか？

いわゆるいいお父さん像を思い描いていました。「妻が怒っても親父は怒らない」「休みの日になったら子供たちを絶対にどこかに連れて行く」みたいな。夫婦間でも〝お互いに感謝しあう〟という甘い幻想を持っていました。でもなかなか（笑）。

現実はそんなに、いや**全然甘くなかった**です。とくに、お互いに感謝しあうのは難しいと思いました。僕は仕事柄、休みも不定期で毎日のスケジュールも不規則。夜、仕事に行かなければいけなかったり、夜中まで仕事があったりと、ある程度時間が把握できるお父さんだったら協力できることも、僕だとできないことが多くて……。

でも、それなりにやれるものはやっていたんです。なのに**誰も褒めてくれない**。感謝のしあいになるんちゃうかな？　と淡い期待を持っていたことが恥ずかしくなるくらい皆無でした。そしてまさかの責任のなすりつけあい……。それ以降は現実を見て、あまり口答えしないでおこうと思っています。そのほうが上手くまわるかなと。まぁ旦那のことまで気をつけていられんってことですから、そこはお母さんとしては頼もしいと感じました。

――夫婦ゲンカはよくするほうですか？

子供の前ではしないように心がけているんですが、怒られることが多いですね。謝って折れるときもあれば、どうしても**口答えをしてしまう**ことも……。でも子供は見ているんですよ。なんであまりしたくないと思っています。お母ちゃんに虐げられるお父ちゃんを見せていると、お父ちゃんの言うことを聞かなくなってしまいそうなんで、バランスが難しいです。
うちの実家は、母親が結構バンバン言うタイプで、親父は寡黙なタイプだったんですけど、僕が中学生のときに頻繁にケンカをしていて、何をしたのか分からんのですが、親父が泣きながら謝っていたんですよ。それを見て父親に対して幻滅してしまったのをいまだに覚えています。ちょっとそれにはなりたくないなって（笑）。反面教師になっていますね。

――どうやってケンカを回避していますか？

やっぱり**気持ちに余裕を持つこと**です。感覚的には子供とずっと一緒にいたい気持ちがありますが、そればかりではしんどいので、仕事に行くなどして自分の時間を強制的につくっている面もありますね。**仕事に行けば育児と距離をとれる**というか、子供を見なくてすむので、ちょっとホッとできるんですよ。そして帰ってきたら優しくなれる。別の世界を一つ持っていると少しでも心は楽になると思います。
妻も子供を保育園に預けて仕事するようになって、同じようにちょっと楽になったかな？と思っていたら、「仕事をした後に家に帰って子供の世話をせなあかん、家の事もやらなあかん、その上、なんでオマエのメシをつくらなあかんのや！」となりまして（笑）。考えてみたら当たり前で、男の人のように切り離して考えられないし、育児も家事もついて回りますからね。基本は**〝耐え忍ぶ〟のがケンカを回避する方法**ではあるんですが、飲み会を少し減らすとか、予定がある日はあらかじめ伝えて許可を取り、もちろん出かける前は家の事などできることはすべてやっていく。これがケンカ回避方法です（笑）。

「ありがとう」と感謝してくれれば、それだけで満足。

――奥さまとの意思疎通でこうすればいいのに……と感じる事はありますか？

〝言葉にしてくれないと分からない〟って事です。うちだけとは思いませんが、よく妻から「言わんでも分かるやろ」と言われるのですが、男は言葉にしてもらわないと何も考えられないし感じない。**以心伝心ってウソやな**って何度も思いました（笑）。家事もなるべくしますが、妻のルールがあって……。洗濯物はこの間隔で干すとか、お皿の洗った後の乾かし方や並べ方など、僕には分からないこだわりがあるんですよ。で、手伝ったら「違う」と怒られたりして。こだわりを妥協してくれたら家事はなんぼでもすると思うんですが……。正直、細かく言うのって妻的にも面倒だと思うんですよ。ルールがあるなら言って欲しいですし、家事をすることで怒られるのは、気持ちの整理ができないです。

やはり「ありがとう」と言ってくれるかどうかはすごく大事。これだけで気持ちはかなり変わると思います。家にいる時間も子供と一緒にいる時間も妻のほうが長いのは分かっているんで、無理矢理ルールを変える気なんてないんですよ。妻のルールを教えてくれて、やったことに対して**「ありがとう」と感謝してくれればそれだけで満足**。

もし、ママになろうとしている奥さんがこの本を読んでいるんなら、ルールと感謝をきっちり伝えさえすれば、それだけで旦那は育児と家事を喜んで手伝うと思いますよ。

――一日中、奥さまは育児と家事に追われて大変ですからね。リフレッシュできる時間はつくってあげていますか?

「子供を見ているから一日好きなことをしたら?」と言って妻の時間をつくったのですが、どうも不安らしく、**リフレッシュはできへん**みたい。僕が信用されていないんかな? と思いましたが、やっぱり子供が心配みたいです。今は年に数回しかそういう時間をつくれていません。子供がもうちょっと大きくなったら増やしてもいいのかも。それよりも子供と一緒に出かけるなど、生活しながら妻の負担を軽減するほうが喜ばれる気がします。

あとは、感謝の気持ちをモノで表現するというか……。機嫌悪そうやな、と感じたときは、甘い物を買って帰ってご機嫌を取ります。意外と効きます。

――気遣いは大事ですね。

芸人が集まると、まぁ**よく話題に出るのは奥さんケアについて**ですね。誰が言うたかは忘れましたが、「飲み会に行って帰り時間を伝えるとき、0時30分になりそうなら〝0時に帰ります〟ではなく〝1時に帰ります〟と言ったほうがいい」って教えてもらって。0時って言って30分遅れるのなんてめちゃくちゃアウト。その点、1時と言われたら妻は遅いなと思うかもしれないけど、30分早く帰ったように見えて円満というか。〝機嫌を取ろうとして早めの時間を伝えがち〟になってしまうんですけど、絶対に止めたほうがいい。遅れたように見えると閉め出されちゃいますから（笑）。

――飲み会以外にも日頃のスケジュールは夫婦でシェアしていますか？

子供ができてからするようになりました。帰宅時間を伝えたり仕事のスケジュールを共有したり。妻が一人で晩ご飯を食べさせなければいけないのかどうかなど、お風呂の時間も考えてスケジュール立てしなきゃいけない。結婚前よりも**密に連絡を取るようになった**と思いますね。あっ……というより、やらされていますが。

昔は妻もスケジュールを気にせず、僕も伝えていなかったんですよ。でもあるとき、ぶちギレてもうて。妻からしたらほんまに後輩と飲んでいるだけなんか、そこに女の影があるんやないか、って疑心暗鬼になったみたいです。そこから安心してもらうために、**飲みの席で1時間おきに電話**するようにしています。

体を洗うだけなら、風呂に入れていることにならない。

――そんな奥さまが喜ぶ育児はありますか？

朝は必ず保育園に連れて行っています。もう当たり前になりすぎていて喜んでいるかどうか……。あっ、家にいるときは必ずお風呂に入れています。脱がして入れて、上げて、拭いて、保湿して、服を着させて、頭を乾かして……という一連です。最初、「お風呂に入れる」と言いながら本当にお風呂にしか入れていなかったんですよ。上げるところから全部妻にお任せしていて。途中で「それは別に、風呂に入れていることにならないから」とキレられました。「**体を洗うだけなら誰でもできる**。乾かしてパジャマを着させてご飯を食べられる状態にするまでが〝お風呂に入れる〟」だと。正直、僕も気づいていたんですよ、入れるだけならめちゃ楽やなと。妻にそれは通用しなかったです（笑）。

　でもこれをすると本当に喜ばれます。**お風呂と料理って両方できない**じゃないですか。どちらかが子供をお風呂に入れている間に、料理がつくれるのは大きい。意外と体力がいりますし、これからパパになる人は、ぜひお風呂に入れることから始めたらいいと思います。

育休、貯金、保険。父親になって社会を知っていく。

――子育てをしていて〝知っておいたほうがよかった〟と思ったことはありますか？

　育休制度ですね。妻は一人目ができたとき働いていて産休を取ったんですよ。当時産休は1年間取れるシステムで目一杯使っていました。給料は満額出ませんが、妻の会社は**3分の2を出してくれた**ので、かなり気持ち的にも財布的にも違いました。二人目のときはシステムが変わって2年間の産休が取れました。働くママにとってどんどん優しい環境になってい

るんだと思います。よく後輩から「子供が生まれるので奥さんは仕事を辞めた」と聞くんですが、絶対に止めたほうがいいと思います。せっかくの制度はきっちり使ったほうがお得。これまできちんと働いていたんやから、堂々としていていいと思います。

あと、地域でやっている講習会や国の制度も活用させてもらいました。東京だと区によって医療体制や手当が違ったりするんですよ。僕の場合は、子供が生まれる前に先輩の安田大サーカスの団長から「**子供育てるなら絶対、品川区がいい**」と言われて、品川区に決めました。もっとも手厚いのは港区だったはずで、出産費用の助成金が60万円まで出たりします。金額は結構変動するんできちんと調べるのがいいんですが、都会で子供が少ない場所ほど手当が厚かったりするんですよ。

ただ手当の良さだけを見てその場所に決めると、日々の生活がどうにもいかなくなってしまうなんてこともあるんで、気をつけなアカンところですが……。港区なんて間違って住んでしまったら、家賃が高く、日々の買い物にも困ったりしてやっていけないかもしれない。子供が生まれる前にじっくり考えたほうがいいですね。

——芸人さん同士での情報交換や、子育ての先輩からアドバイスをいただけるのは参考になりますね。

お子さんがいらっしゃる芸人仲間と会うと、基本、子供の話が多くなります。休みの日はどこに連れて行くとか、習い事の話、貯金や学資保険の話もよく出ます。**昔はコンパの話ばかり**していたのに変わりましたね。

芸人にもレベルがあって、よくテレビに出ている、うち（松竹芸能）で言うとよゐこの有野（晋哉）さんみたいな先輩を参考にすることはできません。はっきり言って〝**ハイクラス子育て**〟なので僕みたいなもんからすると下地からすでに次元が違いすぎるんです。

僕は歳が近かったり芸歴が似たような芸人さんの意見を参考にすることが多いです。そしてちょっと知らないことがあれば、すぐ調べるようにしています。確かアルコ&ピースの平子（祐希）さんだったと思うんですが、学資保険について「学資は積み立てたお金がちょっとだけ増えて返ってくるだけなので、貯金ができる人なら入らなくてもいいよ。それより**生命保険に入ったほうがいい**」と言っていて。なるほどな～と思いました。それを聞いてから、僕は生命保険を念入りに調べました。やはり自分が死んだ後も子供たちには育ってもらいたいですからね。

情報交換は保育園のお父さんたちともしています。職業は違いますが同じ悩みを持っていて奥さんのケアなどは総じて同じです。以前は職業が異なると**違う世界に住んでいる人**というイメージがあったんですが、みんな何も変わらないってことに気づきましたね。保険の話もですが、父親になって改めて社会を知っていっているような気がします。

自分の時間を子供のために使うことへの「心の変化」。

――子供中心の生活になることに対して、モヤモヤした気持ちにならなかったですか？

そりゃ最初は**「くっそー」**と**「しゃーない」**という気持ちが入り乱れていました。とくに自分の生活を変えることに慣れず、「くっそー」と思っていました。妻に許可をもらって飲みに行っている日でも、急に子供に熱が出て「早く帰ってきて！」と言われたりするんですよ。「飲んでいる途中やのに、せっかく飲んで良い日なのに……」とモヤモヤしかしなくて。今思うと、自分がめちゃくちゃ**幼稚やし、全然父親じゃない**んですけど、自分の時間を使うことがなかなかできなかったです。

変わるきっかけがあったわけではないですが、1年くらいたったら僕の心も成長して、やっと柔軟に対応できるようになりました。当時はいつ終わるか分からないうえ初めてのことだらけだし、生活が変わっていくことに**慣れるまである程度の時間は必要**でした。これを経て、父親としての自覚が芽生えたのかもしれない。

長男が3歳になるまでは、自分の時間は子供たちが寝てから。起きているときはすべて子供のための時間になっていたので、少し大きくなった今はありがたいです。最近は息子も5歳になり、趣味の特撮ドラマを一緒に見るなど、なんとなく自分の時間も確保できるようになりました。

意外な変化としては物欲がなくなりました。昔はあれが欲しい、高いものが欲しいと思っていたんですが、「自分に買うくらいなら子供にあげたほうがいい」と考えるようになって。すごい変化です。好きだった**スマホゲームもぱったり止めて**。

「オマエの父ちゃん芸人だから」問題。

――芸風に関して、親になって変化しているところはありますか？

多分これから出てくるのが「オマエの父ちゃん芸人だから」問題。今は良い方向に作用しているんですが、いずれバカにする子が出てくるかもしれない。そのときは、「**うちの父ちゃ**

んカッコいいねん」と言ってくれる子供に育って欲しいなと思いつつ、そう言ってもらえるようなカッコいい芸人になっておきたい気もします。MCをバンバン張っている人はバカにされないと思うんですよ。でも自分が好きな芸風はどちらかといえば〝スベり芸〟。この面白さと凄さが分かる子供はまぁいないですから（笑）。

今はギャグも笑ってくれますが、どこかのタイミングで「しょ～もないことやらんといて」となるかもしれない。怖いですね。芸風を考えたほうがいいかもとは思っています。子供は〝笑わせていることと笑われていることの違い〟が分からなかったりしますから。このあたりは思春期まで気をつけて、うまくバランスをとっていきたいですね。なので、漫才は続けたい。分かりやすく笑わせている場だと思うので。芸風を狭めないようにしつつ、子供にも気を遣いつつやっていかないとアカンと考えています。

そういう意味で、漢字ドリル（難しい漢字を独自の覚え方で紹介する『オジンオズボーン篠宮暁の秒で暗記！漢字ドリル』シリーズ）を出せたのはかなりデカイです。インテリの方向に振れたというか（笑）。子供が成長してしまえばマニアックなこともガンガンできるので〝こっちのもの〟なんですけどね。

ギャグは、子育てにめちゃくちゃ役に立つ。

——子供と接していてネタが生まれることはありますか？

コレというものはないですが、**子供はリズムが好き**だなと感じます。娘にひらがなを教えるときも、形とリズムで説明すると覚えるんですよ。例えば、「ろ」だと、「尖ったおっぱいがあるよ♪」みたいな感じ。暗記って覚えるだけなんで、とっかかりをつくってあげることが大事なのかもしれないです。

これまでリズムのあるギャグをやってきたことが、子育てにめちゃくちゃ役に立ちました。そして仕事の鉱脈があることも知りました。やはり感じるのは**歴代の流行ったギャグは素晴らしい**ということ。小島よしおさんの「そんなの関係ねぇ」や、ですよ。さんの「あ～い、とぅいまてぇ～ん！」など大人の前でやったら、今さら何やっているの？　みたいな目で見られますが、子供たちは全盛期を知らないこともあって大爆笑。ときに嘘をついてお父さんのギャグとして使わせてもらっていますが（笑）、あぁいうのを見ていると自分のギャグをやってもらいたいなと思います。

ちなみに新作ギャグを子供に見てもらうこともあります。**子供にハマると意外と舞台でもウケる**んですよ。マネはしてくれるけどすぐに飽きたりするものは舞台でもハネなかったり……。子供の感度はすごいって思いますね。いいバロメーターになっています。

――職業が芸人だからよかったと感じるときはありますか？

まだ子供が小さい頃、テレビに出ている僕を見て父親と認識できたときになんか尊敬みたいなものを感じてうれしくなったのを覚えています。父親の仕事の様子を見せられるのはいいなと思い、1年に1回単独ライブには来てもらっています。「**面白かったよ**」と言われたらすごくうれしい。実際は寝ていたりしているみたいですが（笑）。

――芸人の子供らしい一面は出てきていますか？

妻との口ゲンカに巻き込んだれと長男に「ママどう思う？」と聞いたら、「ノーコメントで」と言われて。ちゃんと立場を分かっているなって思いましたね。妻が強いですから。間違っても僕に乗ったら最後、自分にも飛び火するかもしれんってことが分かっていて、笑っちゃいましたね。

そして英才教育としてやっていることとして、「**面白いと思ったフレーズは2回まで！**」

と伝えています。3回目からは飽きてしまう。子供も大人も同じでずっと使える教えです。でもハマったら言い続けるんで、理解はまだしてくれていないかもしれない。空気を読むのは分からないと思うし難しいので、とりあえずは回数で覚えてもらおうと思って伝えています。

兄妹を育てる難しさ、「なんでお兄ちゃんばかり」。

——子育てをしていて、兄妹の違いを感じることはありますか？

赤ちゃんのときから違いましたね。お兄ちゃんはすぐに熱が出るし、とりあえず寝ない子だったのでめちゃくちゃ大変で。下の子は僕たちが慣れていたからか、女の子だったからかは分からないんですが楽でした。お兄ちゃんが5歳になり、なんとなく自分のことは自分でできるようになっているので、今は手のかかる下の子ばかりかまっています。

理想はもちろん**共に100%愛情をかけたい**けど、どうしてもそうはいかなくて……。お兄ちゃんは「どうしてユノちゃんばかりかわいがるの？」と嫉妬しますし、それを回避するためにお兄ちゃんをかまっていると、妹ちゃんから「なんでお兄ちゃんばかり」となって、もう困ってしまいます。

最近では、お兄ちゃんから「どうして?」と言われたら、「トノくんは、ユノちゃんが生まれる前までみんなからの愛情を独り占めしてたんだよ」と教えてあげています。が、正直2歳までの記憶なんてないから分からないみたい。

この問題の一番大変なところは、**子供同士2歳離れている感覚があまりない**こと。だから難しいし、最近頭を悩ませていることです。どうも「お兄ちゃん」と言われるのがイヤみたいですね。

――それぞれ個性があって、二人目とはいっても同じ子育てにはならないですよね。

本当にその通りです。比べたら**妹ちゃんのほうが、何をするのも早い**し手はかからないです。でもまだ一緒に寝てくれないんですよ。妻としか寝てくれず、寝かしつけをやっても近くに妻がいないとすぐ起きちゃう。お兄ちゃんのときは、1歳くらいになると寝かしつけがグンと楽になった記憶があるので違います。あと妹ちゃんは、保育園には一緒に行ってくれるんですが、僕が仕事で行けないときに妻が送りに行くと、いつもは平気なのに別れる瞬間に泣いちゃう。なんかイレギュラーが嫌いみたいです。

お兄ちゃんはリーダー的なところがあり、妹ちゃんはそうでなかったり……とかなり違いますが、男の子で大変なことを全部やった後に女の子だったのは、めちゃくちゃ楽だったと思います。

ある程度のレールは大人が敷いてあげなければいけない。

——教育方針でこだわっていることはありますか？

夫婦で一緒に叱るのは止めようと言っています。**片方が叱ったら片方がケアする。**とくにお兄ちゃんですが、勉強をなかなかしないんですよ。大人がやれば5分で終わるようなことを40分50分とかけている。さすがにイライラしてしまいます。何よりも言い訳が「えんぴつが悪い」「机が小さい」など、どうでもいいことばかりで（笑）。「ここまで言い訳をつくれるのか」と呆れてしまいます。もうすぐ小学生、これからどんどん勉強せなあかんのにどうなっていくのやら……。なかなか不安ですね。

いつも大事に思っているのは、**自分の小さい頃と比べてはいけない**ということ。それこそ

今、3歳の娘にひらがなの勉強をさせていますが、僕らの感覚でいけば小学校入学まで書けなくてもよかったんですよ。でも現在は多くの人が、書ける状態で小学生になるんでそれに合わせないといけない。うちらの時代にはなかったプログラムや科目も多く、**親自身も勉強しなければならないことばかり**。そのための情報収集はしたほうがいいと思います。

あと自分ができなかったことを子供に託すのもやめたほうがいい。だって同じ遺伝子ですよ。できなくて当たり前。できるようになったらラッキー。**自分のリベンジをさせるのは違う**なと思います。無理強いせず、運に身を任せるのが一番です。

——どうやって情報収集しているのですか?

育児本はよく読んでいます。何冊も読んで自分が納得いくものを知っていくことが確実だと思います。気になる物から手に取って、自分と子供に合うものを見つけていく作業ですね。当たり前ですが1冊だけ読むのは危ないです。やはり著者の主観も入っているし、そんなん無理やろ！　みたいなこともたくさんあって(笑)。正論かもしれないけど現実的には難しいなという意見は省いたり、でも良いことはもらったり、**自分で取捨選択していくことが大切**。そして親も成長していかなければいけないと思います。

――さまざまなやり方を学んだ上で理想としている子育てはありますか？

〝やりたいことをやらせてあげる〟ことが一般的ないい子育てだと思います。でも僕は一概には言えないと思っていて……。自分がそうだったこともあるんですが、「子供のうちは右も左も分からないので、ある程度のレールは**大人が敷いてあげなければいけない**」と考えています。

――学校選びとかお稽古事とかですか？

受験は考えなかったですが、保育園や幼稚園の選び方も大事です。保育園によっては習い事の延長線上で、ひらがなやお絵かきを学ぶところもあります。うちの子が通っているところは、すべて本人任せなので、できる子はできますがやり方が分からない子はそのまま手つかずになってしまうんですよ。改めなきゃいけないと妻とも話し合いをして、習い事をさせることにしました。すべてにおいて言えますが、やはり**事前に調べておくこと**って大事だなと思います。

――お稽古事は何をさせていますか？

スイミングスクールとダンスと体操教室です。少し前までは、体操教室でなく公文の算数をさせていました。公文は、林修先生と番組で共演したときに「**子供が生まれたら公文の算数をやらせたらいいよ**」とおっしゃっていたのを思い出して通わせました。英会話を習わせがちですが、これからの時代、翻訳技術がどんどん上がってくるのでそこまで困らないはず。あと英語は大人になってからでも興味があれば学べるけど、算数はそういうわけにいかないから、やらせたほうがいいなと。でもうちの子には合わなかったですね。宿題を毎日やらすのが大変で。スイミングは免疫力が上がるのと、単純にケガするリスクが少なく体を思いっきり動かせるので以前から通わせています。そのうちサッカーもやらせたいんですが、小学生になってからかな。サッカーって親の負担もそれなりにあると思うので。

　子供が「これを習いたい！」と言ったものを習わすのもいいと思いますが、まずは夫婦で話し合ってある程度絞り、「これやりたい？　やりたくない？」と聞いています。基本的に妻が主導権を握っていて、意外とじっくり話し合って決めています。子供たちはよほどのことがない限り「やりたくない」と言わないので一度やらせてみて、合わなかったらやめるのが一番かなと思います。**やめる選択肢を子供に与えて**あげて、もし「イヤ」と言ってきてもすぐにやめさせるのではなく「もうちょっと続けてみれば？」と伝えるのがいいのかも。それでも無理なら違うものに挑戦させるのでいいと思いますね。

――篠宮さん自身もお稽古事をたくさんしていたと聞きました。

僕は完全にやらされていました。エレクトーンやサッカー、スイミングなど色々やりましたが、自発的にやりたいと言ったのはなかったかも。そうやって始まった習い事ですが、サッカーは今でもやってよかったと思います。高校3年生までの10年間やり続けたことで、一つのことをずっと続ける**忍耐力と自信がついた**。だから芸人みたいなアホなことも続けられるというか……。サッカーに関してはやめたいという発想はなかったので、**好きなものは簡単にやめると言わない**かもしれないです。

でも今思うと、よくこんなにお金をかけてくれたなと思います。習い事ってめちゃくちゃ高いですから。我が家は二人分……。父親としては頑張らなくちゃと思いますね。すごくお金のかかる習い事はさせてあげられないけど、自分たちが払える範囲の習い事でやりたいことがあるんなら、飲み会の回数を減らしてでもやらせてあげたいと思います。その方が絶対、身になるんで（笑）。

他人と比べるなんてナンセンス。子供の歩幅に親も合わせていく。

――奥さまと意見が対立することはありますか?

基本ないですが、妻は他のママ友との付き合いもあって〝あの子はこれができた話〟がよく聞こえてきて、「○○くんはもうできているのに、うちの子はできない」と僕に言ってきます。そのときは、「**比べなくてえぇんちゃう?**」とはっきり言います。生まれた時期も全然違うし、家の環境も違う。他人と比べるなんてナンセンスですよ。でもそう言っていると「よそのお父さんはこれができるけど、なんでできないの?」と矛先が僕に向いてきて(笑)。アドバイスするタイミングは難しいです。

比べないことは本当に難しいです。意識していても比べちゃいますから。僕だって、「あっちの子はできているのに……」と思うことはあります。でも、それを子供に伝えても何もいいことはない。「なにくそ〜」ってほとんどの子供は思わないから、今できていることを褒めまくる方法がいいと思います。僕は「すごい! マジで⁉」とかテンション高めで結構褒めます。大人だって褒められたらうれしいから、子供なんてとくにめちゃくちゃ喜びます。

そして**ちゃんと調子に乗ります**。でも調子乗ってもいいから、またやってもらえたらいいなと思います。子供ってある意味単純なんですよ。

子供を叱るときも「この前言ったやん！」みたいなことは言わないようにしています。兄妹ゲンカでは、悪いことをしたほうに「まず〝ごめん〟と謝ろう」と教えています。〝ごめん〟のスピードも大事。後から渋々言ったところで状況が悪くなるだけ。でも子供って、結構**頑固で謝らなかったりする**んですよ。そんなときは、「これはこうで、これは悪いことだよね。悪いことしたら相手はこう思うよね……」って一つ一つ整理して説明します。「だからここで謝らないといけないんだ」と。一応、説明したら納得してくれて謝るんですが、ただまた繰り返す（笑）。そのときは最初から同じように説明してあげています。やっぱり**一度で分かるはずはない**。親も根気よくやっていかないといけないと思います。

――子供の成長の歩幅に親も合わせていくことが大事なんですね。

そう思いますね。そして子供の成長は思っているより早いです。保育園の運動会ではここ2年くらい、もう僕と妻の目はいつもウルウルで見ています。

「こんなことができるようになったんや！」と思うことばかり。家ではあまり感じない、日々の成長を体感しています。上の子が5歳、下の子が3歳。3歳からの成長が一番目を見張るものがあります。ちょっとずつ成長していく姿を見るのが楽しみです。

復習

- ✓ 子供はリズム好き。なんでもギャグにする
- ✓ 子供同士は2歳差なんて分からないので注意
- ✓ 自分が小さい頃と比べてはいけない
- ✓ ある程度のレールは親が敷いてあげる

7

滝沢秀一（マシンガンズ）

希望よりお金の不安

Takizawa Shuichi

―― 滝沢秀一 ――

取材日：2020.8.7

1976　東京都足立区生まれ。
1998　西堀亮と「マシンガンズ」を結成。
2006　「エンタの神様」で披露した“MAXめんどくせぇ”でブレイク。
2008　結婚。
2012　「THE MANZAI 2012」認定漫才師50組に認定。
　　　ごみ収集会社に就職。芸人との二足のわらじを履く。
2013　3月に第一子（男児）誕生。
　　　スマホ小説サイトに投稿した「鬼虐め」が電子書籍大賞双葉社賞を受賞。
2014　「鬼虐め」を改題した『かごめ かごめ』を出版。小説家デビュー。
2016　7月に第二子（女児）誕生。
2018　『このゴミは収集できません』を出版。
2019　妻である滝沢友紀がマンガを担当した『ゴミ清掃員の日常』、『ごみ育 日本一楽しいごみ分別の本』を出版。
2020　環境省よりサステナビリティ広報大使に任命。
　　　『やっぱり、このゴミは収集できません』ほか多数の著書を出版。

「こういう子に育って欲しい……」よりも、まず金！

――芸人の活動だけでなく、清掃員としても働きゴミのスペシャリストである滝沢さん。清掃員になった理由は、出産費と養育費を工面するためだったんですよね。

正直お金がなかったからね。子供ができたとき、一カ月の収入が5万円しかないことがあったんです。それじゃあ子育てはできない。当時は何の仕事でもよかったんです、**お金さえくれれば**(笑)。奥さんはその頃働いていたのに育休で収入が減るのも大きかったんですよ。数年間は自分一人で背負っていかなければならない。なので「育児をどうしよう、こういう子に育って欲しい……」という思いよりも、まず金！　でした(笑)。

――お子さんは欲しかったんですよね。

もちろん。4年間できなかったので、奥さんから子供ができたと聞いたときは本当にうれしかったです。でもやっぱり男って稼がなきゃいけないって俺は思うから、「この子を**一人前にするまで20年、それができるのか？**」と不安で。奥さんにも相談できなかったです。よく子供ができて心の底から喜んでいる人っているじゃないですか。あれって、金銭的に余裕があるからなんだと思います。今はゴミ清掃の仕事で定収を得られていますが、不安がきれいさっぱりなくなったかといえばそうでもなくて……。男ってそういう思いを抱えながら生きていくんだなと感じています。

——父親としての責任感ですね。

どうなんだろう。当時は「金！　金！」と思いながら、慣れないゴミ清掃の仕事をしながら出産費用を稼いでいましたが〝父親になる〟という実感はあまりなかったんです。男性は女性と違って、お腹の中で赤ちゃんを育てるわけではないので体に変化がない。**〝子供を育てる〟感覚がいまいち飲み込めませんでした。**

俺は父親なんだ。「これからは真人間でいよう」。

——では元気に生まれてきたときに、その実感がわいたのですか？

う〜ん、それも違うかも。出産は立ちあいでこそなかったんですが、ずっと病院の分娩室の外にいました。初産は本当に長く、陣痛が来てからかなり時間がかかって。出産する前に、「安産で6時間ほどかかった」と友達が言っていたのを聞いて「6時間も！」と驚いたけど、**まさかの3日間！**　こんなに大変だとは知らなかったです。本当に肝をつぶしました。ずっと奥さんの腰をさすっていたんですが、さすがに俺が疲れたとは言えないほどつらそうでした。

そして時間がたつにつれ、不安がどんどん強くなってきました。**母子ともに大丈夫なのか？**　と。奥さんの負担を考えたらどうすることがいいのか悩みました。最後は促進剤で無理矢理（赤ちゃんを）出したのですが、仮死状態のような感じで生まれてきて……。

俺は2日間、ずっと分娩室の前にいたので赤ちゃんの**泣き声マスター**になっていたんですよ。すごく元気がいい子、か細いけれど自分なりに泣いている子、泣き声もさまざまで。でもうちの子は、オギャーと泣いた瞬間にしゅんとフェードアウトして、「なんかおかしいんじゃないかな？」と感じましたね。看護師さんたちもバタバタしてきて。もう心配でしかない。そのときの頭の中は妊娠してからの奥さんの姿でいっぱいでした。つわりもひどいほうだったし、夏はスイカしか食べられず……。そんなことを思い出しながら、「これからどうなっていくんだろう？」って。赤ちゃんが元気に生まれてくるのが当たり前のように思っていたけど改めて、**出産は命がけ**なんだって気づかされました。

ただ、そうやって生まれたのにしばらく父親になった実感はなかったんです。ここが俺のちょっと恐ろしいというかサイコパスみたいなところで（笑）。**責任感はあるけど自覚がなく**、人を育てているという感覚が最初はいまいちつかめなかったです。病院から家に帰ってきても、「泣いているな〜、あやさなきゃ、これからもずっといるのかな？　まぁいるよな……」みたいな不思議な感情。もちろんかわいいとは思っていたんですけどね。

それが変わったのは生後8カ月くらいかな。俺が口に手をつけてブゥーと音を出したら、子供が反応して笑いながら急にやり返してきたんですよ。マネするというか。それを見た瞬間、「これは人間だ！」と察しました。同時に、「あっ、俺は父親なんだ」と感じましたね。〝自分がやったことに対して相手が影響を受けた〟ことにショックというかハッとさせられた。「**これからは真人間でいよう**」と思いました。

ちなみにそれまでは修行みたいなものでした（笑）。笑わせるにしても気分によって笑わないし。そういう反応があるだけでうれしかったのを覚えています。

我が家のボスは奥さん。親になると母親の気持ちも分かる。

――赤ちゃんの頃の育児はどの程度していましたか？

普通にやっていましたね。事前に講習を受けに行き、お風呂もおしめもやって。おしめはとくに率先してやっていたかも。**不安だったのはお風呂**。首が据わっていないときは、首がガクッとなったり、おぼれたりしたらどうしよう、と思ってしまって。総じて得意ではなかったですが、それなりにやっていました。だって**手抜きをするとバレる**んですよ、子供に（笑）。

例えば、抱っこも立ってしないと泣くし、ちょっと寝たから座ろうとすると起きてしまうし。バウンサーを使って片手で揺らしながら、空いている手で携帯電話を操作していたんだけど、途中からそれにも騙されなくなって。もう大変でしたね。自分の時間なんてもちろん、つくることができなかったです。**常に赤ちゃんが中心**。

ゴミ清掃の仕事から帰ってきたら奥さんとバトンタッチで育児をして。お笑いのネタも全然考えていませんでした。でもそういうもんだと思っていたから、あまり不満もなかったです。皿洗いとかお風呂掃除とか洗濯とか育児以外も家事全般、奥さんの代わりにできるものはやっていました。以前から多少やっていたので、苦労はなかったです。ただ、奥さんのほうが家にいることがはるかに長かったので、比重が多く疲れていたと思います。

――お子さんを産んで、奥さんは変わりましたか？

めちゃくちゃ強くなりました。毎日絶叫しています（笑）。昔はそんな感じの人ではなかったけど、しょうがないのかな。今考えると自分の母親もそうで、当時はなんで怒っているのかいまいち分からなかったけど、親になると奥さんが怒っている気持ちが分かりますね。

「なんで話を聞かないのか」「なんで聞いたことに答えないのか」……もう毎日がその繰り返し。我が家は7歳と4歳なので、**母親が怒ってなんぼ**なところがあります。それをしないとやらない。言っていることは正しいから俺も奥さん側につきますね。

言い過ぎじゃないかな？　と思うときは少し制したりしますが基本、空気を読んで行動しています。それを誤ると大変なことになります（笑）。我が家のボスは奥さんです。

育児も家事もやってみないと分からない。歩み寄ることが大切。

——奥さまが喜ぶ育児は何かありますか？

今だと、子供を連れてどこかに外出することです。ずっと〝お母さん〟なので、少し子供と離してあげるというか一人の時間をつくってあげています。その時間はスマホを見たり昼寝をしたりと何をしているのか分からないですが、**完全に彼女だけの時間**。３時間程度でも喜んでくれます。

コロナ禍の前までは、子供たちがゴジラを好きなので新宿（ＴＯＨＯシネマズ新宿のゴジラヘッド）に遊びに連れて行ったり色々していました……。子供たちはいつもお母さんと一緒なので、お父さんとの外出は珍しくて楽しんでくれます。あと滅多にしない外食にもこういうときに行きますね。とはいえラーメン屋さんとかですが。家族ではなかなか行かないので特別感があって喜んでくれるんですよ。**お父さんとしか行けない場所**になっているのかな？　そのためのお金は気にせず使っています。

そうやって子供と一緒にいると、お母さんの大変さが手に取るように分かります。育児や家事ですが、やっぱりやってみないと分からない。お父さんが育児も家事もやらないとか、お母さんがお父さんに「仕事は楽ね〜」とよく言ってしまうことがありますが、相手の立場に立っていないからそんなことを言ってしまう。**すべてお互いさま**で、それぞれ大変ですから。何事も歩み寄ることが大切なんだと思います。

奥さんの産後うつ。代わりがいないことが負担になる。

――二人目の出産で奥さまが産後うつになったと聞いたのですが。

感覚としては突然やってきたに近いのかな？　生まれて1週間でなりました。「**今までできていたことができない**」など、ちょこちょこ不安を口にしていたんですよ。でも生まれたばかりの時期って大変なので、その延長線上のものかな？　と思っていたら突然、涙が止まらなくなって。朝、ゴミ清掃の仕事のために出かけようとすると「仕事に行かないでくれ」と言い出して。こっちとしても〝何を言っているんだろう〟という気持ちでいっぱい。「行かなければ、ここに住めないよ」と言ってもダメ。彼女のお母さんを呼んで「〇時に来るから」と伝えて仕事に行った気がします。

そのあとも、「一人にしないで」「(子供の)抱っこが怖い」と言っていました。話を聞いていくと手のしびれから始まり、**体が不調になり、心まで不安**になっていったみたいです。この問題はとても難しいなと感じたのが、上の子を産んだときはそんな症状は何一つなかったんですよ。出産までは大変でしたが退院してからはそこまででもない。下の子の出産は6、7時間で、上の子のときを考えたら早くてよかったなと思っていたんですけどね。本当に分からないなと。

――その後、どうすることになったのですか?

まずは病院に行きました。入院が必要と言われ、入院費が20万と聞いたときはもうひっくり返りました。でも「この期間を耐えて越えていくしかない」と。

奥さんのために俺ができることがないので医学の力を信じるしかなく、とにかく元気になるまで**子供たちを守りながら耐えるしかない**。

一つ大きな光となっていたのが、かかりつけのお医者さんに言われた「**産後うつは100%治ります**」という言葉でした。ホルモンバランスが崩れているから起きる症状で、バランスを正常にしたら必ず治ると説明を受けてホッとしましたね。もちろんこれから起きる、いや起きている大変なことへのどうしようという不安感はありましたが、治ると聞けたことがうれしかったです。

お医者さんの説明を受けてすぐ奥さんは入院となりました。入院中は養生してもらって、俺は今できること、奥さんが帰ってきたときのためにできることをするしかない状況。これまでの**日常を壊してはいけない気持ち**でいっぱいで、正直、奥さんのために頑張るという気持ちもなかったのかも。毎日をこなしていくだけでした。

当時、上の子は3歳で自分の両親に預けました。このときばかりは東京に両親がいてよかったと思いました。下の子は生まれたばかりなので乳児院に預けました。早めに起きて弁当をつくり、朝5時にゴミ清掃の仕事に出かけ、仕事が終わると娘に会いに乳児院へ行き、その足で病院の妻のところに必要なものを届け、実家に行き息子とご飯を食べてお風呂に入れて寝かしつけたら、やっと家に帰るという日々。

もう毎日がくたくた。**寝るのは移動中のバスや電車の中**でした。申し訳なかったのは子供にさみしい思いをさせたこと。息子はなんとなく空気を察して我慢していたんですよ。でも急に「ママがいい」と泣き出したりして……あれには困りました。だって代わりはいないですからね。改めて感じたのは、**代わりがいないことが負担になる**こと。奥さんは逃げ場がなかったんだと思います。

——産後うつはどれくらい続いたのですか?

2カ月くらいです。ホルモンバランスが治ったことで退院できました。あの頃を思い出すと家事ばかりしていましたね。俺ができることは他に何もなかったから、これまで以上に家事をやるようになって。

あとは子供と遊んで奥さんの負担を少しでも減らせるようにしました。2カ月間、お母さんの代わりをやって分かった**〝お母さんだからできること〟以外のことをほとんどやろう**と、ただひたすらでした。周りの人に相談はしなかったです。他の家庭が見えてこないので、みんなこんなに大変な生活をしているのかな? と思っていました(笑)。相談しなかった理由は簡単で、心のどこかでこの状況を解決できる方法を分かっていたんですよ。それはお金。**お金があれば不安も取り除ける**し、奥さんの負担を削減できますから。

必要になって初めて大事さが分かった、お金。

——やはり〝お金〟は大切なんですね。

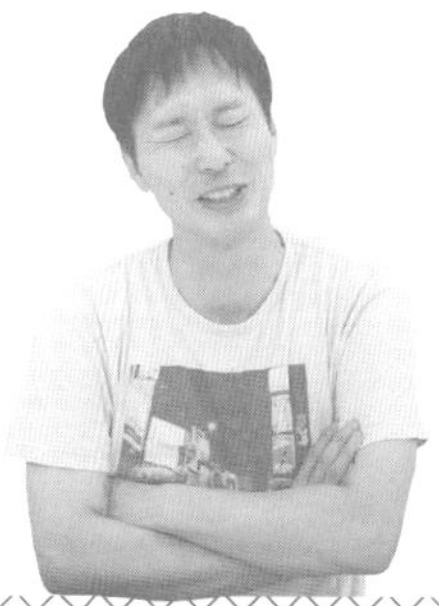

奥さんが産後うつで入院したときに実感しました。お金があれば、かなり状況は変わっていたと思います。よく「こんな国の状況で子供なんて産めない」という声を聞きますが、子供ができる前までは正直、何を言っているんだ？　としか思えなかった。でも子供を育てるうえで、**経済的な不安って育児に大きな影響を与える**んだと知りました。

子供ができたとき、父親が「歌手になりたかったけどオマエが生まれる前に辞めた」と言っていたことを思い出したんです。子供ながらに、〝俺のせいかな？〟と、なんかイヤだった。なので、俺は芸人を**子供のせいにして辞めるのはイヤ**だと思ったし、続けられるなら続けていきたいと考えました。もちろん才能がまったくない！　と自分で辞めるならそれはそれでいいんですが、子供のせいにするのはかわいそうだと。だからゴミ清掃の仕事をしながらも芸人を続けていました。

でも二人目の子供ができ、**父親の気持ちが分かりました**。「なるほど、こういうときのことを思っての行動だったのか」って。

俺は一個ずつやってぶつかってみて〝これは大変だ〟と理解していくタイプですが、意外とみんなは想像できていたみたいです。ちゃんとリスクを避けるように行動していて……これは情けないと思いました。

――コンビでは、バラエティ番組「エンタの神様」などに出演し、「MAXめんどくせー」のフレーズでブレイクしましたよね。当時のお金は貯金していなかったのですか？

あらかた使っていまして（笑）。すごく後悔しましたね。全部取っておけばよかった。あの頃は歩いて10分もしないところにタクシーで乗り付けたり、夜な夜な飲みまくったりと調子に乗っていました。

まぁそんな思いをしたのも3年くらいです。そこそこのおじさんだったけど浮かれちゃったんですよ。今までお金を持ったことがなかったから、**泡《あぶく》のように使っちゃえ～**って。妙に（ビート）たけしさんに憧れているところがあるので、後輩を見つけたら「飲んでいるのか？」と奢っていました。お金って一生付きあうもので、リアルにならないと想像できないのって怖いですよね。

現実に必要になって初めて大事さが分かりました。そうなってからは必死ですよ。国の支援などもらえるものは全部もらおうと。ただ**調べないと誰も教えてくれない**。とりあえずインターネットで調べまくりました。高額療養費制度についても知らなかったし、出産の給付金も東京は区によって違う。それも年々変わっています。毎年更新されていくから、上の子と下の子のときは、また違っていて。お金に余裕がある人も知っておいたほうがいいと思います。**税金を払っているからには使いたい権利**ですしね。

国や自治体の制度はもちろんですが、キャッシュカードをつくったら３０００ポイントももらえる！　みたいなキャンペーンも意外と使えます。俺なんて、キャンペーンを見つけてはカードを10枚くらいつくって、**ポイントでおむつを買ったりしました**。弁当に切り替えたのもお金がなくなってから。コンビニでお昼ごはんと飲み物を買うと１日で７００円は飛んでいく。10日だと７０００円。これは大きいと感じました。以降は、お弁当を買ったつもり貯金をして。それがいざというときに役に立ったりするんですよ。逆に、このお金がなかったらどうしていたんだろうと怖くなる。そんな毎日の繰り返しでした。

――改めてこれから親になる方に、お金はどのくらいためておいたほうがいいか、アドバイスはありますか？

う〜ん。あるのにこしたことはないですが、我が家は**妊娠したときは０円**。で、小学２年生までなんとか育ててきたので、頑張ればどうにかなることもある。頼み込めば助けてくれる人もいると思うし、俺はお金お金と言っていますが、あまりプレッシャーを感じず〝子供と縁があればつくる〟でいい気もします。ただ、あったほうがいいのは事実ですけどね（笑）。

芸人とゴミ清掃員。真面目に生きているのを見てくれる人がいる。

――お金のためとはいえ、芸人とゴミ清掃員の仕事を掛け持ちすることへの気持ちの整理はどうされたのですか？

3年くらいは、本業は芸人なのに……という気持ちでやっていました。いつまで続くんだろうって。清掃員を始めたのは36歳で、色々気づいたのが40歳手前。

きっかけは芸人としての自分たちの立ち位置を知ったからだと思います。40歳で**今後ネタで大ブレイクはありえない**。多分……これは売れないんだと感じました。ライブで周りの芸人と一緒になっていると〝自分の才能はここらへんだろうな〟となんとなく分かったりするんですよ。そんなことを考えていくと、ゴミ清掃員を本気でやろうと思いました。これって一見、前向きのようですが、個人的には**後ろ向きな捉え方**で「ゴミ清掃員のほうを本気でやっていますよ」と言えば多少芸人をおろそかにしてもいいという自分の都合のいい理由にしていたんです。そう思っておけば精神が保てるというか。でも、そんな気持ちで**本気でやり始めたら色んな発見があり**、面白いと感じるようになりました。

一番大きかったのは、ゴミ清掃をして感じたことを人に話したら喜んでくれたことです。特技のある芸人さんみたいに、ちょっとしたコーナーとかでちょっと話せたりするといいなと思ってネタを集めたら思わぬ収穫で。伊集院（光）さんが面白いと言ってくれたり、有吉（弘行）さんがツイッターでリツイートしてくれたりしました。有吉さんはその後、ダイレクトメッセージで「〝ゴミ清掃あるある〟というタイトルじゃ弱い」と色んなアドバイスもくれました。先輩方の声がなかったら正直、**精神が保てなかったかも**しれないです。

――ゴミ清掃の仕事に本腰を入れ始めたのは、奥さまの産後うつの時期と近いですよね。

そうですね。だからより地獄のようで（笑）。僕は清掃員の他に小説を書いて各賞に投稿したりしているのですが、それらもすべて時間をやりくりしてやっていました。とくに入院中は奥さんのところや下の子のところに行くための移動時間が結構あって、その間に書いていました。あとはゴミ清掃の休憩時間。僕にとって、いつまで続くか分からない**トンネルの中にある唯一の希望**でした。

あと、先輩や芸人仲間から面白いと言われて気づいたのは、真面目に生きているのを見てくれる人がいるということ。自分が何をしていたわけではないけど、うれしかったです。一生懸命やっている人を応援してくれる人が多く、そんな温かさを改めて感じました。

我が家は通学区域の一番端。家や支援制度のこと。

——子育てをしていくうえで後悔していることはありますか？

もっと早くに知っておけばよかったなと思ったのは〝家〟のことです。住んでいるところの物価が意外と高くて、お金がない世帯が子育てしながら住むにはあまりオススメできません。そもそも奥さんのお父さんが近所に一人暮らしをしていて、看病をするために住み始めたけれど、子供の保育園が始まり、小学校が……となり、**引っ越しの機会を失っちゃいました**。子供が学校に入ると、せっかくできた友だちと離れればなれになるのはかわいそうだと思ってなかなかできないんですよ。**子供が大きくなる前に引っ越しするのが大事**。住む場所の子育て支援制度や治安など含めてよく調べる必要はあると思います。

ちなみに我が家は小学校の校区の一番端。通学路に大きな道路があって、大人でも15分くらいかかるところを小さい子供が一生懸命歩いて通っているのを見ると、これもかわいそうだなと。結婚して子供ができたばかりだと現実味がなく想像できないと思いますが、小学校や中学校の位置などは把握しておいたほうがいいですよ。俺はそんな話を誰ともしていなかったので想像もできなくて今の状態ですが（笑）。

――周りの芸人の方に相談はしましたか？

土田（晃之）さんをはじめとした先輩パパたちの雑談は聞いていたので、「大体これくらいの年齢になったら、こういうことがあるんだ」とかは知っていたのですが、具体的なことは聞かなかったですね。でも正直、相談できる人には相談したほうがいいと思います。いい歳の大人になってから**こんなに未知のことを知っていくのはなかなかない**こと。だから分からないのは恥ずかしいことではないので、知っている人に教えてもらったほうが絶対いいと思います。

あと先輩ママの友だちをたくさんつくることもオススメ。子供の成長や学校のことなど色んな事を知っています。相談するふりをして「何かあったら助けてね」と根回ししておくのもいいかも。みんな優しいから助けてくれるんですよ。我が家なんて、洋服やおもちゃを買ったことないですから。みんなおさがり。そうやって**助けてくれる人をたくさんつくっておく**のも自分たちと子供のために大切なのかもしれないです。

よそはよそ、うちはうち。

――周囲をみわたすと、他の子と比べてしまうことはありませんか？

俺は気にしないですが、「あの子はできているのにうちの子はなんで？」と奥さんはどこかで気にしているようです。奥さんが気にしちゃう気持ちは分かるけど、「そんなことは気にすることない」と言っています。**よそはよそ、うちはうち**ですから。

それと顔色をうかがうような子供にはしたくないのでやりたいことはなんでもやらせています。家なんかも障子を破るのは当たり前、その上からクレヨンでいたずら書きをしたりして、もうぐちゃぐちゃ。でも怒らないです。逆に「やれやれ！」と言ったりして（笑）。だってある程度したら**絶対に飽きます**から、それまでの辛抱です。大人になって障子を破っている人なんて見たことないですよ。

住んでいるのは借家ですが、どっちにしろ敷金は返ってこないと思っているので、ある程度は大丈夫。そこをきれいに保ちたいと思うのは、体裁のためかなと思っちゃうんですよ。他の家と自分の家を比べてきれいでなければいけないと勝手に常識をつくっているというか

……。俺は別に汚くても気にしない。**常に子供中心**にしています。
あとどこかで、やりたいことをやるとそのうち反動で従いたくなるんじゃないかな？　と思っていて。怒られて気づくのではなく、自分でこんなことが無意味だと気づく日がくるはずです。

強い人の下につく〝スネ夫〟になることも大事。

——お子さんに対して〝こうなって欲しいな〟といった希望はありますか？

かわいがられる人間になるように願っています。これが一番大事。自分の才能を信じて突き進んでいくことも大切だけど、なかなか厳しい。もし才能があったとしても運が必要になるし、才能がなかった時の絶望感たるやかなりつらいと思います。突き進むことよりもかわいがられる人間になっていれば、意外と誰かが助けてくれる。そのためには**強い人の下につく〝スネ夫〟になる**ことも大事です。
息子はそれに近いものがあって、学校に入る前まではいじめられっ子になるかな？　と思っていたんですが、強い子が結構仲良くしてくれているみたいで仲間になっています。他の子がうちの子をイジメようとしていたら助けてくれるのでありがたいですね。

じゃあ、何をすればかわいがられるかといえば難しいけど、**嘘をつかず正直に真面目に生きること**だと思います。

そして親としてできることは、ちょっと体が大きくてリーダーっぽい子に、「うちの子よろしくね」と伝えること。もし息子に何かしようとしたとき**俺の顔がチラついてあまり変なこともできない**かなと思って。親ができることはそれくらいかな。とにかくかわいがられて欲しいです。

精神的なところはそんな感じで、あとは金銭感覚ですかね。俺は金を泡のように使っていたのでそうなって欲しくない。結構お金の話はしますよ。例えば、あるおもちゃを買って、と言われたらその金額を稼ぐにはどれだけ大変なのかという話をして、貯金の大切さを教えたり（笑）。やはり意識してもらいたいんですよ。

まだ小学校2年生だからお小遣いはあげていないけど、いずれ月々に決まった額を渡してその中でやりくりしてもらいたい。俺は何があっても絶対それ以上は出さないと決めています。もし何か欲しいものがあるならアルバイトしてもらいたいですね。**お金とは労働の対価**ということを教え込みたいというか、金銭感覚は大人になるまでにきちんと養ってもらいたいです。

――〝お金があまりない〟ことは伝えますか?

そりゃ伝えます。というか感じ取っていると思います（笑）。お金がある人もないと言ったほうがいい気はします。心のどこかであてにするし、「頼ればいいや」となるのであまりいいことがない。だからといってすべてを我慢させるのは違いますね。図鑑やブロックなど創造性を高めるもの、必要だと思うものは買い与えていいし、プログラミングに興味があるならパソコンやロボットを買ってもいいとも思っています。

お稽古事も同じで、まったくやらせないのではなく、**興味を持ったものは伸ばしてあげたい**です。ただ無理強いしてまで行かすものではないとは考えています。

でも自分を振り返ってみると、習字がすごく嫌いだったけど、続けていて最終的に特待生になったので、無理やりやらせるのもありかもしれない……。これはまったく分かりません。まぁお金もかかるし、いいか（笑）。

今後のことを考えて、学校に関しては公立高校がいかに優れているかを子供に今から刷り込んでいます。どこの学校に行くかで教育費はかなり変わります。でも基本、**子供に影響があるものに関しては節約しない**でいきたいです。そのための節約ですから。

子供は親のマネをする。「夫婦円満」が、いい教育。

――子供たちの自由を尊重した印象ですが、日々の勉強はどうさせていますか？

ある程度はやらせていますが、そこまでしっかりと見ていないです。やらせたほうがいいのは分かっているんですが、本人がやる気にならないとやらないだろうなと思っていて。お兄ちゃんが2年生で娘は保育園、お兄ちゃんのほうが年齢的にもちゃんとしてそうなのに全然ちゃんとしていないんですよ。我が家は**男女の差ってめちゃくちゃあります**ね。

下の子とは会話になるけど、上の子は絶叫しかしないし、ずーっと「チンチン」ばかり言っている（笑）。そんな息子が勉強するとは思えない。まともにドリルをやらせようとしても無理だから算数に出てくる〝りんご〟を〝うんこ〟に置き換えて、楽しませながら取り組んでもらおうとしています。漢字の書き取りも「1分以内にできなかったら〝うんこ汁〟を飲ますぞ！」と言うと意外と真剣にやってくれたりします。もう手を替え、品を替えですよ。ちなみにオジンオズボーンの篠宮のドリル（『オジンオズボーン篠宮暁の秒で暗記！　漢字ドリル』）は楽しんでやっていますね。**何事も楽しませ方が大切**なのかもしれないです。

——子供を叱るときはありますか？

毎日ですよ（笑）。基本、奥さんが怒っていますね。自分の中で決めていることとしては、なんでもかんでも奥さんの味方をするのはやめています。ちょっと冷静に見て、**奥さんが悪いときは奥さんをいさめます**。とくに片付けは奥さんも物を出しっぱなしにしていることがあったりするんですよ。そんなときはまず自分のやるべきことをやってから叱るように伝えます。やっぱり**子供って親のマネをします**から。

ゴミ捨てのときに「これはプラスティックだから資源だな」とちょっと聞こえるようにつぶやいていたら、いつのまにか子供たちも「これは何ゴミ？」「これはプラスティック？」って聞いてくるようになるなど、我が家の子供たちは〝ゴミ育〟のエリートなんですよ。4歳でゴミの分別を意識できるのは素晴らしいと思います。これを始めたのも、俺自身がゴミに対して責任を持つことが大事だと考えていて、子供たちにも知って欲しい気持ちがあったから。分別をすることの大切さやフードロスをなくすことの重要性を小さい頃から当たり前だと思っている人間って最高じゃないですか。だからといって詳しくは教えていません。本当に**見様見真似で勝手にやる**ようになって、改めて親のことを見ているんだと感じました。

無意識でやっていることを、**ちゃんと見ている**って怖いですよ。夫婦仲もそうで、夫婦で仲良く話し合って物事を決めているのかを、きっとどこかで感じ取っているんだと思います。子育てはきれいごとではないので夫婦の素の部分が出てきます。根本のところでうまくいっていないと意外と子供にしわ寄せがいく。夫婦円満が子育てにとって一番いい教育だと思います。

――お子さまに期待していることはありますか？

学校だけではなく**色んな居場所をつくってもらいたい**ですね。学校でもクラスメイトだけでなく部活の仲間をつくるとかなんでもいい。一つのことしかないのはリスクが高く、何がストレスになるか分からないと思います。

自分も芸人だけでなく、ゴミ清掃員、父親といくつもの居場所を持っていることで救われている面は多々あります。そしてその真ん中のゆるぎない場所として家があればいいなと思います。

復習

- 〝お母さんだからできること〟以外は全部やる
- 経済的な不安は育児に影響を与える
- 子育ては未知。分からなくても恥ずかしくない
- 子供が興味のあるものは節約しない

8

石田明（NON STYLE）

みんなが楽になる方法

Ishida Akira

― 石田 明 ―

取材日：2020.8.20

1980　大阪府大阪市生まれ。
2000　中学・高校時代の親友・井上裕介と「NON STYLE」を結成。
　　　baseよしもとを中心に活躍。
2006　「NHK新人演芸大賞」演芸部門 大賞、「第41回 上方漫才大賞」優秀新人賞、「第4回 MBS新世代漫才アワード」優勝。
2007　「爆笑オンエアバトル チャンピオン大会」優勝。
　　　映画『兄の手紙』で監督・脚本・主演を担当。
2008　「M-1グランプリ2008」優勝。
　　　東京進出。
2010　「NON STYLE NON COIN LIVE in さいたまスーパーアリーナ」を開始、お笑いライブとしては最大規模の1万2000人を収容。
2012　結婚。
　　　著書『万歳アンラッキー』を出版。
2016　劇団間座旗揚げ公演「恋の虫」で初のミュージカルの脚本を担当。
2017　8月に第一子、第二子となる双子の女児が誕生。
2020　2月に第三子（女児）誕生。
2021　「京阪沿線物語～古民家民泊きずな屋へようこそ」（テレビ大阪）の脚本担当。

奥さんすごいな、一人でも重いのに二人お腹に入っている。

――双子だと分かったのはいつ頃でしたか？

最初に検査に行ったときは卵が一つでした。それから2週間くらいして奥さんの調子が悪く、めまいがすると言っていたので心配して病院に行ったら卵が分裂していて。

結婚して5年間、子供ができなかったのでずっと欲しかったんですよ。妊娠が分かったときは、家族が増えることにただ喜んでいたんですが、**〝双子〟となると一気に心配**が多くなりました。色々調べたら双子は遺伝するらしく、うちの家系はいなかったのですが、奥さんの家系に何人かおったらしく、「それは先に言ってよ～」と思いました。なんていうか心構えができますから。

やはり双子はリスクも高いんですよ。栄養も二倍摂らないといけないわけですし。あの頃の奥さんはこれまで見たことがないくらいめちゃくちゃ食べていました。あんなにご飯って食べられるんですね。で、お腹が大きくなってくると、当たり前ですが他のお母さんよりも倍大きい。途中から前に突き出ることができなくなって、**背中側に赤ちゃんが回ってくる**と知ったときは、ただただ驚き、女性は大変だと感じました。

――すべて二倍ですもんね。

そうなんですよ。自治体のパパ講習会に通ったのですが、使う道具がすべて一人用で。妊娠体験をしても「この倍なのか。一人でも重いのに二人お腹に入っているって、奥さんすごいな」と思うくらいで、**双子の大変さをリアルに感じることはできなかった**です。

東京駅から猛ダッシュ。「どっちが産むん？」ってくらい汗だく。

――出産時も大変でしたか？

当時、僕は日曜お昼の生放送番組「アッコにおまかせ！」に出演していて、出番が終わって電話を見たら奥さんからの通知がめちゃくちゃあり、聞いたら「破水した！」って。体調のこともあり2カ月前から事前に入院していたので、奥さんが病院に行くバタバタはなかったんですが、それでも予定日よりかなり早かったので「ヤバいな」と思いましたね。急いで病院に駆けつけたら、普通にベッドに横たわっているんですよ。俺はもう〝すぐにでも産む〟テンションだったけど、どうもそうでもなく「順番待ちがあるからまだ」って。**破水してからも順番待ちとかあるんや！**　と驚きました。

とはいえ、その日は静岡県沼津市にある劇場で出番が控えていたんです。心配で出産に立ちあいたい気持ちがあったんですが、泣く泣く沼津に向かいました。出番を終えて東京に戻ってきて夜9時。破水したのが昼の12時なんで9時間くらい。

「さすがに手術室に入っているかな？」と病院に行ったら、待機室なのかな？　まだ手術室の前室のような場所にいて。母子ともに調子がよかったことも幸いして、ギリギリで立ちあえるようになりましたね。そのときの僕が東京駅から猛ダッシュで病院に向かったので「**どっちが産むん？**」というくらい汗だくで（笑）。奥さんがケロッとしていた分、俺のほうが焦っているような感じでした。

――実際に立ちあわれたときの様子はいかがでしたか？

奥さんが先に手術室に入って、俺も服を着替えてゴーグルやマスクをつけ奥さんの横に座り、手を握りました。ただ、すぐ手を払ってくるんですよ。「なんでかな？」と思っていたら、最初、僕だって気づかなかったらしく。「なんで麻酔科医がこんなに触ってくるのだろう」

と思ったみたい。それを聞いたときは笑っちゃいました。えっ、俺やからって。

出産は帝王切開だったんですけど、奥さんは半身麻酔で上半身は起きているんですよ。お腹を開かれて、「なんか変な感じ」って言っていて。赤ちゃんを取り出すときは**体がすごく揺れて**驚きましたね。痛みはないけどぎゅっと押されている感じはするらしく、顔がゆがんだりしてすごく違和感があったみたいです。

で、一人目。「うぉ～生まれた！」と感動していたら、1分後くらいにまたポーンと生まれて（笑）。全然、心の準備ができなかったです。先生が二人を見せてくれたんですが奥さんは「私の中から生まれたの？」という顔をしていて実感がなかったみたいでした。それに対して僕はもううれしくて。ただただ**一筋の涙が目から落ちました**。あれは女優級の美しい涙でしたよ。

――お父さんのほうが先に実感がわいたんですね。

「あぁ、誕生したな」としみじみ思いました。二人とも泣き声がすごく小さくて大丈夫かな？と不安もありました。予定日よりかなり早かったため体も小さくて。でもそう感じたのは最初だけでしたね。

ちなみに三女も帝王切開で産んだのですが、感動や感覚は同じでした。奥さんが貧血で電車の中で倒れるなど、不安なこともたくさんありましたが、**何よりも無事に生まれてくることに感謝**しかなかったです。

帝王切開の術後2日目。傷の痛みは「別物」。

——帝王切開後の奥さまの様子はいかがでしたか？

帝王切開というのはお腹と子宮を切ってまわりの内臓も移動させるわけですから、術後が大変でした。当日は麻酔が効いているから、ケロッとしているんですが、2日目から本当にしんどそうで。産んだ次の日から歩く練習をするんですが、**これまでできていたことができない**らしく……。僕も今までさんざんケガや骨折をして手術をしてきた人間ですが、内臓を手術したことはなく、別物のように感じましたね。相当大変なことをしてくれたなと本当に感謝でした。

——三人目の出産は、双子の娘さんの育児をしながらで大変だったのでは？

お腹が大きいときに、上の二人がお腹に乗ろうとしたり、傷がまだ痛いのにぶつけたり……などはありましたが、意外と最初より慎重だったのかもしれないです。それよりも双子が生まれてすぐに、**帝王切開の傷が裂けた**んですよ。完全に奥さんの不注意だったんですが、バギーを車のトランクに入れるために持ち上げた拍子だったらしく。ちょっと頑張りすぎちゃったんだと思います。全体的に荷物も倍ですし。

——育児はどの程度やっていましたか?

基本、できることはすべて協力していました。一番大変だったのは、双子が生まれて3カ月くらい。慣れないのもありますが、夜泣きが3時間おきに、それも交互できて、**まったく眠れなかった**です。

双子というのは面白いもので、上手いこと**タイミングをズラしてくる**んですよ。きっと赤ちゃんなりに空気を読んでいて、「一斉に泣いたらかまってもらえへん」と察しているというか。片方がおっぱいを飲んで寝てくれたなと思ったら、もう片方が起きてきて……。この繰り返し。**二人を同時に育てているから大変さも倍**でした。僕は夜中に奥さんが搾乳していた母乳を温めてあげる係をしていました。それで奥さんがぐっすり眠れるならいいんですけど、奥さんもおっぱいが張ってくるから自然と目が覚めて……。常に3時間おきに目が覚めるという。あのときは二人とも慢性的な寝不足でした。

「かけがえのないものが家にある」。子供と触れ合い広がった世界。

――仕事と育児のバランスは、どのようにとっていましたか？

若い頃からしたら考えられんのですが「育児にバランスの重きを置こう」と出産の前に決めていました。仕事量も少しセーブできればと思っていたのですが、ありがたいことになかなかそうはならなくて。とはいえ双子のときも生まれるタイミングこそズレてしまいましたが休みをもらっていましたし、三人目は出産タイミングで1週間のお休みをもらい娘たちの面倒を見ていました。

仕事に対する情熱はこれまでと変わっていないし、むしろ色んな興味が出てきました。仕事と自分の関係性について考えるようになったのかもしれません。自分の個性を消してまでテレビに出たいと思わなくなったというか……。個性を消してテレビに出て、映像が後世に残ることを考えると、「その番組は出演しないです」とはっきり断れるようになりました。

例えば、もらえるギャラが2万円だとして、それよりもかけがえのないものが家にあるので、**「自分の何かを犠牲にしてまでやることなのか？」**と考えると必然的にその仕事を受けるという選択肢が消えたという感じですね。これって俺の中のすごい変化なんですよ。若い頃は完全に仕事重視で、よくストイックだと言われていたんですが、今思うと自信がなかったからだと思います。

結婚して家族ができて子供が生まれて感じたことは、**「自分の信念は本当にしょうもないものだったな」**って（笑）。そして独身だったあの頃、もっとうまく仕事をしていたらよかったのにと。とくに時間の使い方なんて顕著で、時間をかけて追い込むことで自分の自信につなげていたのですが、結果、効率も下がっていたんだと思います。ただ必死にやっていたというだけ。子供ができてからは自分で自由に使える時間なんてほんの一握りですが、今のほうが**脳みそにゆとりがあります**。おかげで発想に広がりができている気がします。

――娘さんが生まれて多忙だったとき、どのように仕事の時間をつくっていたのですか？

生まれる前は、仕事を家に持って帰らないことを決めていたんです。移動中や仕事の合間の時間を使うなどして。でも子供ができてから「それは無理やな」と思いました。家に帰ったらミルクをあげるために起きているので、**移動中は睡眠にあてないと死んでしまう**（笑）。

なので、夜は寝かしつけやミルクをあげながらその間に仕事をするのが定番になりました。自分のことは空いている時間にやらないと終わらないという感じ。そう考えると、当時はほとんどベッドで寝ていなかったですね。

――子供と生活することで、刺激を受けていることはありますか？

昔から言葉を使わないノンバーバルな舞台をつくりたいと思っているので、幼児期の娘たちと過ごした時間はすごく大きかったです。だって2歳くらいまで子供はノンバーバルですから。**言葉なしで笑う、笑わせる**システムを色々知ることができ、すごくありがたかったです。

あと、これまでは「目的」というものを漠然ととらえていたのですが、子供たちを見ていると「目的」は大人よりも明確で、そのための「行動」があることに気づかされます。ただその何かをしたいという目的を100%的確に表現できる人は少ないから、行動に幅がでてくる。当たり前だけど意外と気づけないことを教わりましたね。

そして表現の多様性。これは脚本を書くときにすごく参考になります。**子供と触れ合うことで広がった世界は多い**です。

その子に合った成長スピードでいい。

――双子ちゃんの違いを感じ始めたのはいつ頃ですか？

最初に気づいたのは、「おっぱいの飲み方」。片方は上手ですが、もう片方が下手。当たり前ですが、まったく別の子なんですよ。あと結構分かりやすく、**パパ派かママ派なのか**という夫婦どっちのほうが落ち着くかみたいなことがでてきました。二人が一気にぐずることはあまりないのですが、面白いことに僕と奥さんが二人いると一緒に泣くことがあるんです。そんなとき〝どっち派〟なのか分かりましたね（笑）。

今は3歳ですが、長女は社交性があるんですよ。ショッピングモールに行って、少し年上の子供が歩いていると急にベタづきで歩き出す。ちょっとおかしいんですが、「遊んでください」って追い続けるんです（笑）。対して次女は内向的。でも覚えたことを的確に見せたいタイプで、保育園や家で覚えたことを知っている人に披露するのは好きですね。総じて二人とも人が好きみたいです。そうやって**アピールやアプローチの仕方が違うのが面白い**。あと三女に対しても、長女はすぐに触りにいけるのに次女はちょっとこわごわ接していて……。

もうこれはキャラです。その違いがかわいいですよ。

――子育てをしていると、他の子とわが子を比べがちになってしまいます。石田家はいかがですか？

あまり比べないようにしています。というより〝正直どうだっていい〟と思っていて。人より劣っていようが優れていようが、それは**個性でしかないんで気にしても仕方ない**。もちろん、自分自身も劣っていることは山ほどありますから。うちの子、公園や保育園でなぜか悪目立ちするんですよ。「このご時世、こんな子いる？」みたいな感じでめちゃくちゃ人を笑わせる。僕らも笑わせてもらって元気をもらっています。そんな姿を見ていると、**元気でいればいい**なと思います。ゆっくり成長していって欲しいですね。

とはいっても奥さんは気にすることが多いです。うちの双子は3歳になるんですが、言葉が遅いんですよ。そんなに話せなくて、ちょこちょこ、二語話せるくらい。理解力も周りよりも少し遅い。でもこれって成長だから**待たないとしゃーない**と思うんですよ。

奥さんは、周りの声が聞こえてくるというのもあり、「みんなの2歳はこうだった」「3歳だとこれを卒業して……」みたいなことを言っていて。なんとなくこうなっていく、という成長はもちろんあるとは思います。でも「うちの子は無理だから！」って言っています。好き嫌いも結構あって、「周りの子はちゃんと食べているのに……」と思うみたいですが、今は好きなものを食べて、野菜が苦手なら果物を食べたらいいし、なんなら野菜ジュースを飲むなどしてごまかしても生きていけるからって思いますね。みんな座ってご飯食べている中、すぐに脱走するのもしゃーない。よく考えたら大人になってそんなことをしている人は見たことないじゃないですか。だから奥さんには「大丈夫。**いつかどこかのタイミングでできるようになるし気づく**」と伝えています。

あとこの間、娘が友達とおもちゃの奪い合いになって、足を噛んでしまったんですよ。それで奥さんが落ち込んでいて。僕もショックやったんですが、起きてしまったことだからどうしようもないと思いました。

もちろん相手に謝ることは大事ですが、頭ごなしに怒ったりするのは違うなって。で、話を聞いてみると本人も落ち込んでいて。それを聞いたら、「これをやったらダメということは伝えたほうがいいけど、それを守らないからって**こっちが落ち込む必要はない**」と改めて気づきました。だって僕が知る限り、大人になってケンカして足を噛んでいる人なんていないですから。どんなことがあっても、結局この考えに落ち着くんですよ。そうなると気持ちが楽になります。

その子に合った成長スピードでいい気はしますよね。とくに、上の娘たちはもともと一人やったわけですから。一人が半分になって生まれてきたんだから、「3歳なら1歳半だと思えばいいんちゃうの?」と思います。まぁ、奥さんが落ち込むのも分からなくもないですが。

奥さんとのメールは単純、質問に対してイエスかノーか。

——奥さまとは、どのように育児の方針を決めていきますか?

基本はすべて話し合いです。家に帰ったら色々聞きますが、最近はドラマ「24」ばりに今何が起きているのかメッセージで届いています。なので、仕事をしながらも向こうで何が起きているのか常に把握しています。これって付き合っている頃からあることですがすごく安心しますし、面白いです。

——でも返事を面倒くさがる人もいますよね。

僕もメールとかはあまり返せないタイプなんですが、でも奥さんとのやり取りは難しくないんですよ。すごく単純で。質問に対してイエスかノーか、またはどう感じたのかくらいしか書かなくていい内容なので。なんか「これがあって、こうして、だからこうなって、どう思う？　そして、どうなる……」になると、何について返せばいいのか分からなくなるし、ちゃんとした返事にしなきゃいけないと考えてしまうと思うんですよ。なので、**返事がしやすい内容**で送ってくれるとありがたいです。男の人はそのほうが返信しやすいと思います。

何かを選ぶときは、「奥さんが楽になること」を最優先。

――〝こうやって育てていきたい〟といった今後の願望はありますか？

僕より奥さんのほうがありますね。幼稚園を選ぶときに、泥んこまみれになれるような幼稚園に入れたいと言っていて。〝行儀がいいより、自然に育てるほうがいい〟のはすごく分かるなと。でも、僕からすると正直どっちでもいいんですよ。それよりも何が一番いいかと考えると、「**奥さんが楽なのがいいな**」って。泥まみれになれる幼稚園はお弁当の日が多く、行儀よく教えてくれる保育園は給食が多いなら、給食があるほうがいいんじゃないかなって思うんです。送迎バスなのか自転車で通うのか、ＰＴＡのイベントが多いのかイベントはそこまでないのか……など細かいところで比べることはあるんですが、「どう育てたいか」はもちろん、僕は「育児を一番していく奥さんを楽にさせたい」が勝ちます。これまでの人生で「幼稚園に行っておけばよかった、あの保育園だから自分の人生は失敗した」と言っている人を見たことがないですから。**どっちに行ってもそんなに人生は変わらない**んですよ。

奥さんは子供の目線に立っていて、僕がどちらかといえば奥さん目線。ひいてはもっと俯瞰して石田家を見ているのかもしれないですね。だって奥さんが大変になったらそのしわ寄せは子供にいってしまう。子供はその世界に飛び込めば新鮮だし、間違いなく楽しんでくれます。**みんながちょっとずつ楽になって楽しい**のが一番です。誰かに比重がかかっているのはイヤです。もし誰かに比重をかけなければならないなら、僕にかかっているのがいいかなって思います。

――三人目が産まれるとき、双子の娘さんの世話をしていたとのことですが、家事育児をすべてしていたのですか？

1週間くらいですが全部やっていましたね。子供たちはなぜお母さんがいないのか理解していなかったみたいですが。「これを毎日やっているんか」と気が遠くなったのと、「一番給料をもらわなあかん仕事やな」と思いました。何が大変かって、**毎日ノルマがあるのに一生**

終わらない。そして休みもないし教科書もない。昨日の正解が今日のハズレ、それは本当につらいと思います。

やっと子供が寝てくれた……で、一日は終わらないんですよ。そこから明日の準備をして、洗濯機を回していないことに気づいて、ルーティーンの家事をこなす。朝起きて、ご飯を用意して、食べさせたら保育園に行く準備をして送り出し、帰ってくるまでに掃除をして、時間の合間で夕飯をつくって……。もう**やらないといけないことだらけ**。奥さんが帰ってきて楽に育児ができるよう、買い物のストックをしておいたり、掃除はしておきたいとも思っていたのですが、そんな時間は全然なかったです。

本来、予定を立てるタイプじゃないんですが、初めて予定を立てて行動しないと死ぬと思いました。その場次第なんて絶対無理！　そして**育児には削るところがない**んですよ。大人だったら、正直ご飯なんてなんでもいいと思うけど、子供はそうはいかない。昨日あんなに食べていたうどんを今日は食べないんか！　ってことも（笑）。となると、何を食べさせたらいいのか？　と考える。

ちなみに三人目の出産のときは娘たちを保育園に通わせたんですよ。まぁ、すぐには馴染めないので1カ月前から慣らしで行かせて。で、楽になるかと思ったら、なぜか次女は保育園で一口もご飯を食べないなんてことになって。迎えに行く前にパンを買い、帰りに食べさせるか、でも夕食も食べてもらわなきゃいけないからあまりあげられないな……とかもう考えなきゃいけないことだらけ。

あと義理のお母さんが家事を手伝ってくれたのはありがたかったんですが、そう単純ではなく。おばあちゃんが来たことによって娘二人が興奮して夜眠るのが遅くなる。申し訳ないけど早めに帰ってもらったほうがいいなとか……など、**脳がいくつあっても足りない**と感じました。

はっきり言ってあの1週間は迷宮でした。改めてお母さんってすごいなって思いましたし、**より頭が上がらなくなりました**（笑）。だからこそ、何かを選ぶときは「奥さんが楽になること」を最優先と考えるようになりました。

奥さんを気遣って、空気を読んでいきたい。

——奥さまとの決め事などありますか？

ルールですよね。とくにないですね。家事も〝気がついたほうがやる〟くらいで。あっ、一つあるとすれば“掃除機をかけたときは必ず伝えること”です。コロナ禍になり、ぼこーんとお休みをもらってから掃除がいつの間にか自分の中でルーティーンになっていたんです。朝起きて、子供のおむつを替えて着替えさせて、夏だったのでベランダのプールに水をため、合間に掃除機をかけて……って。その時間、奥さんはご飯をつくったりしているから僕のことは見ていない。なので掃除機をかけているのかどうか分かっておらず、すべての作業が終わって奥さんがまたかけ始め、「あれ？　2回かけているぞ！」みたいな（笑）。それくらいですね。

役割は自然と分かれています。事前に「これをやろう」と決めたわけでなく流れで。でもそれは固定ではないんですよ。掃除は僕、料理は奥さんみたいな比重が多いものもありますが。

　例えば、上の子二人をプールに入れているとき、奥さんは家の中で三女を見ているんです。で、そのままお風呂に入れるんですが、今日は奥さんが二人をお風呂に連れていき、僕はプールの片づけをしつつ三女の面倒を見て、三人が出てきたら僕が三女をお風呂に入れるか……。それが逆になることもあります。三女の気分と長女次女が僕か奥さんのどちらかにハマっているのかによって変わりますね。これを当番制にしていたら絶対に大変。ここは**空気を読んで声掛け**するのが一番です。なんか子供ができてからより奥さんと仲良くなった気がします。今のところ一緒の方向を見ているからなのかもしれないですね。

――女性だらけの石田家ですが、威厳を持った父親になりたいですか？

威厳なんて自らつくるものではないと思っています。僕の威厳をつくってくれるのは奥さんだし、奥さんの威厳をつくるのは僕だし。お互いをリスペクトしていくと必然的に生まれるものではないですかね？　そして〝仲の良い夫婦でいることが子供たちにとってすごく大事〟だってこと。これからも仲良く相手を気遣って空気を読んでいきたいです。

子供が0歳ならパパとママも0歳。経験値を積むなら朝。

――「うまくできないから」と育児に尻込みしてしまう父親もいると思いますが……。

不安になることも多いと思いますが、子供が0歳児ならパパとママも0歳児なんですよ。できなくて当たり前。ただお父さんに関して言うと、最初からいろんなことに積極的に参加していかないと、お母さんと差をかなりつけられると思います。お母さんのほうが子供と接する時間が長いから、おむつ替えや着替えなど、何をするにしても絶対的に回数が多いんですよ。そうなると上達するのももちろんお母さんなんです。僕がラッキーだったのは双子だからで、〝絶対に1ターンはより多く回ってくる〟んですよ。だから並みのパパさんよりいろんなことができるんだと思います。

とはいえ、「うまくできないからしょうがない」と言ってあきらめるのではなく、お父さんは自ら率先して回数をこなしていかないと置いていきぼりにされます。奥さんより下手だからと引け目を感じるのではなく、**ゲーム感覚で「やらせて！」と言っていく**。そうやって経験値を積んでいけば、奥さんも任せられるようになり、大変さを軽減できるんですよ。

一番のねらい目はおむつチェックですね。朝起きたばかりのおむつ替えは、お母さんも忙しいしチャンスですよ。おむつがもったいないと怒られる可能性はありますが、そこは気にせず。ちなみに、起きたばかりの子供たちはまだ動きが鈍いから、替えやすいのもポイント。経験値を積むなら朝だと思います。

子供を授かることによって変わっていく。

――父親になってからより充実感にあふれていますね。改めて奥さまと結婚してよかったと思いますか?

もちろんです。守るものができて自分が成長できたと感じます。なかでも大きく変わったと思うのは、**人のことをいっぱい許せるようになった**ことです。昔は、「ムカつくなコイツ」とか「なんでこんなに仕事ができないんやろ?」と思うこともあったんですよ。でも父親になって、「もともとはこの人も赤ちゃんで、寝返りもできへんかったんやもんな」と考えると、今、できないことなんて大したことでなく。もうめちゃくちゃできるようになっていてすごいなって(笑)。

あと女性に対しても見方が変わったというか。芸人はよく容姿いじりをするんですが、尼神インターの誠子とロケをしていて「ヤバっ」と思ったんが、誠子がウェディングドレスに着替えて後ろ姿からこっちに振り向くという場面で、完全に誠子はブスいじりを待っているんですよ。構成的にも「ブスやないか!」とツッコむシーンで。ただパッと見たとき、なぜか声に出たのが、「かわいくなってどうするねん！」という謎ツッコミ（笑）。
あとで考えても、なんでドレス姿をした女の人をブスって言えるんやろって、ウェディングドレス姿とブスは結びつかなかったです。もう**どんな人に対しても父親目線が出てしまう**ようになったのかもしれないです。これからの時代、容姿いじりをするのも違うので、ちょうどいいのかもしれないですけど。まぁ、どんな人にも親がいて、そして子供だった時代があると考えるようになりました。

――お笑いをやっていたからこそ感じられたエピソードは他にありますか？

笑いをやっていたからとかではないんですが、一人で二人の子供を見ていたときに、知らないママさんがたくさん助けてくれました。長女がどこかに駆けていき、「ヤバい！」とあたふたしていたら、「彼女は見ておきますよ」とか「石田さんですよね」と言ってもらえて。**本当に人って温かいなと思うことが多かった**です。
あと僕、2019年に子供向けの舞台「ももたろう」をやったんですよ。通常の「桃太郎」とは違って、コメディとアクションを加えたヒーローショーみたいな感じなんですが、吉本の劇場以外に品川区の児童館でもやらせていただいて。それを見てくれた人がたくさんいたのもうれしかったですね。自分の娘たちと同じ年頃の子たちが喜んでくれるのが感慨深くて。

ただちょっと困っていることがあり、僕が他の子供たちと仲良く遊ぶようになると、娘二人たちのテンションがめちゃくちゃ下がるんですよ。どうも**お父さんを取られたと感じるみたいで**（笑）。その変化は不思議でしたね。今まで走り回っていたのに、急に自らベビーカーに座りだして、〝もう帰るよ〟みたいなそぶりをしてくる。ちょっと嫉妬心が芽生えてきているのかもしれないと思ったら、もうめちゃくちゃかわいいです。

――変化を楽しめるのは、気持ちに余裕と自信があるのかもしれないですね？

どうなんだろう。でも今、上の娘たちはイヤイヤ期なんですよ。何をしても「イヤイヤ」ばかり。最初は僕も一緒に「イヤイヤ」と言っていたら機嫌が直っていたんですが、最近はまったく反応しなくなり……なので死んだゴキブリのように手足をバタバタさせて寝転がるというのをやり続けています。長女は喜んで笑ってくれるんですけど、次女はなかなかダマせない。もともと**長女がハッピー野郎で、次女が慎重派**という性格もあるんですがその違いや、これ好きだったのにもう違うのか、という日々の変化が面白いです。
「なんでこの前はＯＫだったのに今回はダメなの？」と悲しい気持ちになることもあると思いますが、**状況を楽しむのがいい**かなと。それが成長なんですから。

――最近、娘さんの成長を感じたことはありますか？

それこそ毎日ですが、上の二人はアンパンマンブームが落ち着いてきました。それに代わってシルバニアファミリーブームが到来しています。人形を持ちながらお姉ちゃんになったりママになったりして遊んでいてかわいいですね。ただ、シルバニアファミリーの車と添い寝する娘を見たときは、「どういう感情なん？」と思いましたけど。車と添い寝って……なかなかですよね（笑）。きっとそれぞれの頭の中に、自分たちの空想世界ができているんだと思います。そういう年頃になってきたのかと考えると感慨深いです。

復習

- 人と違うは個性。気にしても仕方ない
- 双子とはいえ、まったく別の子
- 迷ったときは奥さんが楽になることを考える
- 一人目は誰もが初心者。経験値を上げていこう

ISHIDA AKIRA

PROFILE

レイザーラモンRG

●れいざーらもんあーるじー…1974年6月8日生まれ。吉本興業所属。お笑いコンビ「レイザーラモン」のツッコみ担当。ピン活動では、時流に沿ったモノマネや、ヒット曲に乗せた「あるあるネタ」などが人気。著書に『人生はあるあるである』『あるある黙示録』など。2003年に結婚、2005年6月に第一子（長男）誕生。
Twitter：@rgizubuchi

石田たくみ

●いしだ・たくみ…1988年7月6日生まれ。グレープカンパニー所属。お笑いコンビ「カミナリ」のツッコみ担当。2016年、17年の「M-1グランプリ」決勝進出。茨城弁の掛け合いで、「おめえ、そう言えば〇〇だな!」と大声で、相方の頭を激しく叩く「どつき漫才」が話題になり、以降お茶の間の人気者に。2014年に結婚、同年10月に第一子（長女）誕生。2018年3月に第二子（長男）誕生。

吉川正洋

●よしかわ・まさひろ…1977年12月23日生まれ。太田プロ所属。お笑いコンビ「ダーリンハニー」のボケ担当。ピン活動では、趣味の鉄道を活かして、バラエティ番組の鉄道関連の企画に多数出演。著書に『ダーリンハニー吉川の全国縦断鉄博巡り』。Blu-ray&DVDは「鉄道ひとり旅　偉大なる山陰本線編」「鉄道ひとり旅　お鉄路参り四国編」。2008年に結婚。2010年5月に第一子（長女）、2014年6月に第二子（長男）誕生。

Twitter：@DHyoshikawa

タケト

●たけと…1976年3月2日生まれ。吉本興業所属。芸人としての活動以外に、ベビーダンスアドバイザー、ベビーサインパパアドバイザーなどを活かして講師としても活動。2020年に保育士試験合格。趣味のDIY・キャンプに特化したYouTubeチャンネル「タケトfield」を開設。2006年に結婚、2012年4月に第一子（長女）誕生。

Twitter：@bkousutaketo

タカアンドトシ

●たかあんどとし…吉本興業所属。同級生だった2人でお笑いコンビ「タカアンドトシ」を結成。タカのボケに対してトシが連続で「欧米か!」とツッコむスタイルが話題になり一躍人気芸人に。ネタ番組やゴールデンタイムでのバラエティ番組のMCなどで活躍するほか、地元の北海道でも活躍。

◎トシ（写真右）…1976年7月17日生まれ。ツッコみ担当。2010年に結婚、2011年6月に第一子（長男）、2013年5月に第二子（次男）、2015年6月に第三子（長女）誕生。

◎タカ（写真左）…1976年4月3日生まれ。ボケ担当。2012年に結婚。2013年3月に第一子（長男）、2017年3月に第二子（長女）が誕生。

Instagram：taka.tkg

篠宮暁

●しのみや・あきら…1983年2月8日生まれ。松竹芸能所属。お笑いコンビ「オジンオズボーン」のボケ担当。ピン活動では、ツイッターに投稿した「鬱」の漢字の覚え方が話題に。著書に『オジンオズボーン篠宮暁の秒で暗記！　漢字ドリル』など。趣味の特撮好きを活かして連載コラムを持っている。2013年に結婚。2014年12月に第一子（長男）、2017年に第二子（長女）誕生。

Twitter：@shinomiyaakira

滝沢秀一

●たきざわ・しゅういち…1976年9月14日生まれ。太田プロ所属。お笑いコンビ「マシンガンズ」。ピンの活動では、ゴミ収集中の体験や気づきを発信したら話題に。また小説家としても活躍。著書に『このゴミは収集できません』『ごみ清掃芸人は見た！　リアルでゆかいなごみ事典』『かごめ　かごめ』など。2008年に結婚。2013年3月に第一子（長男）、2016年7月に第二子（長女）誕生。

Twitter：@takizawa0914

石田 明

●いしだ・あきら…1980年2月20日生まれ。吉本興業所属。お笑いコンビ「NON STYLE」のボケ担当。「M-1グランプリ2008」優勝などネタに定評がある。ネタ番組などで活躍。ピンでは、脚本家としても活動。現在はテレビ、舞台を中心に活躍。子供たちに楽しんでほしいという思いで始めたYouTube「あきらお兄さんのぱいーんチャンネル」も好評配信中。2012年に結婚。2017年8月に第一子（長女）、第二子（次女）の双子が誕生、2020年2月に第三子（三女）が誕生。
Twitter：@gakuishida

本書の取材は2020年7月～8月に行ったものです。
本文中の各タレントのお子さんの年齢は取材当時のものです。

解説

芸人父さんたちの「乗せ上手」な子育てとは

加藤紀子

私は教育ジャーナリストとして、さまざまな家庭や学校を取材してきた。ところが最近では、「ＳＮＳ疲れ」という言葉に象徴されるように、情報の洪水に溺れてしまっている人が増えているという実感があった。そこで私は、膨大な資料や専門家への取材から、一流の研究者によって裏付けられた子育ての新常識を整理し、本当に子供のためになることだけを厳選して、『子育てベスト１００』という1冊の本にまとめた。

取材では、卓越した才能を持つ子供たちの親御さんにもお会いする機会が多い。そこで共通して感じるのは、彼らが子供を「乗せる」のがとても上手だということだ。「乗せる」というのは、けして子供の言いなりになることではない。親として高い期待を掲げながらも、子供の気持ちを尊重し、子供の考えに耳を傾ける。だからその家庭は、子供たちにとって「自分が自分らしくいられる安全基地」となり、「失敗を気にせず自分の力でグングン伸びていける土台」になるのだ。

こうした「乗せ上手」な親御さんたちの振る舞いを見ていると、私が本で紹介した「子供にとって一番大事なこと」と見事にマッチしていることにいつも驚かされる。

そして今回、この本に登場する芸人父さんたちにも同じ印象を持った。

考えてみれば当然だ。芸人の使命は人を笑顔にすること。お客さんを「乗せる」ことに長けるプロだ。その世界で頂点近くまで上り詰めた人たちばかりなのだから、何の不思議もないはずだ。

では、９人の芸人父さんたちにはどんな特徴があったのか。私が印象に残ったのは次の５つだ。

①比べない

「人と違った見方をするからこそ面白さが生まれるし、社会に出たとき武器になる」（タケト）「よそはよそ、うちはうち」（滝沢秀一）「人より劣っていようが優れていようが、それは個性でしかないんで気にしても仕方ない」（石田明）など、彼らは人との違いこそ個性であり、強みであると受けとめている。

弱みや欠点に見えることも、とらえ方を変えれば自分の強みだと思えるようになる。落ち着きがないのは、見方を変えれば子供らしくて元気いっぱいだということ。臆病なのは用心深く慎重だとも言える。勉強が嫌いなら、勉強以外に好きなことがあるということだ。これは心理療法でも使われている「リフレーミング」という考え方だ。「幸福」の研究で有名なペンシルバニア大学のマーティン・セリグマン教授は、「幸福な人生を送る人は自分の強みを知っていて、それを使っている」と言う。個性の強さで勝負する世界だからこそ、違いは強みだと自信を持って言えるのだろう。

②押し付けない

やれと言われるとむしろやりたくなくなるという心理は、身に覚えのある人が多いのではないだろうか。

やる気というのは、自分の意志で自由に選択できるほうが、子供自身の中にある関心や興味から自然と湧き出てくるものだ。逆に、「ご褒美」や「罰」でやらされるのはやる気が続かない。

子供をやる気にさせるには、「選択肢を与え、決めるのは本人」「『勉強をやれ』ばかり言っていて、勉強が一種の罰みたいに感じられたらイヤですから」（石田たくみ）「自分ができなかったことを子供に託すのもやめたほうがいい」（篠宮暁）「勉強はしたいときにすればいい（中略）今やりたいことを見つけることのほうがすごく大事」（タケト）といった親の姿勢や距離感が大切だ。

また、子供の伸びしろを広げるためにも、「やりたくなるまで待つ」（吉川正洋）「いつかどこかのタイミングでできるようになるし気づく」（石田明）とあるように、その子のペースを見守り、待つことが、実は一番の王道だ。

③ 子供扱いしない

東京大学大学院の脳科学者、池谷裕二教授によれば、親が子供を萎縮させるような言動を取っていると、子供の脳は思考停止を起こすという。親の「顔色をうかがうような子供にはしたくない」（滝沢秀一）という思いは、脳の成長にも重要だと言える。

「芸人の親だからこそ、反面教師にしてしっかりしているのかもしれない」（タカ）とあるが、そうやって親が自分の弱さや至らなさをさらけ出すことで、子供は自然と自立を学んでいく。親は子供より優れていなくてはいけないなどと思う必要はない。むしろ今は子供たちの方がデジタルネイティブだ。

「子供扱いするのは申し訳ない（中略）。スマホや若者文化について彼から学ぶことも多い」

（レイザーラモンRG）「対等に話すことによって、子供たちはすごく慕ってくれます」（石田たくみ）とあるように、子供から教わったり、子供の話にじっくり耳を傾けたりすると、子供は自分が認められていることを実感し、自信を持てるようになる。また、子供から教えてもらったら、「ありがとう」「助かったよ」と感謝の気持ちを伝えることも忘れないようにしたい。子供は感謝されることで、自分が大切な人の役に立てたと喜び、「もう一度役に立ちたい」と思えるのだ。

④失敗はチャンス

今の子育て事情は、少子化のせいか将来が不透明だからなのか、「失敗をさせたくない」「子供が困ることは未然に防ぎたい」という親の思いがとても強く、過干渉になりがちだ。親が子供のまわりをいつもブンブンと巡回しているので「ヘリコプターペアレント」などとも表現される。アメリカではヘリコプターペアレントに育てられた大学生に、高いレベルでうつ病の発症が見られるという調査結果もある。

東京大学で「失敗学」という新しい学問に取り組んだ畑村洋太郎名誉教授は、失敗を「ワクチン」に例え、親は子供にたくさんの失敗の経験をさせることで、心と体に「失敗」という抗体をつくっておこうと唱えている。また、スタンフォード大学の発達心理学者、キャロル・ドゥエック教授は、「失敗を改善の機会ととらえられる人は、失敗してもあきらめずに粘り強く挑戦を続けられる」と言っている。

「失敗は恥ずかしいことではない」（タケト）「長い人生失敗はつきもの（中略）、話のネタができると思えば、失敗なんてものは一つもない」（石田たくみ）といった言葉には、失敗を糧に成長してきた彼らの自負を感じる。


さらにトシは、その場を楽しませようと頑張っている相手に「それ面白くない」と言うのは人の好意を無にすることだと子供を叱っている。同時に、「こうしたら面白くなるよ」とよくなる方法を考えて伝えなさい、とも助言している。ウケたかスベったか、その結果だけにこだわると、失敗を恐れ、気持ちが萎縮してしまう。だが、「もっと面白い方法はあったかな？」と振り返ることを促せば、自分なりの改善点を考えさせるよい機会になる。失敗を振り返る習慣は、学力、体力、思考力など、子供のあらゆる成長の糧になる。

⑤楽しむことが一番！

「算数に出てくる〝りんご〟を〝うんこ〟に置き換えて、楽しませながら取り組んでもらおうとしています」（滝沢秀一）には思わず大笑いしたが、さすがだと唸らずにはいられなかった。

「何事も楽しませ方が大切」（滝沢秀一）「大事にしていたのは『楽しむこと』」（レイザーラモン

RG）「子供が〝なんか面白そう〟と思うことをやってあげるのが大事」（吉川正洋）など、やはりここは彼らの十八番である。

これまでは、勉強は辛くて当たり前、宿題は嫌なことだから先に終わらせようといった発想が当たり前だったかもしれないが、最新の研究では、学校の成績アップから偉業の達成まで、一番のベースは「ワクワク」「楽しい」「面白そう」といった気持ちであることがわかっている。目標に対して興味を持ち続け、困難や挫折を味わってもあきらめずに努力を続けられる力は「グリット」と呼ばれるが、この「グリット」研究の第一人者であるペンシルバニア大学の心理学者、アンジェラ・ダックワース教授も「必死に努力する以前に、まずは楽しむことが大事」と述べている。

芸人魂を発揮し、子供をワクワク楽しく笑顔にするために一肌脱ぐ。プロのなせる技の数々は、最新の子育てスキルとしてもっと広く社会に共有されてもよいのではないだろうか。

もちろん、リアルな子育てはしんどいし、気持ちにも体力にも余裕がない。

でも私自身、子供が成長した後で振り返ってみると、子育ては一番大変なときが一番面白く、かわいいときだと自信を持って言える。そして、「パパになるときは、自分が変われるチャンス」（吉川正洋）「人のことをいっぱい許せるようになった」（石田明）とあるように、子育ては自分を成長させてくれる最高の機会であることも間違いない。こんなにもややこしく、壮大なプロジェクトを経験するのだから、仕事にもプラスにしかならないはずだ。

　だからこそぜひ、この本をきっかけにもっと子育てを担い、楽しみ、子供と奥さん両方をたくさん笑顔にできるお父さんが増えてほしい。そして、一人でも多くの子供が「うちの父ちゃんかっこいい」「ママになるって楽しそう」と心から思えるようになる——そんな子供たちが築く未来はもっと楽しく、笑顔と幸せいっぱいの世界になるに違いない。

●加藤紀子（かとう・のりこ）…教育ジャーナリスト。1973年京都市生まれ。東京大学経済学部卒業。国際電信電話（現KDDI）に入社。その後、渡米。帰国後は中学受験、子供のメンタル、子供の英語教育、海外大学進学、国際バカロレアなど教育分野を中心に「プレジデントFamily」「ReseMom（リセマム）」「ダイヤモンド・オンライン」などさまざまなメディアで旺盛な取材、執筆を続けている。一男一女の母。著書である『子育てベスト100——「最先端の新常識×子どもに一番大事なこと」が1冊で全部丸わかり』（ダイヤモンド社）は、16万部を突破し話題となっている。最新情報はhttps://www.facebook.com/iluv97magnolia

笑いのスペシャリスト9人に学ぶ

父《ちち》勉《べん》と子育て

2021年6月30日　初版第1刷発行

発行者　伊藤良則
発行所　株式会社春陽堂書店
〒104-0061
東京都中央区銀座3-10-9 KEC銀座ビル9F
https://www.shunyodo.co.jp
TEL. 03-6264-0855（代表）

装画　docco
デザイン　駒井和彬（こまゐ図考室）
執筆・構成　玉置晴子
写真　カノウリョウマ、井筒千恵子
印刷・製本　惠友印刷株式会社
取材協力　株式会社太田プロダクション
株式会社グレープカンパニー
松竹芸能株式会社
吉本興業株式会社
編集担当　浦山優太

本書へのご感想は、contact@shunyodo.co.jp にお寄せください。

JASRAC 出 210513006-01
ISBN978-4-394-99007-9　C0037

学びの要素を持った
動画＆知育ゲームが楽しめるアプリ
ロバートのどうぶつしりとり
岩手県
山形県
遊びのぜんぶが、学びのぜんぶ。
START!
風をつくる子へ。
ラフ&ピース マザー
LAUGH&PEACE MOTHER

ラフ&ピース マザーって?
オモシロすぎて夢中になっちゃう「ムービー」「アプリ」「オンライン教室」がたくさん!
遊んでるうちに学べちゃう! さぁ、あなたの「好き」を見つけよう!
ムービー
新作が毎週公開!
ここでしか観られない限定ムービー。
タッチして遊ぶとストーリーが変化する
新感覚「タッチムービー」も!
アプリ
AIやプログラミングもサクサクと。
遊びながらいろんな力が身について、
何度だって楽しめる!
オンライン教室
さまざまなジャンルの教室から
好きなものを選んで参加!
子どもの「好き!」をじっくり、とことん。
学校や塾とは違う、新しい学びの体験!
子どもがいかに楽しんでいるかを大切にすると「遊び」が「学び」に変わる。
本来、遊びと学びは一体のものです。子どもを見ているとよく分かるのですが、
小さい頃はすべてのものごとが学びでもあります。
もともと人間の知的探求は「面白い」「好き」からはじまって、
楽しんでいるうちに探求が進んで世界が拡がっていくのです。
ラフ&ピース マザーには、造形やサイエンス、デジタル、身体をつかうものなど、
さまざまなコンテンツがあります。
子どもが好きなことや得意なことに出会えるのはもちろん、
その先でより深く学べる動画やアプリまで提供していきます。
よい学びとは、自分の好きから入って深めていくこと。
だからこそ子どもを主体とした学習環境デザインがこれからの時代では大事だと思います。
ラフ&ピース マザーは自分の好きを見つけ、応援してくれるプラットフォーム。
そこで、子どもたちそれぞれが自分なりの楽しみ方を見出していただければと考えています。
CANVAS 代表
慶應義塾大学教授 博士
株式会社デジタルえほん 代表取締役
一般社団法人超教育協会 理事長
石戸奈々子
NANAKO ISHIDO
東京大学工学部卒業後、マサチューセッツ工科大学メディアラボ客員研究員を経て、子ども向け創造・表現活動を推進するNPO「CANVAS」を設立。「ラフ&ピースマザー」サービスのアドバイザーとしても参加。
さぁ、今すぐはじめよう!
30日間無料でお試し!
Available on the App Store
GET IT ON Google Play
ラフ&ピース マザー
もっと知りたい?詳しくはWebで。
ラフ&ピース マザー
検索

2020年版

中検準1級・1級 試験問題

［第98・99回］解答と解説

一般財団法人
日本中国語検定協会 編

白帝社

音声ファイルダウンロードについて

■『中検準1級・1級試験問題 2020［98・99回］』の音声ファイル（MP3）を無料でダウンロードすることができます。
下記サイトにアクセスしてください。
準1級第98回
http://www.hakuteisha.co.jp/audio/chuken/j1-98.zip
準1級第99回
http://www.hakuteisha.co.jp/audio/chuken/j1-99.zip
1級第99回
http://www.hakuteisha.co.jp/audio/chuken/1-99.zip

■ 本文中の マークの箇所が音声ファイル（MP3）提供箇所です。
ファイルはZIP形式で圧縮された形でダウンロードされます。

会場での受験上の注意を収録したトラック01，02，48の番号は，本書「問題」部分には記していません。

■ スマートフォンで音声ダウンロードと再生を行う場合の参考情報は，p.vをご覧ください。

ご注意

＊ 音声の再生には，MP3ファイルが再生できる機器などが別途必要です。
＊ ご使用機器，音声再生ソフトに関する技術的なご質問は，ハードメーカー，ソフトメーカーにお問い合わせください。

音声ダウンロードファイルをご利用できない場合はCDをお送りします。

葉書あるいはメールに必要事項（①『中検準1級・1級試験問題 2020［98・99回］』のCD希望，②お送り先の住所，③氏名）を明記の上，下記宛にお申し込みください。

171-0014 東京都豊島区池袋 2-65-1　白帝社 CD係
info@hakuteisha.co.jp

まえがき

私たちの協会はこれまで各回の試験が終わるごとに級別に試験問題の「解答解説」を発行し，また年度ごとに3回の試験問題と解答解説を合訂した「年度版」を公表してきました。これらは検定試験受験者だけでなく，広く中国語学習者や中国語教育に携わる先生方からも，大きな歓迎を受けてきましたが，ただ主として予約による直接購入制であったため，入手しにくいので一般の書店でも購入できるようにしてほしいという声が多く受験者や学習者から寄せられていました。

その要望に応えるため，各回版と年度版のうち，「年度版」の発行を2013年度実施分より中国語テキストや参考書の発行に長い歴史と実績を有する白帝社に委ねることにしました。「各回版」の方は速報性が求められ，試験終了後直ちに発行しなければならないという制約を有するため，なお当面はこれまでどおり協会が発行し，直接取り扱うこととします。

本書の内容は，回ごとに出題委員会が作成する解答と解説に準じていますが，各回版刊行後に気づいた不備，回ごとの解説の粗密や記述体裁の不統一を調整するとともに，問題ごとに出題のねらいや正解を導くための手順を詳しく示すなど，より学習しやすいものになるよう配慮しました。

本書を丹念に読むことによって，自らの中国語学習における不十分なところを発見し，新しい学習方向を定めるのに役立つものと信じています。中国語学習者のみなさんが，受験準備のためだけでなく，自らの学力を確認するための目安として本書を有効に活用し，学習効果の向上を図られることを願っています。

2020年5月

一般財団法人 日本中国検定協会

本書について

本書は，日本中国語検定協会が2019年度に実施した第98回（2019年6月），第99回（2019年11月）中国語検定試験の問題とそれに対する解答と解説を実施回ごとに分けて収め，リスニング問題の音声ファイルをダウンロードするようにしたものです。

問　題

・試験会場で配布される状態のものに，音声のトラック番号を 03 のように加えています。ただし，会場での受験上の注意を収録したトラック01，02，48は記していません。

解答と解説

・問題の最初に，出題の形式や狙いと細かい配点を示しています。

・４択式の解答は白抜き数字❶❷❸❹で，記述式の解答は太字で示しています。解説は問題ごとに　　内に示しています。

・長文問題の右側の数字は，５行ごとの行数を示しています。

・比較的難読と思われる語句にピンインをつけています。表記は原則として《现代汉语词典 第7版》に従い，一般的に軽声で読まれるものは軽声で示しています。“不”“一”の声調は変調したものを示しています。

・理解の助けとなるよう，語釈を加えています。

・全体に日本語訳をつけています。

・解答の選択肢となっている語句に語釈をつけています。品詞や意味が複数ある場合は，解答となりうる可能性が比較的高いものを選んで記しています。

・品詞，術語の略称は次のとおりです。

名	名詞	動	動詞	形	形容詞
代	代詞	量	量詞（助数詞）	助動	助動詞
副	副詞	介	介詞（前置詞）	接	接続詞
助	助詞	数量	数量詞		
成	成語	慣	慣用句	諺	ことわざ

・音声のトラック番号は，04 のように示し，繰り返しのものを割愛しています。

解答用紙見本

・巻末にマークシート式の解答用紙の見本（一部。70%縮小）があります。記入欄を間違えないように，解答欄の並び方を確認しましょう。

参考情報 スマートフォンで音声ダウンロードと再生を行う手順

各回の URL と QR コード：

準 1 級 98 回は　http://www.hakuteisha.co.jp/audio/chuken/j1-98.zip
準 1 級 99 回は　http://www.hakuteisha.co.jp/audio/chuken/j1-99.zip
1 級 99 回は　http://www.hakuteisha.co.jp/audio/chuken/1-99.zip

・Clipbox を使う場合

① **iPhone** は，App Store から Clipbox Zip（解凍用アプリ）をダウンロードします。聞きたい回の URL を入力すると，音声ダウンロードページが現れます。
② ダウンロードしたいものを選択（タッチ）します。
③ 「Clipbox Zip にコピー」を選択します。
④ 出てきた Zip を選択します。
⑤ 「解凍します」を選択します。
⑥ 聞きたいトラック番号を選択して，音声を再生します。

① **Android** は，Play ストアから Clipbox+ をダウンロードします。
② 「クリップ」を選択（タッチ）し「URL」入力画面にダウンロードする回の URL を入力します。
③ 「OK」を選択して、TOP に戻り保存場所を選択します。
④ フォルダを選択すると「解凍しますか」が表示され，「OK」を選択すると，解凍された mp3 ファイルが現れます。
⑤ 聞きたいトラック番号を選択して音声を再生します。

・Easy Zip を使う場合

① App Store から Easy Zip（解凍用アプリ）をダウンロードします。
② ダウンロードする回の URL を入力すると，音声ダウンロードページが現れます。
③ ダウンロードしたいものを選択（タッチ）します。
④ 「“Easy Zip” で開く」を選択します。
⑤ 出てきた Zip を選択します。
⑥ 「解凍します」を選択すると，黄色いフォルダが作成されます。
⑦ 聞きたいトラック番号を選択して，音声を再生します。

目　次

準1級第98回
(2019年6月)

問　題

解答時間：計120分

配点：リスニング100点，筆記100点

解答と解説

リスニング （⇨解答と解説12頁）

03 **1** 中国語を聞き，(1)～(10)の問いの答えとして最も適当なものを，それぞれ①～④の中から1つ選び，その番号を解答欄にマークしなさい。 (50点)

04 メモ欄

12

05

13

06

14

07 (1)

15 ① ② ③ ④

08 (2)

16 ① ② ③ ④

09 (3)

17 ① ② ③ ④

10 (4)

18 ① ② ③ ④

11 (5)

19 ① ② ③ ④

20
28

メモ欄

21
29

22
30

23 (6)
31 ① ② ③ ④

24 (7)
32 ① ② ③ ④

25 (8)
33 ① ② ③ ④

26 (9)
34 ① ② ③ ④

27 (10)
35 ① ② ③ ④

36 **2** はじめに中国語の文章を読みます。続いて文章の中から５か所を選んで読みますので，その５か所を漢字で解答欄に書きなさい。 （50 点）

37
45
メモ欄

38
46

39
47

40
41
42
43
44

筆　記
（⇨解答と解説22頁）

1 次の文章を読み，(1)～(10)の問いの答えとして最も適当なものを，それぞれ①～④の中から１つ選び，その番号を解答欄にマークしなさい。（20点）

黑板和粉笔曾经给许多学生留下了[(1)]的印象。现如今，投影设备的功能已经取代了黑板，完成作业也变成了在线答题，本来需要手写的笔记可以用手机拍下来了，记不住的知识点也可以上网查找了……

平板电脑、智能手机等智能设备在给学生提供便捷的学习途径的同时，也引发了社会焦虑：把知识储存在手机、电脑里能消化吸收好吗？长时间使用智能设备会不会产生因对其过于依赖而[(2)]？其实，从历史进程来看，人类之所以能够发展就在于不断创造使用新工具。所以，正确使用智能设备，正是新时代教育必须面对的新课题。

一些家长担心：学生过多依赖智能设备而不动脑筋去理解，不能完全消化所学的知识。这固然是个问题，但不应该将此[(3)]为智能设备的使用。智能设备毕竟在辅助记忆、丰富知识等方面发挥着重要作用。

其实是一些家长[(4)]了“记忆”与“理解”的概念。中国传统教育极为重视知识的传授，强调记忆背诵，认为这是创造的前提。所谓“熟读唐诗三百首，不会作诗也会吟”，这在以前或许是正确的，但随着科技的进步，这种传统的学习方法就未必合适了。比如，经历高考的学生的知识量已经远远超过古代先贤，却未必都拥有他们的智慧。如果学生仅仅将知识作为信息储存在大脑里，没有批判精神，缺少深刻理解，那么，无论是用手机储存还是凭大脑记忆，都无法真正达到学习的目的。[(5)]，智能设备能够取代的仅仅是信息储存，而将“知识”转变为“智慧”的复杂过程，比如归纳类比、分析理解，依旧需要学生自己来完成。

因此，现代教育应当更加注重对知识的管理能力。在信息(6)爆炸的今天，一方面要注重引导学生积极观察各类现象，自觉形成问题意识，熟练掌握检索方法，[(7)]顺利获得解决问题所必需的知识和技能。另一方面，还要培养学生的一系列现代信息社会所必须具备的能力，比如时间[(8)]能力、信息[(8)]能

力和逻辑 ⑻ 能力。

无论何时，教育都应当抓住“人”这个最根本、最活跃的要素。 ⑼ 把时间过多地花在探讨智能设备的原罪上， ⑼ 在培养适应现代社会要求的新型人才上下功夫。在科技发展的大潮中，坚守教育本位，关注教育主体，培养学生积极的自主学习能力，既是教育的初心，也是教育的根本立足点。

⑴ 空欄⑴を埋めるのに適当なものは，次のどれか。

① 深奥　② 深重　③ 深刻　④ 深远

⑵ 空欄⑵を埋めるのに適当なものは，次のどれか。

① 歪打正着　② 改邪归正　③ 误入歧途　④ 半途而废

⑶ 空欄⑶を埋めるのに適当なものは，次のどれか。

① 归咎　② 归纳　③ 归宿　④ 归属

⑷ 空欄⑷を埋めるのに適当なものは，次のどれか。

① 错觉　② 模拟　③ 混乱　④ 混淆

⑸ 空欄⑸を埋めるのに適当なものは，次のどれか。

① 为此　② 况且　③ 然而　④ 可见

⑹ 下線部⑹の正しいピンイン表記は，次のどれか。

① pàozhà　② bàozhà　③ pàozhá　④ bàozhá

⑺ 空欄⑺を埋めるのに適当なものは，次のどれか。

① 对　② 以　③ 凭　④ 便

⑻ 3か所の空欄⑻を埋めるのに適当なものは，次のどれか。

① 辨别…规划…构建

② 辨别…构建…规划

③ 规划…辨别…构建

④ 构建…规划…辨别

(9) 2か所の空欄(9)を埋めるのに適当なものは，次のどれか。

① 即使…也…　② 宁肯…也…　③ 与其…不如…　④ 除非…才…

(10) 本文の内容と**一致しないもの**は，次のどれか。

① 随着时代的发展和技术的进步，学习设备也在不断更新。

② 新时代的教育必须面对如何正确使用智能设备的问题。

③ 智能设备不仅能储存大量知识，还能将知识转变为智慧。

④ 我们的教育必须立足于培养学生积极的自主学习能力上。

2 (1)～(10)の文の空欄を埋めるのに最も適当なものを，それぞれ①～④の中から1つ選び，その番号を解答欄にマークしなさい。 (20点)

(1) 她有一肚子的委屈，发几句（　　　）是完全可以理解的。

① 骚乱　② 乱套　③ 牢骚　④ 愤怒

(2) 他发誓这辈子要干出一（　　　）轰轰烈烈的事业来。

① 轮　② 番　③ 堆　④ 股

(3) 尽管遇到了种种（　　　），但我们还是成功地达到了预期的目标。

① 阻挠　② 阻塞　③ 阻隔　④ 阻断

(4) 考试应凭实力，绝对不能投机取巧，心存（　　　）。

① 庆幸　② 幸亏　③ 侥幸　④ 幸免

(5) 农民们说，看到（　　　）的麦苗，就闻到了馒头的香味。

① 黄灿灿　② 黄澄澄　③ 绿油油　④ 绿莹莹

(6) 我就（　　　），要说咱智商也不算低，怎么让他们给骗了呢？

① 找碴儿　② 逗趣儿　③ 解闷儿　④ 纳闷儿

⑺ 他这种人能说会道，所以在社会上很（　　　　）。

① 吃得开　　② 吃得准　　③ 吃不来　　④ 吃不光

⑻ 因为写字（　　　　），总是挨语文老师的批评。

① 肤浅　　② 潦倒　　③ 轻浮　　④ 潦草

⑼ 他是一个古典音乐（　　　　），从不错过当地的任何一场交响音乐会。

① 追星族　　② 老顽固　　③ 发烧友　　④ 厚脸皮

⑽ 近年来他发表的论文无论数量还是质量都让我（　　　　）。

① 望尘莫及　　② 望眼欲穿　　③ 望梅止渴　　④ 望风而逃

3 ⑴～⑻の文の下線を付した語句の説明として最も適当なものを，それぞれ①～④の中から１つ選び，その番号を解答欄にマークしなさい。 (16点)

⑴ 你自己的事都那么忙，还抽空儿来帮我，真是让我过意不去啊。

① 形容心里难过。

② 形容心里寂寞。

③ 形容心里不安。

④ 形容心里郁闷。

⑵ 你说了这么多不着边际的话，真让我摸不着头脑了。

① 指分辨不清是哪条路。

② 指弄不清是怎么回事。

③ 指看不清人的真面目。

④ 指想不出其中的秘诀。

(3) 我们做决策时，不能只打如意算盘，要多考虑各种不确定的因素。

① 以个人的好恶之心做的计划。

② 只从好的一方面着想的打算。

③ 从多方面为自己的将来打算。

④ 只为自己的幸福人生做计划。

(4) 咱们是老同学，不必拐弯抹角的，你有什么想法就开门见山地说出来吧！

① 比喻做事干脆利落，从不拖泥带水。

② 比喻说话声音细小，而且不得要领。

③ 比喻不走直通大路，喜欢走旁门斜道。

④ 比喻说话不直截了当，而是委婉地表达。

(5) 对待别人的批评，“有则改之，无则加勉”，这样自己进步就会更快。

① 应该有原则地改变，不能无原则地勉强。

② 可以改变的就改变，不能改变的无需改变。

③ 如果有就予以改正，如果没有就引为鉴戒。

④ 如果别人有错误，就有必要帮助他改正。

(6) 推销员凭着他的三寸不烂之舌，不到两个小时就把所有的产品卖光了。

① 形容能说会道，善于应付。

② 形容舌头特别长而善于活动。

③ 形容说话声音洪亮而有感染力。

④ 形容说话实事求是，有说服力。

(7) 诸葛亮在危机时刻，总是能化险为夷，真让大臣们佩服得五体投地。

① 形容身体强壮得无与伦比。

② 形容尊敬或佩服到了极点。

③ 形容面对危险毫不畏惧。

④ 形容身体跌倒在地上。

(8) 知己是什么？知己就是相互有一种心有灵犀一点通的感应。

① 心旷神怡。

② 心驰神往。

③ 心悦诚服。

④ 心心相印。

4 次の文章を読み，ピンインで表記されている語句(ア)・(イ)を漢字に改め，解答欄(1)に書きなさい。また，下線部(a)～(c)を日本語に訳し，解答欄(2)に書きなさい。

(24 点)

阅读的第一要素，我想是信赖，就是相信我们所读到的东西。这常常是发生在我们少年时候。那个年龄，心灵像一张白纸，容易无条件地相信任何事情。书本给我们神圣而不可亵渎的感觉，好比人生的老师。我们总是把书本上的话抄在日记本上，还总是将书本上的话赠来赠去。这是一个非常容易受影响的时期，是精神世界最初的建设时期。

我们逐渐成长起来之后，也渐渐形成了对这个世界的看法。它不仅来自阅读，更来自直接的经验。假如我们依然热爱阅读，并且依然对阅读保持信赖，便会自觉地(ア) qùcū-qǔjīng，选择那些真正的好书。(a)阅读和阅历使我们几乎是本能地懂得哪些是好书，哪些是作者以诚实与信赖的态度写下来的。我们仍然以信赖的态度读书，而这时候的信赖却是一种理性的信赖。理性的信赖还可有效地抵御怀疑主义的侵害。这时候的阅读对于拓展我们不免狭窄的个人经验大有好处。(b)在一个人世界观已经形成的中年阶段，阅读可为我们作出补充和修正，使之达到健全完美的境地。

晚年时的阅读信赖，我想应是建立在宽容之上。因为这时候的经验已经成熟到可与任何书本作比较，这是该作出结论的时期。假如前两个阶段我们保持了阅读的良性循环，这时便能够再上升一格。在持有自己的经验与结论的同时，(イ) chéngzhì 地去观看别人的人生所得，观看人类无穷多的心灵景观。这时候，(c)我们应当如同相信自己一样地去读书，书会和我们融为一体，因为这时读书其实就是在读自己。这时候的自己，应该有一颗能够包容一切的心灵，读书就提供了这样的好机会。

5 (1)・(2)の日本語を中国語に訳し，解答欄に書きなさい。 (20点)

(1) AI（人工知能）の発達により，わたしたちの生活は，どんどん変化していくことが予測されている。現在のAIは，囲碁のように，ある特定の領域では非常に優れており，すでに人間の能力を超えている。

(2) 家庭は社会を構成する最小単位なので，よい社会をつくるには家庭から始めなければならない。家庭が円満であるかどうかは，家族一人一人の家庭に対する帰属意識によって決まると言ってもよい。

リスニング （⇨問題 2 頁）

1 600 字程度の 2 つの文章を聞き，内容についての問い 5 問ずつに答えます。ポイントとなる内容を聞き取り，全体の趣旨をつかむ能力を問います。（各 5 点）

解答：(1) ❷　(2) ❹　(3) ❷　(4) ❸　(5) ❷　(6) ❸　(7) ❹　(8) ❷　(9) ❷　(10) ❶

(1)～(5)の中国語

04 据新华社报道，研究生招生考试的日期临近，广大考生正在抓紧时间做最后的准备。报考江西财经大学经济管理学院的考生刘萍说：“我去年考研失利，今年一定要成功。为此，我每天起早贪黑，准备了一年。”江西农业大学生物工程学院学生陆文彬对记者说：“幸福是奋斗出来的，我要抓紧每一分钟，争取以最好的状态迎接考试。”

05 同时，各所大学也积极营造（yíngzào）氛围，为考生加油鼓劲。在华东交通大学理工学院教学楼的墙上，张贴着考研光荣榜（guāngróngbǎng），上面写着去年全院考取研究生的 153 名学生的名字。学院就业办公室职员冯艳芳表示，每年学院都会发布考研光荣榜，以激励考生奋发努力。

根据中国教育网站发布的《2019 年全国研究生招生调查报告》，近年来，中国硕士（shuòshì）研究生报考人数强势（qiángshì）增长，2019 年达到 290 万人，比上一年激增 52 万，增幅达到 21.8%，创下了改革开放 40 年来的最高纪录。

该报告还显示了 2019 年各省研究生报考人数，2019 年河南、江西、河北增幅较大，分别达到 25.6%、24.8%、22.1%。今年报考研究生的另一个特点是，非应届（yīngjiè）毕业生所占比例较高，接近考生总人数的一半。

06 1978 年中国恢复了研究生招生考试，当年招生人数仅有 1 万零 7 百人，到 2017 年研究生招生人数达到 80 万 6 千人，增加了大约 75 倍。从近几年的研究生招生情况来看，2017 年增加幅度较大，其主要原因是，这一年教育部将在职研究生也纳入了国家研究生招生计划。

近年来，各名牌大学都在加大研究生教育的力度，年年扩大招生规模，甚至不惜为此缩减本科生的招生人数，尽管如此，还是跟不上研究生报考人数增加的速度。所以，考研的竞争压力有增无减。

考研人数的增加本身是件好事，体现了教育科研水平的提高。有关专家指出，读研究生的目的应重在深入学习专业知识，掌握研究方法，提升自身能力，而不是为了盲目地追求文凭，拿个学位。

考研：動大学院を受験する

失利：動（戦や試合に）負ける。ここでは試験に失敗すること

起早贪黑：成早く起きて遅く寝る

营造：動計画的，意図的に作る

光荣榜：名優れた人々を表彰する掲示。氏名のほか，写真を掲示することも多い

强势：名力強い勢い

应届：形その年の。“应届毕业生”で「新卒者」，“非应届毕业生”で「既卒者」

纳入：動（多く抽象的な事柄について）組み入れる

訳：新華社の報道によると，大学院入試の期日が近づき，多くの受験生は寸暇を惜しんで最後の準備に余念がない。江西財経大学経済管理学院の受験生である劉萍は「わたしは去年大学院受験に失敗しました。今年はぜひ受かりたいので，毎日朝早く起き夜遅くまで頑張り，一年間準備してきました。」と語った。江西農業大学生物工程学院の学生である陸文彬は「幸せは努力して勝ち取るものです。わたしは1分も無駄にせず，一番よい状態で試験に臨むつもりです。」と記者に話した。

また，各大学も積極的にムード作りをし，受験生を励ましている。華東交通大学理工学院の講義棟の壁には，大学院合格者名簿が張り出してあり，それには去年の学院全体の大学院合格者153名の学生の名前が書かれている。学院の就職事務室の職員である馮艶芳は，毎年学院は大学院合格者名簿を出して，受験生に発奮努力するよう励ましていると語った。

中国教育サイトが発表した『2019年全国大学院生募集調査報告』によると，近年，中国の修士課程受験者数は大幅に増え，2019年には290万人に達し，前の年より52万人もの大きな増加を遂げ，増加幅は21.8%に達し，改革開放後40年来の最高記録を打ち立てた。

この報告には2019年の各省の大学院受験者数も示されている。2019年は河南，江西，河北の増加幅が比較的大きく，それぞれ25.6%，24.8%，22.1%に達している。今年の大学院受験者のもう一つの特徴は，既卒者の占める割合が比較的高く，受験者全体の半分に近いことである。

1978年に中国は大学院生募集試験を復活させた。その年の募集人数はわずか1万7百人であったが，2017年には大学院生募集人数は80万6千人に達し，

約76倍になった。ここ数年の大学院生募集状況から見ると，2017年の増加幅が比較的大きかった。その主な原因は，この年，教育部が社会人大学院生も国家大学院生募集計画に組み入れたからである。

近年来，各有名大学は大学院教育に力を入れており，年々募集規模を拡大している。そのために学部生の募集人数を減らすことすらいとわない。それでも，大学院受験者数増加のスピードに追いつけないでいる。このため，大学院受験の競争のプレッシャーは増す一方である。

大学院受験者の増加自体はよいことであり，教育科学研究レベルの向上を表している。関係する専門家は，大学院で学ぶ目的は専門知識を深く学び，研究方法を身に付け，自分の能力を高めることに重点が置かれるべきであり，むやみに学歴を追い求め，学位を取ることではないと指摘している。

07 (1) 問：江西农业大学的考生陆文彬对记者说了什么？
(江西農業大学の受験生の陸文彬は記者にどんなことを話したか。)

答：① 发布考研光荣榜，激励考生学习。
(大学院合格者名簿を発表して，受験生が勉強するよう激励する。)

❷ 争取以最好的状态迎接考试。
(一番よい状態で試験を迎えるよう頑張る。)

③ 去年考研失利，今年一定要成功。
(去年大学院受験に失敗したので，今年は必ず受かりたい。)

④ 抓紧时间做最后的准备。(寸暇を惜しんで最後の準備をする。)

08 (2) 問：哪个大学在教学楼的墙上张贴了考研光荣榜？
(どの大学の講義棟の壁に大学院合格者名簿が張り出されたか。)

答：① 江西财经大学经济管理学院。(江西財経大学経済管理学院。)

② 江西大学生物工程学院。(江西大学生物工程学院。)

③ 江西农业大学工程学院。(江西農業大学工程学院。)

❹ 华东交通大学理工学院。(華東交通大学理工学院。)

09 (3) 問：河北省2019年硕士研究生报考人数的增幅是多少？
(河北省の2019年の修士課程受験者数の増加幅はどのくらいか。)

答：① 21.8%。

❷ 22.1%。

③ 24.8%。

④ 25.6%。

10 (4) 問：为什么 2017 年研究生招生人数大幅增加?

(なぜ 2017 年の大学院生の募集人数は大幅に増えたのか。)

答：① 因为非应届毕业生所占比例下降。

(既卒者の占める割合が下がったから。)

② 因为硕士研究生报考人数强势增长。

(修士課程受験者数が大幅に増えたから。)

❸ 因为把在职研究生纳入了国家招生计划。

(社会人大学院生を国家募集計画に組み入れたから。)

④ 因为名牌大学扩大了研究生招生规模。

(有名大学が大学院生募集規模を拡大したから。)

11 (5) 問：与本文内容相符的是以下哪一项?

(本文の内容に合うものは，次のどれか。)

答：① 2019 年报考硕士研究生的人数达到 190 万人。

(2019 年の修士課程受験者数は 190 万人に達した。)

❷ 近几年研究生考试的竞争压力仍然很大。

(ここ数年，大学院試験の競争のプレッシャーは依然として大きい。)

③ 非应届毕业生的报考人数超过应届毕业生的报考人数。

(既卒者の受験者数は新卒者の受験者数を超えている。)

④ 很多人报考研究生只是为了拿到文凭。

(多くの人は単に卒業証書を手に入れるためだけに大学院を受験する。)

(6)〜(10)の中国語

20 台湾人把地铁叫做“捷运 (jiéyùn)”。记者来台北后几乎每天都乘坐捷运。台北捷运上的干净和舒适程度，起初让我这个坐惯了北京地铁的人还不太适应。捷运内禁止饮食和禁止大声交谈。即使高峰时段，乘客也非常安静，有序排队，不抢上抢下；车厢内也不十分拥挤，人与人之间有一个比较舒适的距离。

台北捷运令人印象更深刻的是，处处体现着人文关怀。比如，从进站开始，捷运的每一个出入口、换乘点都实现了无障碍化。经常可以看到有身体障碍的人士驾驶着电动轮椅自如行动。另外，捷运的车厢设计得非常宽敞 (kuānchang)，轮椅进出完全没有问题。对于有视力障碍的人士，不仅有导盲砖 (dǎomángzhuān) 的指引，工作人员也会上前提供引导。对老幼孕妇等弱势群体，捷运上还设置了专用座位。每个车站还设有夜间女性安心候车区域，因为这里有全方位的视频监控（shìpín jiānkòng），夜间也就多了一份安全感。

21 每一个进站口都设有醒目的显示屏（xiǎnshìpíng），上面显示着开往不同方向捷运的到站时间，所以乘客在刷卡进站之前就可以自己把握时间，是快走几步去赶这趟车还是等下一趟车。

台北捷运允许携带自行车搭乘。在淡水河畔（hépàn）有 20 多公里长的自行车专用道，周末有很多自行车运动爱好者带上自行车乘坐捷运，去那里骑车享受阳光明媚（míngmèi）和水波荡漾（dàngyàng）的风光。

22 几乎每个捷运站都有壁画，有时也会有个人书法或绘画展，步行其中，就会不知不觉地忘记途中的紧张和疲倦，获得美的享受。这些人性化细节，不仅出现在捷运站里，在火车站、交通路口都可以看到类似的设计。这其实展现的是整个台湾社会“以人为本”的理念，生活在其中，总能找到被关怀、被爱护的感觉。

有序：形秩序正しい

抢上抢下：われさきに乗り降りを争う

自如：形自由自在である

导盲砖：名点字ブロック

弱势：名弱小勢力

显示屏：名ディスプレイスクリーン

荡漾：動波が起伏する

路口：名道の交差する所

以人为本：成人をもって基本とする，人間本位

訳:台湾人は地下鉄を“捷运”と言う。記者は台北に来てからほとんど毎日“捷运”に乗っている。台北の“捷运”の清潔さと快適さに，北京の地下鉄に乗り慣れたわたしは初めはあまり慣れなかった。“捷运”内では飲食や大きな声での会話は禁止されている。ラッシュ時でも，乗客はたいへん静かで，秩序正しく並び，乗り降りを争ったりせず，車内もそれほど押し合わないし，人と人の間には比較的ゆったりとした距離がある。

台北の“捷运”がさらに印象深いのは，至る所にヒューマニズムに富んだ思いやりが見られることである。例えば，駅に入ったときから，“捷运”のどの出入り口や乗り換え場所もバリアフリー化されている。身体障害者が電動車椅子に乗って自由に行動しているのをよく見かける。また，“捷运”の車内はと

てもゆったりと設計されており，車椅子の乗り降りはまったく問題がない。視覚障害者に対しては，点字ブロックの誘導があるだけでなく，係員が進み寄って誘導してもくれる。老人，幼児，妊婦などの弱者に対しては，“捷运”には専用席も設置されている。どの駅にも夜間女性安心待合エリアもあり，ここには全方向の監視カメラが設置されているので，夜間でもより安心感が持てるようになっている。

どの駅の入り口にも目立つディスプレイスクリーンが設置されていて，そこには各方面行きの“捷运”の到着時間が表示されているので，乗客はカードをタッチして駅に入る前に，少し急いでその“捷运”に間に合わせるか，次の“捷运”を待つか，自分で時間を測ることができる。

台北の“捷运”は自転車を携帯して乗ることが許可されている。淡水河畔には20キロ余りの長さの自転車専用道路がある。週末には多くのサイクリング愛好者が自転車を持って“捷运”に乗り，淡水に行って自転車に乗り，陽光美しく波が揺れ動く風景を楽しんでいる。

ほとんどどの“捷运”の駅にも壁画があり，時には個人の書道や絵画の展示もある。そこを歩くと，途中の緊張や疲労を知らず知らずのうちに忘れてしまい，美を享受することができる。これらのヒューマニズム化された細部は，“捷运”の駅に見られるだけでなく，鉄道の駅や交差点にも似たような計らいを見ることができる。これが本当に表しているのは台湾社会全体の「人間本位」という理念である。その中に暮らしていると，いつも思いやりやいたわりを感じることができる。

23 (6) 問：为什么记者乘坐捷运时感觉比较舒适？（なぜ記者は“捷运”に乗ったとき，わりあいゆったりとした感じを持ったのか。）

答：① 因为记者和台湾乘客心理上存在一定的差距。
（記者と台湾の乘客の間には心理的に一定の距離があったから。）

② 因为台北捷运非常干净，而且可以自由饮食。
（台北の“捷运”はとても清潔で，自由に飲食ができるから。）

❸ 因为乘客上下车井然有序，车厢内安静清洁。
（乗客が乗り降りの際に秩序正しく並び，車内が静かで清潔だから。）

④ 因为在台湾骑自行车旅游方便，快捷又舒适。
（台湾では自転車で旅行するのが便利で，速くて快適であるから。）

24 (7) 問：捷运站的工作人员对什么样的乘客会上前提供引导？
（“捷运”の駅の係員はどのような乗客に対して進み寄って誘導するのか。）

答：① 携带自行车上车的乘客。（自転車を携帯して乗車する乗客。）
② 夜间乘车的女性乘客。（夜間に電車に乗る女性の乗客。）
③ 老幼孕妇等弱势群体。（老人，幼児，妊婦などの弱者。）
❹ 视力有障碍的乘客。（視覚に障害がある乗客。）

25 ⑻ 問：台北的捷运对自行车运动爱好者提供什么服务？（台北の“捷运”はサイクリング愛好者に対してどんなサービスを提供しているか。）
答：① 提供周末免费乘坐捷运的服务。
（週末は無料で“捷运”に乗れるサービスを提供している。）
❷ 提供携带自行车搭乘捷运的服务。
（自転車を携帯して“捷运”に乗れるサービスを提供している。）
③ 提供出租自行车游览淡水河的服务。
（レンタサイクルで淡水河を観光できるサービスを提供している。）
④ 提供免费使用自行车道的服务。
（無料で自転車道を使用できるサービスを提供している。）

26 ⑼ 問：为什么走在台北的捷运站里能获得美的享受？
（なぜ台北の“捷运”の駅を歩くと美を享受することができるのか。）
答：① 因为几乎每个捷运站都设计得特别美观大方。（ほとんどどの“捷运”の駅もことのほか美しく上品に設計されているから。）
❷ 因为几乎每个捷运站里都有壁画，有时还有书画展。（ほとんどどの“捷运”の駅にも壁画があり，時には書画の展示もあるから。）
③ 因为几乎每个捷运站都是阳光明媚，水波荡漾。
（ほとんどどの“捷运”の駅も陽光美しく波が揺れ動いているから。）
④ 因为几乎每个捷运站里都有醒目的显示屏。
（ほとんどどの“捷运”の駅にも目立つディスプレイがあるから。）

27 ⑽ 問：与本文内容相符的是以下哪一项？
（本文の内容に合うものは，次のどれか。）
答：**❶ 记者刚开始乘坐干净舒适的台北捷运时还不太适应。**（記者は清潔で快適な台北の“捷运”に乗り始めたばかりのときは，まだあまり慣れなかった。）
② 轮椅出入捷运站必须有工作人员提供必要的引导。（車椅子が“捷运”の駅に出入りするには，係員が必要な誘導をしてやらなければならない。）

③ 乘客必须一边看着进站口的显示屏一边刷卡进站。（乗客は駅の入り口のディスプレイスクリーンを見ながらカードをタッチして駅に入らなければならない。）

④ 在交通路口、火车站看不到壁画、书法或画展。（交差点や鉄道の駅では壁画や書道や絵の展覧を見ることができない。）

2 **500 字程度の文章を聞いた後，指定された 5 か所の文を漢字で書き取ります。全体の内容を理解しながら，正しく漢字で書く能力を問います。** （各 10 点）

37 说起社会化养老，大多数人首先想到的是养老院。记者来到了坐落于北京北三环外的北京市第一福利院。

现年 82 岁的张大伯，是 2010 年和老伴儿一块儿住进这个福利院的。张大伯说，在考察了多家养老院后，第一福利院(1)凭借先进的医疗和养老相结合的模式、优质的服务和便宜的价格，最终打动了自己。

38 第一福利院最打动张大伯的，在于它是一个学习型的福利院。(2)院内有各种学习班，唱歌、跳舞、书法、音乐鉴赏等，老年人需要什么就开什么班。

关于张大伯所动心的医疗和养老相结合的模式，福利院院长常华介绍说，大多数医疗机构和养老机构是互相独立的。(3)老年人一旦患病，不得不经常往返于家庭、医院、养老机构之间，看病非常麻烦。而第一福利院早在 1988 年就挂牌成立了北京老年病医院，开创了医疗和养老相结合的服务模式的先河。老年人不出院门就能解决大部分医疗需求。

39 近 20 年来，第一福利院(4)坚持以标准化为支撑（zhīchēng），率先在国内推进养老服务标准化的工作，为行业发展做出了贡献。

有了明确的服务标准，(5)既能保证服务质量不会因人员流动而起伏，也能使供求双方的责任和权利更加明确，避免管理上的风险。养老机构能 365 天 24 小时持续稳定地为老人提供满意的服务。

第一福利院这种医疗和养老相结合的模式，受到社会的普遍关注，正在引领着行业的发展。

先河：昔の帝王は河を海の本源と見なし，まず黄河を祭り，ついで海を祭ったことから「[名]先駆け」

供求：[名]需給

訳：社会的な老人福祉と言えば，大多数の人がまず思い至るのは老人ホームである。記者は北京の北三環路の外にある北京市第一福利院を訪問した。

今年82歳の張おじさんは,2010年に連れ合いと一緒にこの老人ホームに入った。張おじさんが言うには，多くの老人ホームを実際に見た後，第一福利院は(1)先進的な医療と老人福祉を結び付けたモデルと優れたサービスおよび安い価格なので，最終的に自分を動かしたとのことである。

第一福利院が張おじさんの心を一番動かしたのは，学習タイプの老人ホームである点である。(2)ホームには歌，ダンス，書道，音楽鑑賞などいろいろな学習サークルがあり，高齢者が必要なサークルは何でも作ってくれる。

張おじさんが心を動かした医療と老人福祉を結び付けたモデルについて，老人ホームの施設長の常華さんは次のように説明している。大多数の医療機関と老人福祉施設は相互に独立している。(3)高齢者がいったん病気になると，家庭，病院，老人福祉施設の間をしょっちゅう行ったり来たりせざるを得ず，診察を受けるのがとても面倒である。しかし第一福利院は早くも1988年に北京老年医学病院の看板を掲げて設立され，医療と老人福祉を結び付けたサービスモデルの先駆けとなった。高齢者はホームの門を出ずに大部分の医療上必要なことを行うことができる。

この20年来，第一福利院は(4)標準化を柱として，率先して国内において老人福祉サービスの標準化の作業を推進し続け，業界の発展に貢献している。

明確なサービスの基準ができれば，(5)サービスの質が職員の移動によって変動しないことが保証できるし，サービスの需給双方の権利と責任をさらに明確にすることもでき，管理上のリスクを避けられる。老人福祉施設は365日24時間継続して安定して高齢者に満足できるサービスを提供することができる。

第一福利院のこのような医療と老人福祉を結び付けたモデルは，社会からあまねく関心を寄せられており，業界の発展をリードしている。

40 (1) 凭借先进的医疗和养老相结合的模式、优质的服务和便宜的价格，最终打动了自己。

41 (2) 院内有各种学习班，唱歌、跳舞、书法、音乐鉴赏等，老年人需要什么就开什么班。

42 (3) 老年人一旦患病，不得不经常往返于家庭、医院、养老机构之间，看病非常麻烦。

43 (4) 坚持以标准化为支撑，率先在国内推进养老服务标准化的工作，为行业发展做出了贡献。

44 (5) 既能保证服务质量不会因人员流动而起伏，也能使供求双方的责任和权利更加明确

筆　記 （⇨問題５頁）

1　800字程度の文章を読み，流れをつかんで適当な語句を補う８問，正しいピンインを選ぶ１問，内容の理解を問う１問に答えます。語句の知識と読解力を問います。（各２点）

解答：(1) ❸　(2) ❸　(3) ❶　(4) ❹　(5) ❹　(6) ❷　(7) ❷　(8) ❸　(9) ❸　(10) ❸

黑板和粉笔曾经给许多学生留下了 (1)深刻 的印象。现如今，投影设备的功能已经取代了黑板，完成作业也变成了在线答题，本来需要手写的笔记可以用手机拍下来了，记不住的知识点也可以上网查找了……

平板电脑、智能手机等智能设备在给学生提供便捷的学习途径的同时，也引发了社会焦虑：把知识储存在手机、电脑里能消化吸收好吗？长时间使用智能设备会不会产生因对其过于依赖而 (2)误入歧途 ？其实，从历史进程来看，人类之所以能够发展就在于不断创造使用新工具。所以，正确使用智能设备，正是新时代教育必须面对的新课题。

一些家长担心：学生过多依赖智能设备而不动脑筋去理解，不能完全消化所学的知识。这固然是个问题，但不应该将此 (3)归咎 为智能设备的使用。智能设备毕竟在辅助（fǔzhù）记忆、丰富知识等方面发挥着重要作用。

其实是一些家长 (4)混淆 了“记忆”与“理解”的概念。中国传统教育极为重视知识的传授，强调记忆背诵，认为这是创造的前提。所谓“熟读唐诗三百首，不会作诗也会吟”，这在以前或许是正确的，但随着科技的进步，这种传统的学习方法就未必合适了。比如，经历高考的学生的知识量已经远远超过古代先贤，却未必都拥有他们的智慧。如果学生仅仅将知识作为信息储存在大脑里，没有批判精神，缺少深刻理解，那么，无论是用手机储存还是凭大脑记忆，都无法真正达到学习的目的。 (5)可见 ，智能设备能够取代的仅仅是信息储存，而将“知识”转变为“智慧”的复杂过程，比如归纳类比、分析理解，依旧需要学生自己来完成。

因此，现代教育应当更加注重对知识的管理能力。在信息(6)爆炸 bàozhà的今天，一方面要注重引导学生积极观察各类现象，自觉形成问题意识，熟练掌握检索方法， (7)以 顺利获得解决问题所必需的知识和技能。另一方面，还要培养学生的一系列现代信息社会所必须具备的能力，比如时间 (8)规划能力、信息 [(8)辨别] 能力和逻辑 [(8)构建] 能力。

无论何时，教育都应当抓住“人”这个最根本、最活跃的要素。[(9)与其] 把时间过多地花在探讨智能设备的原罪上，[(9)不如] 在培养适应现代社会要求的新型人才上下功夫。在科技发展的大潮中，坚守教育本位，关注教育主体，培养学生积极的自主学习能力，既是教育的初心，也是教育的根本立足点。

现如今：[名]今

投影设备：プロジェクター

在线答题：オンライン回答

知识点：[名]多く教科書や試験に関わる，ある種の知識の総称

平板电脑：(コンピューターにおける) タブレット

智能设备：スマートデバイス

之所以：[接続]…であるわけは

在于：[動]（原因などが）…にある

訳：黒板とチョークはかつて多くの学生に深い印象を残した。今や，プロジェクターの機能が黒板に取って代わり，宿題の提出もオンライン回答に代わってしまった。もともと手書きしなければならなかったノートは携帯電話で撮影できるようになり，覚えられない知識はネット上で調べることができるようになった。

タブレットやスマートフォンなどのスマートデバイスは学生に手軽で便利な学習方法を提供すると同時に，社会的な焦燥も引き起こしている。知識を携帯電話やパソコンに貯蔵してちゃんと消化吸収できるのだろうか。スマートデバイスを長時間使用すると，それに過度に依存することによって誤って正道から外れることにならないだろうか。だが実際は，歴史の歩みから見て，人類が発展できたのは新しい道具を絶えず作り出し，使用したからなのである。それゆえ，スマートデバイスを正しく使用することは，まさに新時代の教育が向かい合わなくてはならない新たな課題なのである。

一部の親は，学生（である自分の子ども）がスマートデバイスに過度に依存して頭を働かせて理解しようとしなければ，学んだ知識を完全に消化できないのではないかと心配している。これはもとより問題であるが，このことをスマートデバイスの使用のせいにするべきではない。スマートデバイスはつまるところ記憶を補助し，知識を豊かにする面で重要な作用を発揮しているのである。

実際，一部の親は「記憶」と「理解」の概念を混同している。中国の伝統的な教育は知識の伝授を極めて重視し，覚えて暗唱することを強調し，これが創造の前提であると考えてきた。「唐詩三百首を熟読すれば，詩は作れなくても

吟じることはできる」と言われてきた。これは昔は正しかったかもしれないが，科学技術の進歩に伴い，このような伝統的な学習方法は必ずしも（現代に）合わなくなった。例えば，大学受験を経た学生の知識量は昔の先賢をはるかに超えているが，彼らと同等の知恵を有しているとは限らない。もしも学生が知識を情報として大脳に貯蔵するだけで，批判精神を持たず，深い理解が欠けていれば，携帯電話で貯蔵するにしろ，大脳で記憶するにしろ，いずれも真に学習の目的を達成することはできない。このことから，スマートデバイスが取って代わることができるのは情報の貯蔵だけであって，「知識」を「知恵」に転換するという複雑な過程，例えば帰納・類推，分析・理解などは，依然として学生が自分で成し遂げる必要があることが分かる。

それゆえ，現代教育は知識に対する管理能力をより重視するべきである。情報が爆発的に増える今日，一方では学生がいろいろな現象を積極的に観察し，問題意識を主体的に形成し，検索の方法をマスターして，問題を解決するのに必要な知識と技能を順調に得られるように指導することを重視しなければならない。また一方では，学生の現代の情報社会が備えていることを求める一連の能力を育てなくてはならない。例えばスケジュールを立てる能力，情報を識別する能力，論理を構築する能力などである。

どんなときでも，教育は「人」という最も根本的で最も活発な要素をしっかりとつかむべきである。スマートデバイスの原罪を探求することに過度に多くの時間を費やすよりは，現代社会の要求に適応する新しいタイプの人材を育てることに努力するほうがよい。科学技術発展の大きな潮流の中で，教育本位をしっかり守り，教育主体に心を配り，学生の積極的な自主的学習能力を育てることは，教育の初志であり，教育の根本的な立脚点でもある。

⑴ 空欄補充

黒板和粉笔曾经给许多学生留下了 □ 的印象

（黒板とチョークはかつて多くの学生に深い印象を残した）

① 深奥（shēn'ào 形〔内容が〕奥深くて分かりにくい）

② 深重（shēnzhòng 形〔災害・苦痛などが〕ひどい，重大である）

❸ 深刻（shēnkè 形物事や問題の本質に触れている，〔心に〕深く刻み込まれている）

④ 深远（shēnyuǎn 形〔意義や影響が〕奥深い）

“印象”を形容するのに意味から適当な③を選びます。“给…留下深刻的印象”（…に深い印象を残す）は常用の表現です。

(2) 空欄補充

长时间使用智能设备会不会产生因对其过于依赖而□？（スマートデバイスを長時間使用すると，それに過度に依存することによって誤って正道から外れることにならないだろうか）

① 歪打正着（wāidǎ-zhèngzháo まぐれ当たり〔をする〕）
② 改邪归正（gǎixié-guīzhèng 悪事から足を洗って正道に立ち返る）
❸ 误入歧途（wùrù-qítú 誤って正道から外れる）
④ 半途而废（bàntú'érfèi 中途でやめる）

①～④は四字熟語です。5行目“社会焦虑”（社会的な焦燥）の内容について述べているので，“因…而…”の結果を表す“而”の後には望ましくない内容が入ります。意味から適当な③を選びます。

(3) 空欄補充

这固然是个问题，但不应该将此□为智能设备的使用（これはもとより問題であるが，このことをスマートデバイスの使用のせいにするべきではない）

❶ 归咎（guījiù 動〔罪や責任を〕他になすりつける）
② 归纳（guīnà 動帰納する）
③ 归宿（guīsù 名落ち着く所）
④ 归属（guīshǔ 動帰属する）

“为”（…となす）の前に入ることから，動詞が入ります。“此”（このこと）が指す9行目“学生过多依赖智能设备而不动脑筋去理解，不能完全消化所学的知识”（学生がスマートデバイスに過度に依存して頭を働かせて理解しようとしなければ，学んだ知識を完全に消化できない）ということと“智能设备的使用”（スマートデバイスの使用）の関係を考え，意味から適当な①を選びます。

(4) 空欄補充

其实是一些家长□了“记忆”与“理解”的概念
（実際，一部の親は「記憶」と「理解」の概念を混同している）

① 错觉（cuòjué 名錯覚）
② 模拟（mónǐ 動模する）
③ 混乱（hùnluàn 形混乱している）
❹ 混淆（hùnxiáo 動入り混じる，混淆《こんこう》する）

“了”がつき，後に目的語が続くので，動詞が入ります。“概念”について用いる意味から適当な④を選びます。

⑸ 空欄補充

□，智能设备能够取代的仅仅是信息储存…（このことから，スマートデバイスが取って代わることができるのは情報の貯蔵だけであって…ことが分かる）

① 为此（wèicǐ 接このために）

② 况且（kuàngqiě 接まして）

③ 然而（rán’ér 接しかしながら）

❹ 可见（kějiàn 接〔前の文を受け，そのことから判断して〕…が分かる）

15 行目“比如…”（例えば…）以降の文脈から，この段落の最後の文で結論を述べていることが分かるので，意味から適当な④を選びます。

⑹ ピンイン表記

爆炸

① pàozhà

❷ **bàozhà**

③ pàozhá

④ bàozhá

「動爆発的に増える」。

⑺ 空欄補充

要注重引导学生积极观察各类现象，自觉形成问题意识，熟练掌握检索方法，□ 顺利获得解决问题所必需的知识和技能（学生がいろいろな現象を積極的に観察し，問題意識を主体的に形成し，検索の方法をマスターして，問題を解決するのに必要な知識と技能を順調に得られるように指導することを重視しなければならない）

① 对（duì 介…に対して）

❷ 以（yǐ 接…するために，…できるように）

③ 凭（píng 接たとえ…でも）

④ 便（biàn 接たとえ…であろうとも）

“积极观察各类现象，自觉形成问题意识，熟练掌握检索方法”（いろいろな現象を積極的に観察し，問題意識を主体的に形成し，検索の方法をマスターする）と“顺利获得解决问题所必需的知识和技能”（問題を解決するのに必要な知識と技能を順調に得る）の関係を考え，二つの動詞句の間に用いて目的を表す意味から適当な②を選びます。③は話し言葉に多く用いられ，④は書き言葉として多く“便是”のかたちで用いられます。

(8) 空欄補充

时间□能力、信息□能力和逻辑□能力（スケジュールを立てる能力，情報を識別する能力，論理を構築する能力などである）

① 辨别…规划…构建

② 辨别…构建…规划

❸ 规划…辨别…构建（guīhuà 動〔長期で総合的な〕計画を立てる…biànbié 動識別する…gòujiàn 動構築する）

④ 构建…规划…辨别

“时间”“信息”“逻辑”のそれぞれに関する“能力”を言うのに，意味から適当な組み合わせになる③を選びます。①は“辨别”と“时间”，②は“辨别”と“时间”，“规划”と“逻辑”，④は“构建”と“时间”の組み合わせがいずれも適当ではありません。

(9) 空欄補充

□把时间过多地花在探讨智能设备的原罪上，□在培养适应现代社会要求的新型人才上下功夫（スマートデバイスの原罪を探求することに過度に多くの時間を費やすよりは，現代社会の要求に適応する新しいタイプの人材を育てることに努力するほうがよい）

① 即使…也…（jíshǐ… yě… たとえ…でも，…）

② 宁肯…也…（nìngkěn… yě… むしろ…しても…〔をやり遂げる〕）

❸ 与其…不如…（yǔqí… bùrú… …よりも…のほうがいい）

④ 除非…才…（chúfēi… cái… …でない限り…しない）

“把时间过多地花在探讨智能设备的原罪上”（スマートデバイスの原罪を探求することに過度に多くの時間を費やす）と“在培养适应现代社会要求的新型人才上下功夫”（現代社会の要求に適応する新しいタイプの人材を育てることに努力する）の関係を考え，意味から適当な③を選びます。10行目“不应该将此归咎为智能设备的使用”（このことをスマートデバイスの使用のせいにするべきではない）に前半を否定する内容が端的に表れています。

⑽ 内容の不一致

① 随着时代的发展和技术的进步，学习设备也在不断更新。
（時代の発展と技術の進歩に伴い，学習設備も絶えず更新されている。）

② 新时代的教育必须面对如何正确使用智能设备的问题。（新時代の教育はいかにしてスマートデバイスを正しく使うかという問題に向かい合わなければならない。）

❸ **智能设备不仅能储存大量知识，还能将知识转变为智慧。**（スマートデバイスは大量の知識を貯蔵できるだけでなく，知識を知恵に転換することもできる。）

④ 我们的教育必须立足于培养学生积极的自主学习能力上。（われわれの教育は学生の積極的な自主的学習能力を育てることに足場を置かなければならない。）

18 行目“智能设备能够取代的仅仅是信息储存,而将‘知识’转变为‘智慧’的复杂过程…依旧需要学生自己来完成”（スマートデバイスが取って代わることができるのは情報の貯蔵だけであって，「知識」を「知恵」に転換するという複雑な過程…は，依然として学生が自分で成し遂げる必要があることが分かる）と一致しないので，③を選びます。①は 1 ～ 3 行目の内容と，②は 7 行目“正确使用智能设备，正是新时代教育必须面对的新课题”（スマートデバイスを正しく使用することは，まさに新時代の教育が向かい合わなくてはならない新たな課題なのである）と，④は 29 行目“培养学生积极的自主学习能力,既是教育的初心,也是教育的根本立足点”（学生の積極的な自主的学習能力を育てることは，教育の初志であり，教育の根本的な立脚点でもある）に述べられたことと一致します。

2 適当な語句を補います。読解力と語句の知識を問います。　（各 2 点）

解答：⑴❸　⑵❷　⑶❶　⑷❸　⑸❸　⑹❹　⑺❶　⑻❹　⑼❸　⑽❶

⑴ 她有一肚子的委屈（wěiqu），发几句（　牢骚　）是完全可以理解的。
（彼女が悔しさいっぱいで，愚痴をこぼすのは，実に理解できる。）

① 骚乱（sāoluàn 動騒然となる）

② 乱套（luàntào 動混乱する）
❸ 牢骚（láosao 名不平，不満）
④ 愤怒（fènnù 形怒りに燃える）

“一”は「数…いっぱいの」。“委屈”は「形悔しい」，ここでは名詞として用いられています。“几句”という「数詞＋量詞」がついて“发”の目的語となることから，名詞が入ります。悔しさいっぱいの結果，行うことと符合する意味からも③を選びます。

(2) 他发誓这辈子要干出一（　番　）轰轰烈烈（hōnghōnglièliè）的事业来。
（彼は生きている間にはなばなしい事業をやり遂げたいと誓った。）
① 轮（lún 量太陽や月，循環する物事や動作を数える）
❷ 番（fān 量事業などの努力などを要する行為を数える）
③ 堆（duī 量うず高く積んである物などを数える）
④ 股（gǔ 量泉水やにおいなどを数える）

“干出来”（やり遂げる）という「動詞＋方向補語」が“一（　）轰轰烈烈的事业”という目的語をとっています。“轰轰烈烈”は「形迫力があり勢いがすさまじい」。“事业”を数えるのに適当な②を選びます。

(3) 尽管遇到了种种（　阻挠　），但我们还是成功地达到了预期的目标。
（いろいろな妨害に遭ったが，わたしたちは所期の目標に成功裏に到達した。）
❶ 阻挠（zǔnáo 動妨害する，阻む）
② 阻塞（zǔsè 動ふさがる，ふさぐ）
③ 阻隔（zǔgé 動隔てられる）
④ 阻断（zǔduàn 動断ち切る，遮る）

“尽管…，但…”は「…だけれども，しかし…」。所期の目標を成功裏に達成したということが逆接でつながるよう，“遇到了”（遭った）の目的語を表すのに意味から適当な①を選びます。“阻挠”はここでは名詞として用いられています。

(4) 考试应凭实力，绝对不能投机取巧，心存（　侥幸　）。（試験は実力に頼るべきで，決してずる賢い手を使ったり，まぐれ当たりを期待してはならない。）
① 庆幸（qìngxìng 動幸いとする，祝う）
② 幸亏（xìngkuī 副幸いに，運よく）

❸ 侥幸（jiǎoxìng 形 僥倖《ぎょうこう》に恵まれる，幸運である）

④ 幸免（xìngmiǎn 動運よく免れる）

“绝对不能”（決して…してはならない）は文末までかかっています。“投机取巧”は「努力をせず小手先に頼ってうまく事を運ぶ」。“心存（　　）”で，同様に“凭实力”（実力に頼る）と反することを表す③を選びます。“心存侥幸”で「まぐれ当たりを期待する」という決まった言い方です。

⑸ 农民们说，看到（ 绿油油 ）的麦苗（màimiáo），就闻到了馒头的香味。（農民たちは「青々とした麦の苗を見ると，マントウのよい香りを嗅いだ気分になった」と言った。）

① 黄灿灿（huángcàncàn 形〔菜の花などの〕黄金色に輝くさま）

② 黄澄澄（huángdēngdēng 形〔金メダルなどの〕黄金色に輝くさま）

❸ 绿油油（lǜyóuyóu 形〔麦の苗などの〕青くつやつやしているさま）

④ 绿莹莹（lǜyíngyíng 形〔宝石などの〕青緑色に輝いているさま）

“麦苗”（名麦の苗）を描写するのに適当な③を選びます。

⑹ 我就（ 纳闷儿 ），要说咱智商也不算低，怎么让他们给骗了呢？（わたしはわけが分からない，自分のIQが低くないとすれば，どうして彼らに騙されたのだろう。）

① 找碴儿（zhǎochár 動難癖をつける，あら探しをする）

② 逗趣儿（dòuqùr 動〔身ぶりや話などがおもしろくて人を〕笑わせる）

③ 解闷儿（jiěmènr 動気晴らしをする）

❹ 纳闷儿（nàmènr 動ふに落ちない）

“咱”は方言で「名わたし」，“智商”は「名知能指数，IQ」。“怎么…呢？”（どうして…だろう）といぶかっているので，意味が符合する④を選びます。

⑺ 他这种人能说会道，所以在社会上很（ 吃得开 ）。
（彼のような人は弁が立つので，世間に受けがいい。）

❶ 吃得开（chīdekāi 受けがよい）

② 吃得准（chīdezhǔn 確信できる）

③ 吃不来（chībulái 口に合わない，食べつけない）

④ 吃不光（chībuguāng 食べきれない）

“能说会道” は「成口が達者である, 弁が立つ」。結果として “社会上” でどうであるか考え, 意味から適当な①を選びます。

(8) 因为写字（ 潦草 ），总是挨（ái）语文老师的批评。
（字がぞんざいなので，いつも国語の先生に叱られる。）

① 肤浅（fūqiǎn 形〔学識や理解などが〕浅薄である）
② 潦倒（liáodǎo 形みじめである，落ちぶれる）
③ 轻浮（qīngfú 形〔行動などが〕軽率である，軽薄である）
❹ 潦草（liáocǎo 形〔字が〕乱雑である）

“挨批评” で「叱られる」。“字” について用いる意味から適当な④を選びます。

(9) 他是一个古典音乐（ 发烧友 ），从不错过当地的任何一场交响音乐会。
（彼はクラシック音楽のマニアで，当地のどんなオーケストラのコンサートも行き逃したことはない。）

① 追星族（zhuīxīngzú 名〔映画スターなどの〕熱狂的なファン，追っかけ）
② 老顽固（lǎowángù 名頑固者，分からず屋）
❸ 发烧友（fāshāoyǒu 名マニア）
④ 厚脸皮（hòu liǎnpí 鉄面皮，厚顔）

当地のどんなオーケストラのコンサートも行き逃したことはないというような人は “古典音乐” についてどうであるか考え，意味から適当な③を選びます。

(10) 近年来他发表的论文无论数量还是质量都让我（ 望尘莫及 ）。
（近年彼が発表した論文は量にしろ質にしろ，わたしを足元にも及ばなくする。）

❶ 望尘莫及（wàngchén-mòjí 成「前を行く人が乗っている馬の立てた砂塵が見えるだけで，とても追いつけない」から「実力や才能が足元にも及ばない」）
② 望眼欲穿（wàngyǎn-yùchuān 成ひたすら待ちわびる）
③ 望梅止渴（wàngméi-zhǐkě 成「梅を見て渇きをいやす」から「空想で自らを慰め満足させる」）
④ 望风而逃（wàngfēng’értáo 成「風をくらって逃げる」から「形勢悪しと見て一目散に逃げる」）

量と質において突き抜けた論文は「わたし」をどうさせるか考え，意味から適当な①を選びます。

3 正しく解釈した文を選びます。語句の意味についての知識を問います。(各2点)

解答：(1)❸　(2)❷　(3)❷　(4)❹　(5)❸　(6)❶　(7)❷　(8)❹

(1) 你自己的事都那么忙，还抽空儿来帮我，真是让我过意不去（guò yì bú qù）啊。(あなたは自分の事でもあんなに忙しいのに，時間を割いてわたしを手伝ってくれて，本当に申し訳ないですね。)

① 形容心里难过。(つらい気持ちを形容する。)
② 形容心里寂寞。(寂しい気持ちを形容する。)
❸ **形容心里不安。**(すまないと思う気持ちを形容する。)
④ 形容心里郁闷。(憂うつな気持ちを形容する。)

“抽空儿”は「動時間を繰り合わせる」。相手が多忙にもかかわらず手伝ってくれることが「わたし」をどうさせるか考えます。“过意不去”は「申し訳なく思う」なので，③を選びます。

(2) 你说了这么多不着边际(bùzhuó-biānjì)的话，真让我摸不着头脑(mōbuzháo tóunǎo）了。(あなたはこんなにたくさんとりとめのない話をおっしゃるので，本当にわたしはわけが分からなくなった。)

① 指分辨不清是哪条路。(どの道なのか見分けがつかないことを指す。)
❷ **指弄不清是怎么回事。**(どういう事なのかよく分からないことを指す。)
③ 指看不清人的真面目。(人の本当の姿がはっきり見えないことを指す。)
④ 指想不出其中的秘诀(mìjué)。(その中の秘訣が思いつかないことを指す。)

“边际”は「名際限」，“不着边际”で「成とりとめがない」。とりとめのない話をたくさん聞かされることが「わたし」をどうさせるか考えます。“摸不着”は「つかめない」，“头脑”は「名見当」，“摸不着头脑”で「何がなんだか分からない」なので，②を選びます。③の“真面目”は「名本当の姿」。

(3) 我们做决策时，不能只打如意算盘（rúyì-suànpan)，要多考虑各种不确定的因素。(わたしたちは方策を決める際，手前勝手な見積もりばかりをしてはならず，いろいろな不確定要素をちゃんと考慮する必要がある。)

① 以个人的好恶(hàowù)之心做的计划。(個人的な好き嫌いで立てた計画。)

❷ 只从好的一方面着想（zhuóxiǎng）的打算。（よい面からのみ考える思惑。）

③ 从多方面为自己的将来打算。
（多方面から自分の将来のために考えること。）

④ 只为自己的幸福人生做计划。
（自分の幸せな人生のためにだけに計画を立てること。）

“决策”は「名方策」。“如意算盘”の節は“不能”で始まっており，後の“要”で始まる節と反する内容であることが分かります。“如意算盘”は「成手前勝手な計算」なので，②を選びます。“打如意算盘”のかたちで用いられます。

(4) 咱们是老同学，不必拐弯抹角（guǎiwān-mòjiǎo）的，你有什么想法就开门见山地说出来吧！（わたしたちは昔からの友達だから，なにも持って回った言い方をすることはない。何か考えがあるなら率直に言ってくれたまえ。）

① 比喻做事干脆利落（lìluo），从不拖泥带水。（事をするのにてきぱき，きびきびしていて，だらだらしていたことがないことをたとえる。）

② 比喻说话声音细小，而且不得要领。
（話す声がかすかで，要領を得ないことをたとえる。）

③ 比喻不走直通大路，喜欢走旁门斜道。
（まっすぐ通じる大通りを行かず，わき道を歩くことを好むことをたとえる。）

❹ 比喻说话不直截了当（zhíjié-liǎodàng），而是委婉地表达。
（話が単刀直入ではなく，婉曲に伝えることをたとえる。）

“咱们是老同学”（わたしたちは昔からの友達だ）が理由となり，結論が続き，“不必…”の節は，“你有…”と同じ方向の意味になります。“开门见山”は「成単刀直入である」。“拐弯抹角”は成語で「曲がりくねった道を歩く」から「持って回った言い方をする」なので，④を選びます。“直截了当”は「成単刀直入である」。①の“拖泥带水”は「成（仕事ぶりが）だらだらしている」。

(5) 对待别人的批评，“有则改之，无则加勉（yǒu zé gǎi zhī, wú zé jiā miǎn）”，这样自己进步就会更快。（他人の批判に対しては，「誤りがあれば改め，なければいっそう努力する」という態度であれば，自分の進歩はより速くなるはずだ。）

① 应该有原则地改变，不能无原则地勉强。

（原則を持って改めるべきであり，無原則に無理やりにやってはならない。）

② 可以改变的就改变，不能改变的无需改变。（改めることができる事は改め，改めることができない事は改める必要はない。）

❸ 如果有就予以改正，如果没有就引为鉴戒（jiànjiè）。
（もし〔誤りが〕あれば改め，もしなければ戒めとする。）

④ 如果别人有错误，就有必要帮助他改正。
（もし他人に誤りがあれば，その人が改めるのを助ける必要がある。）

“有则改之，无则加勉”は「[成]（誤りが）あればこれを改め，なければいっそう努力する」なので，③を選びます。“鉴戒”は「[名]戒め」。“有则改之，无则加勉”は『朱子全書・論語』を出典としています。

(6) 推销员凭着他的三寸不烂之舌（sān cùn bú làn zhī shé），不到两个小时就把所有的产品卖光了。（セールスマンは彼のよく回る舌で，2時間もしないうちにすべての製品を売ってしまった。）

❶ 形容能说会道，善于应付（yìngfu）。
（弁が立ち，処理がうまいことを形容する。）

② 形容舌头特别长而善于活动。
（舌がとても長く，よく動くことを形容する。）

③ 形容说话声音洪亮而有感染力。
（話し声が大きくてよく通り，影響力があることを形容する。）

④ 形容说话实事求是，有说服力。
（話が実際に即しており，説得力があることを形容する。）

2時間もしないうちに製品を売り切るセールスマンが“凭着”（頼っている）のは彼自身の何か考えます。“三寸不烂之舌”は「よく回る舌，巧みな弁舌」なので，①を選びます。“三寸舌”とも言います。④の“实事求是”は「[成]実際の状況に基づいて事を行う」。

(7) 诸葛亮在危机时刻，总是能化险为夷（huàxiǎnwéiyí），真让大臣们佩服得五体投地（wǔtǐ-tóudì）。（諸葛亮は危機一髪のとき，いつも危険を無事に乗り越えたので，大臣たちを心の底から感服させた。）

① 形容身体强壮得无与伦比（wúyǔlúnbǐ）。
（比類なき身体の強さを形容する。）

❷ 形容尊敬或佩服到了极点。

（尊敬や感服の程度が極点に達していることを形容する。）

③ 形容面对危险毫不畏惧（wèijù）。
（危険に直面して少しも恐れないことを形容する。）

④ 形容身体跌倒（diēdǎo）在地上。（つまずいて地面に転ぶことを形容する。）

“化险为夷”は「成危険を無事に乗り越える」。いつも味方の危険を乗り越える諸葛亮は大臣たちをどうさせるか考えます。“五体投地”は仏教における最高の礼法，両膝・両肘・額を地につけて礼拝する「五体投地」から，「心から感服する」ことをたとえるので，②を選びます。①の“无与伦比”は「成比べるのものがない」。

(8) 知己是什么？知己就是相互有一种心有灵犀一点通（xīn yǒu língxī yì diǎn tōng）的感应。（知己とは何か。知己とはすなわち互いに以心伝心で分かりあえる感応があることである。）

① 心旷神怡（xīnkuàng-shényí 成心がゆったりとして愉快である）
② 心驰神往（xīnchí-shénwǎng 成ひたすら思いを馳せる）
③ 心悦诚服（xīnyuè-chéngfú 成心から承服する）
❹ 心心相印（xīnxīn-xiāngyìn 成心と心が通じ合う）

知己は互いにどのような感応があるのか，考えます。“心有灵犀一点通”は「暗黙のうちに心が通じ合う」なので，④を選びます。“心有灵犀一点通”は李商隐の詩〈《无题》之一〉の一節。

4 **600字程度の文章を読み，2か所のピンインを漢字に改め，3つの文を日本語に訳します。全体の内容を理解しながら，正しく漢字で書く能力，日本語の翻訳力を問います。** （(1)(ア)(イ)各2点，(2)(a)(b)各7点，(c)6点）

阅读的第一要素，我想是信赖，就是相信我们所读到的东西。这常常是发生在我们少年时候。那个年龄，心灵像一张白纸，容易无条件地相信任何事情。书本给我们神圣而不可亵渎（xièdú）的感觉，好比人生的老师。我们总是把书本上的话抄在日记本上，还总是将书本上的话赠来赠去。这是一个非常容易受影响的时期，是精神世界最初的建设时期。

我们逐渐成长起来之后，也渐渐形成了对这个世界的看法。它不仅来自阅读，更来自直接的经验。假如我们依然热爱阅读，并且依然对阅读保持信赖，便会自觉地(ア)qùcū-qǔjīng 去粗取精，选择那些真正的好书。(a)阅读和阅历使我们几乎是本能地懂得哪些是好书，哪些是作者以诚实与信赖的态度写下来的。我们仍然以信赖的态度读书，而这时候的信赖却是一种理性的信赖。理性的信赖还可有效地抵御怀疑主义的侵害。这时候的阅读对于拓展我们不免狭窄的个人经验大有好处。(b)在一个人世界观已经形成的中年阶段，阅读可为我们作出补充和修正，使之达到健全完美的境地。

晚年时的阅读信赖，我想应是建立在宽容之上。因为这时候的经验已经成熟到可与任何书本作比较，这是该作出结论的时期。假如前两个阶段我们保持了阅读的良性循环，这时便能够再上升一格。在持有自己的经验与结论的同时，(イ)chéngzhì 诚挚地去观看别人的人生所得，观看人类无穷多的心灵景观。这时候，(c)我们应当如同相信自己一样地去读书，书会和我们融为一体，因为这时读书其实就是在读自己。这时候的自己，应该有一颗能够包容一切的心灵，读书就提供了这样的好机会。

亵渎：動冒とくする，けがす

阅历：名経験

抵御：動防ぐ

良性循环：好循環

格：名段

訳：読書の第一の要素は，わたしは信頼であると思う。すなわち，わたしたちが読んだものを信じることである。これはしばしばわたしたちが少年少女のころに起こることである。その年頃は，心は１枚の白紙のように，どんな事も無条件に信じやすい。書籍はわたしたちに神聖にして冒とくすべからざる感覚を与える。あたかも人生の先生のようである。わたしたちはいつも本のことばを日記に書き写し，またよく本のことばをお互いに贈り合ったりもする。それはとても影響を受けやすい時期であり，精神世界の最初の建設時期である。

わたしたちは次第に成長した後，この世の中に対する見方も次第に形成されていく。それは読書から来るだけでなく，直接の経験からより多く来るものである。わたしたちが依然として読書を熱愛し，読書に対して信頼を保ち続けるなら，積極的にかすを除いて精髄を取り出し，本当の良書を選択するであろう。(a)読書と経験はどれが良書で，どれが作者が誠実と信頼の態度をもって書いたかを，ほとんど本能的にわたしたちに分からせてくれる。わたしたちはやはり信頼の態度で読書するが，このときの信頼は（少年少女のころとは違い）理性的な信頼である。理性的な信頼は懐疑主義の侵害を効果的に防いでもくれる。このときの読書は，わたしたちのどうしても狭くなる個人的な経験を広げるのに大いに役立つ。(b)人の世界観がすでに形成されている中年期においては，読書はわたしたちのために補足と修正をしてくれ，その世界観を健全で完璧な境地に至らしめてくれる。

晩年期の読書への信頼は，寛容の上に打ち立てられるべきであると思う。この時期の経験はすでにどんな本とも比較できるまでに成熟しているからであり，これは結論を出すべき時期である。前の二つの時期にわたしたちが読書の好循環を保っていたなら，この時期はさらに一段階上ることができる。自分の経験と結論を保持するとともに，他人の人生で得たものを真摯に観察し，人類の限りなく多い心の景観を見るのである。この時期においては，(c)わたしたちは自分を信じるのと同様に読書に赴くべきである。(そうすれば) 本はわたしたちと融合して一体になるだろう。そのとき読書は自分を読んでいることにほかならないからである。このときの自分は全てを包容できる心を持つべきであり，読書がこのようなよい機会を与えてくれたのである。

(1) (ア) qùcū-qǔjīng

去粗取精

「[成]かすを除いて精髄を取り出す」。

(イ) chéngzhì

诚挚

「[形]真摯である」。

(2) (a)～(c)上記を参照

(a)は使役文で，“阅读和阅历使我们…懂得…” で「読書と経験は…わたしたちに…を分からせてくれる」。“哪些是好书” と “哪些是作者以诚实与信赖的态度写下来的” が “懂得” の目的語です。“以” は「[介]…をもって」。“写下来” の “下来” は方向補語の派生義として動作・行為の完成や結果を表します。(b)の “在…的中年阶段” は「…の中年期においては」。“使之达到…” は「それを…に至らしめる」で，“之” は “(一个人) 世界观” を指します。(c)の “如同…一样” は「…と同様である」。“书会…” の “会” は可能性を表します。“因为” 以下が表しているのは “书会和我们融为一体” の理由です。“就是在读自己” の “就” は,「[副]まさしく，ほかでもなく」。

5 100字程度の日本語の文章2題を中国語に訳します。会話，手紙，論説などの少しまとまった長さの文章を組み立てる能力を問います。 (各10点)

(1) AI（人工知能）の発達により，わたしたちの生活は，どんどん変化していくことが予測されている。現在のAIは，囲碁のように，ある特定の領域では非常に優れており，すでに人間の能力を超えている。

一般预料，随着人工智能的发展，我们的生活会不断发生变化。目前的人工智能，像围棋那样，在某些特定的领域非常有优势，已经超出了人的能力。

「AI (人工知能)」は“人工智能”。まず「予測されている」に当たる“一般预料”を言い，その後にその内容を述べます。「予測されている」は，“可以预料”“有人预测”としてもかまいません。「ある特定の領域では」は動作・行為の対象や範囲を示して述べる“就…来说”を用いて“就某些特定的领域来说”としてもかまいません。「非常に優れており」は“表现非常突出”や“十分出色”としてもかまいません。

(2) 家庭は社会を構成する最小単位なので，よい社会をつくるには家庭から始めなければならない。家庭が円満であるかどうかは，家族一人一人の家庭に対する帰属意識によって決まると言ってもよい。

家庭是构成社会的最小单位，所以构筑一个良好的社会必须从家庭做起。可以说家庭是否圆满取决于每一个家庭成员对其家庭的归属意识。

「…なので，…」は，“因为…，所以…”と訳してもかまいませんが，“所以”だけを用いるほうが文の理屈っぽさが軽減されます。「社会をつくる」の「つくる」は“构筑”を用います。「…から始める」は“从…做起”。2番目の文は，まず「…と言ってもよい」に当たる“可以说…”を言い，その後にその内容を述べます。「…であるかどうか」は“是否…”，「…一人一人」は“每一个…”，「帰属意識」は“归属意识”。「…によって決まる」は“取决于…”のほか，“由…决定”としてもかまいません。

準1級第99回

(2019年11月)

リスニング （⇨解答と解説50頁）

03 **1** 中国語を聞き，(1)〜(10)の問いの答えとして最も適当なものを，それぞれ①〜④の中から１つ選び，その番号を解答欄にマークしなさい。（50 点）

04 メモ欄

12

05

13

06

14

07 (1)

15 ① ② ③ ④

08 (2)

16 ① ② ③ ④

09 (3)

17 ① ② ③ ④

10 (4)

18 ① ② ③ ④

11 (5)

19 ① ② ③ ④

メモ欄

20
28

21
29

22
30

23 (6)
31 ① ② ③ ④

24 (7)
32 ① ② ③ ④

25 (8)
33 ① ② ③ ④

26 (9)
34 ① ② ③ ④

27 (10)
35 ① ② ③ ④

36 **2** はじめに中国語の文章を読みます。続いて文章の中から５か所を選んで読みますので，その５か所を漢字で解答欄に書きなさい。 (50点)

37 メモ欄

45

38

46

39

47

40

41

42

43

44

筆　記

（⇨解答と解説59頁）

1　次の文章を読み，(1)～(10)の問いの答えとして最も適当なものを，それぞれ①～④の中から１つ選び，その番号を解答欄にマークしなさい。　(20点)

我们的社会对知识一直有着严重的功利化的认知。历史上，老百姓大多对读书人尊敬有加，甚至[　(1)　]，对读书的工具也奉若神明。比如“敬惜字纸”说的就是写了字的纸要爱惜，不能随便丢弃。其实，人们真正看好的并非读书人，也不是知识本身，而是读书人做官的机会。因为在“学而优则仕”的体制下，一个读了书的农民子弟可以“朝为田舍郎，暮登天子堂”，所以，人们对读书人的敬意，不过是权力崇拜的[　(2)　]罢了。

这让我们[　(3)　]想到，如果有一天，“学而优则仕”不复存在，读书不能使人做官了，那么人们还会尊敬读书人，还会像“敬惜字纸”那般尊重知识吗？在今天看来，答案是肯定的。因为，今天读书虽然不能让人当官，但知识却能为人带来财富。知识创造财富早已成为当今人们的共识，商界成功人士拥有高学历背景的比比皆是，[　(4)　]人们宣称这是一个知识经济的时代。

那么下一个问题就来了：假如知识既带不来权力，也带不来财富了，还有人爱知识吗？答案是[　(5)　]的。现代人信奉“知识就是力量”，或者“知识服务于权力”，因此只将知识视为获得力量或权力的手段，而非最高目标。但古希腊人则不一样。他们认为知识本身就是[　(6)　]目标，获得知识就是获得自由。在古希腊人的眼里，知识既不是生产力，也不是智商，而是通往自由人性的教化方式。求知是非功利性的“好奇心”的反映，正如亚里士多德所说“求知是人类的本性”。没有对知识的追求之心，你就[　(7)　]做一个自由人。当然，生活在今天的人们远没有古希腊人那么洒脱。现代社会的发展日新月异，我们稍一(8)懈怠，就可能掉队。所以只有不断[　(9)　]新知识，提升自己对当今世界的认知能力，才能使自己在飞速变化的社会环境中掌握主动权。

⑴ 空欄⑴を埋めるのに適当なものは，次のどれか。

① 爱不释手　② 爱莫能助　③ 爱才若渴　④ 爱屋及乌

⑵ 空欄⑵を埋めるのに**適当でないもの**は，次のどれか。

① 延展　② 延缓　③ 延伸　④ 延长

⑶ 空欄⑶を埋めるのに適当なものは，次のどれか。

① 不禁　② 不妨　③ 不啻　④ 不吝

⑷ 空欄⑷を埋めるのに適当なものは，次のどれか。

① 及至　② 以至　③ 直至　④ 截至

⑸ 空欄⑸を埋めるのに適当なものは，次のどれか。

① 不言而喻　② 不打自招　③ 不假思索　④ 不堪设想

⑹ 空欄⑹を埋めるのに適当なものは，次のどれか。

① 终究　② 终点　③ 终极　④ 终了

⑺ 空欄⑺を埋めるのに適当なものは，次のどれか。

① 不愧　② 不乏　③ 不屑　④ 不配

⑻ 下線部⑻の正しいピンイン表記は，次のどれか。

① jiětái　② jiědài　③ xiétǎi　④ xièdài

⑼ 空欄⑼を埋めるのに適当なものは，次のどれか。

① 捞取　② 汲取　③ 领取　④ 争取

⑽ 本文の内容と**一致しないもの**は，次のどれか。

① 一个人的命运有可能因读书学习而改变。

② 以前尊重知识更主要的是对权力的崇拜。

③ 古希腊人认为没有知识的人就没有自由。

④ 今天拥有较高学历的成功商人凤毛麟角。

2 (1)～(10)の文の空欄を埋めるのに最も適当なものを，それぞれ①～④の中から１つ選び，その番号を解答欄にマークしなさい。 (20点)

(1) 他没有什么真本事，却总摆出一副谁也瞧不起的（　　　）。
① 局势　② 态势　③ 架势　④ 声势

(2) 你老实说，这件事到底是不是你（　　　）他干的？
① 指使　② 指靠　③ 指控　④ 指认

(3) 我觉得在孩子的教育问题上，父母既不能放纵，也不能（　　　）。
① 寻求　② 苛求　③ 谋求　④ 讲求

(4) 关于这个问题，大家都提出了十分（　　　）的意见。
① 中正　② 中肯　③ 端正　④ 首肯

(5) 你们几个（　　　）为这么点儿小事而大动干戈，真是太不值得了。
① 竟然　② 固然　③ 偶然　④ 显然

(6) 能够一直（　　　）行业最新动态，是他取得成功的主要原因。
① 洞悉　② 洞开　③ 悉心　④ 悉数

(7) 想到明天要去见女朋友的父母，他心里不免有些（　　　）。
① 坎坷　② 朦胧　③ 忐忑　④ 谄谀

(8) 你这么说，给人的感觉就是在为自己（　　　）责任。
① 开释　② 开销　③ 开除　④ 开脱

(9) 有些规定太过（　　　），让我们在具体执行时感到为难。
① 笼络　② 笼统　③ 体面　④ 体统

(10) 之所以有如此（　　　）的文学基础，是因为他阅读了大量中外名著。
① 扎实　② 充实　③ 切实　④ 翔实

3 (1)～(8)の文の下線を付した語句の説明として最も適当なものを，それぞれ①～④の中から１つ選び，その番号を解答欄にマークしなさい。 (16 点)

(1) 你再继续这样下去，早晚会丢乌纱帽的。

① 比喻获得真正的自由。

② 比喻改变以往的形象。

③ 比喻失去现有的官职。

④ 比喻摆脱当下的困境。

(2) 有些人对于新生事物总是采取横挑鼻子竖挑眼的态度。

① 比喻对人或事物高度赞赏。

② 比喻敢于向极限发起挑战。

③ 比喻对人或事物百般挑剔。

④ 比喻对人或事物极力回避。

(3) 每次遇到这样的情况，他的做法就是和稀泥。

① 比喻没有原则地进行调解。

② 比喻非常武断地处理问题。

③ 比喻固执己见地做出判断。

④ 比喻不懂变通地考虑问题。

(4) 必要时要做一些妥协，以避免高不成，低不就的情况出现。

① 比喻夫妻双方的关系不够和谐。

② 比喻人们选择时陷于两难境地。

③ 比喻上下级之间的关系很紧张。

④ 比喻亲子间产生了严重的对立。

(5) 平时工作很忙的他，见缝插针地自学了日语。

① 比喻做事情有很强的针对性。

② 比喻做事情追求完美的结果。

③ 比喻利用最佳的时机做事情。

④ 比喻利用一切可利用的时间。

(6) 治疗这种病对于他那样的大夫来说，简直太小儿科了。

① 比喻处理起来很棘手的事情。

② 比喻处理起来很容易的事情。

③ 比喻既罕见又不好办的事情。

④ 比喻常见但不好处理的事情。

(7) 无风不起浪，大家这么猜测也不是没有道理的。

① 比喻事情的发生总是有原因的。

② 比喻事情的变化是非常偶然的。

③ 比喻事情的发展完全出乎意料。

④ 比喻事情的进展既平稳又顺利。

(8) 我觉得这部电视剧中男女主角的演技都可圈可点。

① 形容演技比以前有了很大提高。

② 形容表现不佳，应当受到批评。

③ 形容表现上佳，应当予以肯定。

④ 形容某个人的行为很值得商榷。

4 次の文章を読み，ピンインで表記されている語句(ア)・(イ)を漢字に改め，解答欄(1)に書きなさい。また，下線部(a)～(c)を日本語に訳し，解答欄(2)に書きなさい。

（24点）

颐和园是北京众多的名胜古迹之一，它的前身叫清漪园。是由乾隆皇帝亲自主持设计并建造的。清漪园始建于1750年，用时近15年。清漪园的总体规划和许多景点设计是以江南胜景为蓝本的，其主要参照对象是杭州西湖。乾隆为什么要模仿西湖建这样一座皇家园林呢？喜欢作诗的乾隆皇帝肯定从数不胜数的历朝诗歌中(ア)lǐnglüè了杭州西湖的美丽，而杭州西湖正是中国江南风物的代表，是汉族文人们理想中的天堂。(a)出于对汉族文化的敬仰与向往，乾隆皇帝要创建一个属于自己的梦，以使自己的内心获得安宁，这个梦就是清漪园。

宽阔的昆明湖尽显了乾隆的西湖情结，而乾隆的许多治国理想在清漪园的其他建筑中也有所展现。至于儒家文明和农耕文明的象征在园内更是随处可见。

1860年11月，清漪园被英法联军的一把大火烧成了灰烬。(b)这是乾隆所始料不及的，这把火烧掉的不仅仅是一座园林，还葬送了一代帝王的梦想，同时灼伤了每个中国人的心。

到了慈禧太后执政时期，慈禧挪用建设海军的经费，重修这座园林并改名为颐和园。新建的颐和园与清漪园相比少了很多东西，尤其是那些(イ)chéngzài着乾隆治国理想的东西都不见了踪影。这说明慈禧的重建之举并非要继承乾隆的理想，而只是将其变成自己享乐的地方。

(c)从清漪园到颐和园不仅仅是中国的造园艺术由奢而俭的象征，更是一个强大的封建王朝由盛而衰、由强而弱的象征。这一转变在政治上和文化上都具有无与伦比的代表性意义。今天的颐和园是国家重点文物保护单位，是每一个来北京观光的游客必到的游览胜地。

5 (1)・(2)の日本語を中国語に訳し，解答欄に書きなさい。 (20点)

(1) 幸福な結婚とはどのようなものだろうか。それは夫婦が互いに支え合い，互いに理解し合い，互いに寛容であることである。苦楽を共にし，運命を共にし助け合って困難を乗り越える夫婦関係こそが，最も堅固である。

(2) このところ，平均的な中国都市部の居住民の給与所得が大幅に増加していることは疑う余地のない事実ではあるが，跳ね上がり続ける家賃に比べたら，収入の増加は取るに足らない微々たるものだと言うべきだ。

リスニング （⇨問題40頁）

1 600 字程度の２つの文章を聞き，内容についての問い５問ずつに答えます。ポイントとなる内容を聞き取り，全体の趣旨をつかむ能力を問います。（各5点）

解答：(1)❶　(2)❷　(3)❹　(4)❷　(5)❹　(6)❷　(7)❶　(8)❸　(9)❷　(10)❹

(1)～(5)の中国語

04 三十多年前，我和我的一个好友同时报考了东京的一所名牌大学，为了参加考试，我们坐上了从大阪去东京的火车。开车后很久，心情不安的我们都默默地望着车窗外的景色。

车到京都时，上来一个高中生模样的女孩儿，坐在了我们旁边。她那光彩照人的容貌让我和我朋友都有点儿乱了方寸。火车过了名古屋，我们才跟女孩儿搭上话。原来她是来京都考大学的。随着气氛的逐渐融洽（róngqià），女孩儿提议说：“如果三人都能顺利考取，咱们应该庆祝一下。”女孩儿还给我们留下了住址和电话。

05 女孩儿的建议让我们不禁怦（pēng）然心动。朋友说：“我不想考东京的大学了，干脆考京都的算了……”，我也顺水推舟地说：“今年报考东京的大学，落榜的可能性很大，不如再复习一年。”一瞬间，我们拿定了主意，于是，在中途下了车，用父母给的钱来了一次小旅行。

06 由于种种原因我和朋友都没能去京都上大学，但我们都一直挂念着火车上遇到的那个女孩儿。几个月后的一天，我们商定，两个人猜拳，谁输了，谁给女孩儿打电话。结果是我拨通了女孩儿家的电话。她高兴地告诉我自己考上了京都的那所大学，又问我是两个人中的哪一个。我说你猜猜看。她说你是那个高个子吧，不过不管是谁，都欢迎来京都找我。后来，我们三个人就经常在京都见面。再后来？她就成了我们二人中一个人的太太。

搭话：動話しかける

融洽：形（互いに）打ち解けている

怦然心动：胸がどきんとする。“怦”は心臓が激しく鳴る擬声語

顺水推舟：成成り行きに従って事を進める

落榜：動不合格になる

商定：動相談して決める

猜拳：[動]拳を打つ。ここでは「[動]じゃんけんをする」

訳：30年余り前，わたしは親しい友人と一緒に東京のある名門大学に出願し，受験のため大阪から東京行きの列車に乗り込んだ。発車後ずっと，気持ちの落ち着かないわたしたちは黙って窓の外の景色を眺めていた。

列車が京都に着いたとき，高校生らしき女の子が乗って来て，わたしたちの隣に座った。彼女の輝くような顔立ちは，わたしと友人を少しばかりどぎまぎさせた。列車が名古屋を過ぎたころ，わたしたちはようやく女の子とことばを交わし始めた。彼女は京都に大学受験に来たのだった。なごやかな雰囲気になるにつれ，女の子は「もし3人全員順調に合格したら，お祝いしなくては。」と提案し，住所と電話番号を残してもいった。

女の子の提案にわたしたちは胸がどきどきするのを抑えきれなかった。友人は「おれは東京の大学を受けたくなくなったよ，いっそのこと京都の大学を受けたらいいんだ…」と言い，わたしも勢いに任せて「今年は東京の大学に出願したけれど，落ちる可能性が高い，1年勉強し直すに越したことはない。」と言った。次の瞬間，わたしたちは決意を固め，途中下車して，両親のくれたお金で小旅行をした。

様々な事情があって，わたしも友人も京都の大学に進学しなかったが，わたしたちは列車で出会ったあの女の子をずっと想っていた。数か月後のある日，わたしたちは話し合い，2人でじゃんけんをして負けた方が女の子に電話することにした。その結果，わたしが女の子の家に電話をかけ，つながった。彼女はうれしそうに京都のあの大学に合格したことを告げ，わたしに，あなたはあの時のどちらなのと聞いた。わたしは，当ててみてと言った。彼女は，あなたはのっぽさんの方でしょ，でもどちらであろうと，ぜひ京都に会いに来てねと言った。その後，わたしたち3人はしょっちゅう京都で会った。さらにその後？彼女はわたしたち2人のうちの1人の奥さんになった。

07 (1) 問：作者当时去东京打算做什么?

(作者は当時東京へ何をしに行くつもりだったか。)

答：❶ 他去参加某大学的入学考试。

(彼はある大学の入学試験を受けに行くつもりだった。)

② 他想去看望高中的同学。

(彼は高校の同級生に会いに行きたいと思っていた。)

③ 他想跟朋友一起去旅行。

(彼は友だちと一緒に旅行に行きたいと思っていた。)

④ 他打算去看自己的父母。
（彼は自分の両親に会いに行くつもりだった。）

08 (2) 問：作者是在什么地方与女孩儿相遇的？
（作者はどこで女の子と出会ったか。）

答：① 由名古屋去东京的火车上。（名古屋から東京へ行く列車で。）

❷ 由大阪开往东京的火车上。（大阪から東京へ向かう列車で。）

③ 在京都的一个好朋友家里。（京都の親しい友人の家で。）

④ 在京都的某所名牌大学里。（京都のとある名門大学で。）

09 (3) 問：中途上车的女孩儿给作者的第一印象是什么？（途中で乗車してきた女の子が作者に与えた第一印象はどのようなものだったか。）

答：① 她长得有点儿胖。（彼女は少し太っている。）

② 她像一个大学生。（彼女は大学生のようだ。）

③ 她好像特别害羞。（彼女はとても恥ずかしがり屋のようだ。）

❹ 她长得非常漂亮。（彼女は非常にきれいだ。）

10 (4) 問：那年三个人高考的结果如何？
（その年の3人の大学入試の結果はどうだったか。）

答：① 三人都顺利考上了京都的大学。
（3人とも順調に京都の大学に合格した。）

❷ 只有女孩儿一个人实现了愿望。（女の子だけが希望をかなえた。）

③ 作者的朋友考上了京都的大学。
（作者の友人は京都の大学に合格した。）

④ 作者的朋友和女孩儿都落榜了。
（作者の友人と女の子はどちらも不合格だった。）

11 (5) 問：与本文内容相符的是以下哪一项？
（本文の内容に合うものは，次のどれか。）

答：① 女孩儿希望作者和他朋友也考京都的大学。
（女の子は作者とその友人も京都の大学を受験してほしいと希望した。）

② 作者跟朋友决定猜拳赢的人给女孩儿打电话。（作者は友人とじゃんけんをして勝った方が女の子に電話することに決めた。）

③ 在去东京的火车上作者跟朋友一直很轻松。
（東京へ行く列車で作者は友人とずっとリラックスしていた。）

❹ **女孩儿后来跟两个男孩儿中的一个结婚了。**
（女の子は後に２人の男の子のうちの１人と結婚した。）

⑹～⑽の中国語

20 高热量、高脂肪（zhīfáng）、高糖分，这些词给正在减肥的人们带来的恐惧是巨大的。有人将这些“三高”食品统称为“垃圾食品”，对此避之唯恐不及。然而，这些让人又爱又恨的“垃圾食品”恰恰是最可口的东西。

饥饿是人类最大的敌人。与其它动物一样，人类在漫长的进化过程中，面临的首要问题就是如何获得足够的能量以维持生命。而用最少的食物获得最大的能量，就成了人类生殖繁衍（fányǎn）的需要。长期以来的食物匮乏（kuìfá），使人类形成了追求高热量食品的习性，它已作为一种基因，被根植于我们的体内。所以，喜欢“好吃的”三高食物，其实是人类自然选择的结果。

21 随着科学技术的进步，在耕地面积并未扩大的情况下，谷物的产量反倒增加了，所以多数人不再为吃发愁。今天，营养过剩成了人类健康的大敌，减肥竟成为一种风尚，人们开始琢磨如何避免摄入过多的营养。有人说，减肥的关键在于，“迈开腿，管住嘴”。不过，在减肥过程中，最痛苦的一定不是“迈不开腿”，而是无法拒绝眼前那些“垃圾食品”。以失败而告终的减肥者，往往是因为“管不住嘴”。

22 其实减肥失败并非“贪吃”那么简单，因为你所要战胜的不是“垃圾食品”的诱惑，而是来自祖先的强大而可怕的“基因”。说它强大，是由于它使人类在严酷的环境下得以存活至今；说它可怕，则是它让你在食物充足的今天不断发胖。

垃圾食品：ジャンクフード
首要：形最も重要な
繁衍：動繁殖する
匮乏：動（物資が）欠乏する，乏しい。書き言葉
根植：動根を下ろす。多く比喩的に用いられる
风尚：名風潮
基因：名遺伝子，DNA

訳：高カロリー，高脂肪，高糖分，これらの語がダイエット中の人に与える恐怖はとても大きい。これら「三高」食品を「ジャンクフード」と呼んで，徹底的に避けようとする人もいる。しかしながら，これらの人に愛されてもおり恨

まれてもいる「ジャンクフード」はよりによって最もおいしい食べ物なのだ。

飢餓は人類最大の敵である。他の動物と同じく，人類の長い進化の過程で直面してきた最重要課題は，いかにして十分なエネルギーを獲得し生命を維持するかということであり，しかも最小限の食物で最大限のエネルギーを得ることは人類の繁殖にとって必要なこととなった。長期にわたる食料の欠乏は，人類に高カロリー食品を求めようとする習性をもたらし，すでに遺伝子として我々の体内に根を下ろしている。だから，「おいしい」三高食品を好むのは，実は人類の自然な選択の結果なのだ。

科学技術の進歩につれ，耕地面積が特に拡大されてはいない状況であるにもかかわらず，穀物の生産量が増加したことによって，多くの人々は二度と食べることを心配しなくなった。今日では，栄養過多は人類の健康の大敵となった。ダイエットは一種の風潮となっており，人々はいかにして過剰な栄養を摂取しないかの研究を始めた。ダイエットの秘訣は「足を動かして，口をしっかりコントロールする（体を動かし，食べないようにする)」ことだと言う人がいる。しかし，ダイエットで一番つらいのはきっと「足を動かせない」ことではなく，目の前の「ジャンクフード」に抗うすべがないことである。失敗に終わったダイエットは，往々にして「口をしっかりコントロールすることができなかった」ことによる。

実際には，ダイエットの失敗は決して「食いしん坊」のような単純なことではない。というのも，打ち勝たなくてはならないのは，「ジャンクフード」の誘惑ではなく，先祖代々引き継がれた強大にして恐るべき「DNA」だからである。強大と言うのは，それが人類を苛酷な環境のもと今に至るまで存続させたからであり，恐るべきと言うのは，それが食物の満ち足りた今日では我々を太らせ続けているからである。

23 (6) 問：自古以来人类面临的最大课题是什么?

（古来人類が直面してきた最大の課題は何か。）

答：① 怎样躲避猛兽的伤害。（猛獣による危害をどのようにして避けるか。）

❷ 如何解决吃饱的问题。

（お腹いっぱい食べるという問題をいかに解決するか。）

③ 不知道怎样处理垃圾。

（ゴミをどうやって処理すればよいのかを知らない。）

④ 自然灾害带来的恐惧。（自然災害がもたらす恐怖。）

24 ⑺ 問：为什么说“垃圾食品”让人又爱又恨？（なぜ「ジャンクフード」は人に愛されてもおり恨まれてもいると言うのか。）

答：❶ **因为它在让人享受美味的同时还能使人发胖。**
（人においしさを享受させると同時に人を太らせるから。）

② 因为现在“垃圾食品”种类太多，很难分辨。（現在は「ジャンクフード」の種類が多すぎて，見分けがつけにくいから。）

③ 因为所有可口的食物都能导致减肥最终失败。
（おいしい食べ物はすべてダイエットを最終的に失敗へと導くから。）

④ 因为“垃圾食品”虽然没有营养，但味美无比。（「ジャンクフード」は栄養はないが，おいしさは他と比べようもないから。）

25 ⑻ 問：为什么说喜欢高热量食品是人类自然选择的结果？
（なぜ高カロリー食品を好むことは人類の自然な選択の結果だと言うのか。）

答：① 因为吃高热量食品能避免摄取过剩的营养。（高カロリー食品を食べることによって過剰な栄養の摂取を避けることができるから。）

② 因为人类没有能力与其它的动物竞争食物。
（人類には他の動物と食物を奪い合う能力がないから。）

❸ **因为能给人带来最大能量的食物非常有限。**
（人に最大のエネルギーをもたらす食物は非常に限られているから。）

④ 因为长时间以来人类能食用的东西太有限。
（長きにわたり人類が食用とすることのできる物がとても少ないから。）

26 ⑼ 問：为什么多数人已经不用为食物发愁了？
（なぜ多くの人がすでに食べ物のために心配しなくてよくなったのか。）

答：① 因为用于种植粮食的土地面积在不断扩大。
（主食用作物を栽培する土地の面積が拡大し続けているから。）

❷ **因为科技的发展为人类提供了更多的食品。**
（科学技術の発展が人類により多くの食品をもたらしたから。）

③ 因为现代人类没有以前的人吃得那么多了。
（現代の人類は昔の人ほどたくさん食べなくなったから。）

④ 因为多数人已经不再食用“垃圾食品”了。
（多くの人が「ジャンクフード」を二度と食べなくなったから。）

27 ⑽ 問：与本文内容相符的是以下哪一项？
（本文の内容に合うものは，次のどれか。）

答：① 减肥者最痛苦的一定是“迈开腿”。（ダイエットで最もつらいのはきっと「足を動かす〔体を動かす〕」ことである。）

② 现代人的基因可以借助科学来改变。
（現代人の遺伝子は科学技術の力を借りて変えることができる。）

③ “垃圾食品”是对人类健康的最大威胁。
（「ジャンクフード」は人類の健康に対する最大の脅威である。）

❹ **“管住嘴”是有违人类本能的行为。**（「口をしっかりコントロールする〔食べないようにする〕」のは人類の本能に背く行為である。）

2 **500字程度の文章を聞いた後，指定された5か所の文を漢字で書き取ります。全体の内容を理解しながら，正しく漢字で書く能力を問います。** （各10点）

37 常听到有人赞美某处是“世外桃源”、“最后的净土”。其实他们赞美的不仅是一个地方，更是一种生活方式：淳朴、简单。(1)然而，有趣的是绝大多数“世外桃源”的赞美者最后还是回到了热闹非凡的尘世中。

人们喜欢了解不同于日常的生活，愿意观察陌生新奇的环境，这本属人之常情。但是如果一方面自己尽享现代文明带来的便利，(2)一方面却盼望着别人的生活永远“淳朴”、“简单”，以便自己去憧憬（chōngjǐng），那就不对了。

38 现代都市的人可以选择都市的便利与繁华，也可以选择去“世外桃源”过简单、淳朴的日子。(3)也就是说，都市人尚有选择的余地，而原本就生活在“净土”的人们，想过都市的生活却很难很难。“淳朴”和“简单”是他们唯一的选择。

39 人们都是向往丰富与便利的。当然，(4)任何社会总会有少数特立独行的人，即便你给他丰富和便利，他也会选择素朴和简单。但他们代表不了普通人。普通人在用扁担（biǎndan）挑水和自来水之间，肯定会毫不犹豫地选择后者。

我们很容易高估人们对简朴生活忍耐的极限。“世外桃源”固然美丽，“最后的净土”也令人神往，(5)但是，一个习惯了大都市种种便利的人，究竟能够在一无所有的“净土”上坚持多久呢？

世外桃源：[成]桃源郷，ユートピア，俗世間を離れた別天地。陶淵明の『桃花源記』を出典とする

以便：[接]…するために

特立独行：[成]世俗に超然として，行いや趣味が高尚である

扁担：〔名〕天秤棒

高估：〔動〕過大評価をする

訳：人々がある場所を「桃源郷（ユートピア）」「最後の楽園」と称賛するのを耳にすることがあるが，彼らが称賛しているのは単なる場所だけでなく，むしろ純朴，シンプルといったライフスタイルである。(1)しかし，おもしろいことに「桃源郷（ユートピア）」の礼賛者のほとんどは，最終的にはやはり異常なにぎわいの俗世間に帰って来る。

人々は非日常の生活を理解しようとすることを好み，見知らぬ珍しい環境をつぶさに観察したいと願う，これが人情というものだろう。しかし，一方では現代文明のもたらす便利さを最大限に享受していながら，(2)一方では自分の憧れの気持ちを満足させるために，他人の生活が永遠に「純朴」で「シンプル」であることを期待するとなると，それは間違いである。

現代の都会の人は，都市の便利さとにぎやかさを選ぶこともできれば，「桃源郷」にシンプルで純朴な日々を過ごしに行くことを選ぶこともできる。(3)これはつまり，都会の人はまだ選択の余地があるが，もともと「楽園」に生活する人々が都会の（ような）生活をしたいと思ったとしてもできない，ということでもある。「純朴」と「シンプル」は，彼らのたった一つの選択肢なのだ。

人はみな豊かさと便利へと向かうものである。もちろん，(4)どんな社会にも少数の我が道を行く人が常に存在しており，豊かさと便利をあげると言っても，彼らは素朴とシンプルを選ぶだろう。しかし，彼らは普通の人々の代表ではありえない。普通の人は天秤棒を担いで水をくむのと水道水では，何のためらいもなく後者を選ぶはずである。

質素な生活に対する人々の忍耐の極限をわたしたちは過大評価しがちである。「桃源郷」は確かに美しく，「最後の楽園」も人をうっとりとさせる。(5)しかし，大都市の便利なあれやこれやに慣れてしまった人が，何一つない「楽園」でいったいどのくらい持ちこたえることができるのだろうか。

40 (1) 然而，有趣的是绝大多数“世外桃源”的赞美者最后还是回到了热闹非凡的尘世中。

41 (2) 一方面却盼望着别人的生活永远“淳朴”、“简单”，以便自己去憧憬，那就不对了。

42 (3) 也就是说，都市人尚有选择的余地，而原本就生活在“净土”的人们，想过都市的生活却很难很难。

43 (4) 任何社会总会有少数特立独行的人，即便你给他丰富和便利，他也会选择素朴和简单。

44 (5) 但是，一个习惯了大都市种种便利的人，究竟能够在一无所有的“净土”上坚持多久呢?

筆　記 （⇨問題43頁）

1 800字程度の文章を読み，流れをつかんで適当な語句を補う8問，正しいピンインを選ぶ1問，内容の理解を問う1問に答えます。語句の知識と読解力を問います。（各2点）

解答：(1)❹　(2)❷　(3)❶　(4)❷　(5)❶　(6)❸　(7)❹　(8)❹　(9)❷　(10)❹

我们的社会对知识一直有着严重的功利化的认知。历史上，老百姓大多对读书人尊敬有加，甚至 (1)爱屋及乌 ，对读书的工具也奉若神明。比如“敬惜字纸”说的就是写了字的纸要爱惜，不能随便丢弃。其实，人们真正看好的并非读书人，也不是知识本身，而是读书人做官的机会。因为在“学而优则仕”的体制下，一个读了书的农民子弟可以“朝为田舍郎，暮登天子堂”，所以，人们对读书人的敬意，不过是权力崇拜的 (2)延展／延伸／延长 罢了。

这让我们 (3)不禁 想到，如果有一天，“学而优则仕”不复存在，读书不能使人做官了，那么人们还会尊敬读书人，还会像“敬惜字纸”那般尊重知识吗？在今天看来，答案是肯定的。因为，今天读书虽然不能让人当官，但知识却能为人带来财富。知识创造财富早已成为当今人们的共识，商界成功人士拥有高学历背景的比比皆是， (4)以至 人们宣称这是一个知识经济的时代。

那么下一个问题就来了：假如知识既带不来权力，也带不来财富了，还有人爱知识吗？答案是 (5)不言而喻 的。现代人信奉“知识就是力量”，或者“知识服务于权力”，因此只将知识视为获得力量或权力的手段，而非最高目标。但古希腊人则不一样。他们认为知识本身就是 (6)终极 目标，获得知识就是获得自由。在古希腊人的眼里，知识既不是生产力，也不是智商，而是通往自由人性的教化方式。求知是非功利性的“好奇心”的反映，正如亚里士多德所说“求知是人类的本性”。没有对知识的追求之心，你就 (7)不配 做一个自由人。当然，生活在今天的人们远没有古希腊人那么洒脱（sǎtuō）。现代社会的发展日新月异，我们稍一(8)懈怠 xièdài，就可能掉队。所以只有不断 (9)汲取 新知识，提升自己对当今世界的认知能力，才能使自己在飞速变化的社会环境中掌握主动权。

读书人：名 読書人，知識人。旧時，科挙合格を目指して勉強を続ける環境にあっ

た階級を指す

奉若神明：[成]神のように敬い奉る。多くけなす意味で用いる

学而优则仕：学んで余力があるならば役人になって仕える。“优”は“悠”に通じる。『論語・子張』を出典とし，“仕而优则学，”の後に続く

朝为田舍郎，暮登天子堂：田舎者が一転，役人になる。宋代の王洙《おうしゅ》《神童诗》の一節

智商：[名]知能指数，IQ

亚里士多德：アリストテレス。古代ギリシアの哲学者

訳：わたしたちの社会は知識に対して常に深刻な功利的な認識を抱いている。歴史的に見て，庶民の多くは読書人に対してことさらに尊敬の念を抱いており，尊敬が高じて学問のための道具まであがめている。例えば，“敬惜字纸”とは字の書かれた紙を大切にしなくてはならず，むやみに捨ててはならないということである。しかし，人々が本当に重んじるのは読書人では決してなく，知識そのものでもなく，読書人が官職に就くチャンスであった。「学びて優なれば（余力があれば）則ち仕う」という体制のもと，学問を修めた農民の子弟が「朝に田舎郎たりて，暮に天子堂に登る」ことができたため，人々の読書人に対する敬意は，権力崇拝の延長に過ぎなかった。

このことはわたしたちに次のように思わせざるを得ない。いつの日か「学びて優なれば則ち仕う」が二度と存在することなく，学問が人を官職に就かせることがなくなったなら，人々はそれでも読書人を尊敬するであろうか，“敬惜字纸”のように知識を尊重するであろうか，と。今日見るかぎり，答えはイエスである。なぜなら，今日では学問が人を官職に就かせることはできないが，知識は人に富をもたらすからだ。知識が富を築くことはとっくに現代人の共通認識となっており，ビジネス界の成功者はいずれも高学歴で，現代は知識経済の時代であると公言する人さえいる。

そこで一つの疑問が生じる。仮に知識が権力をもたらさず，富をももたらさないとすると，それでもまだ知識を愛する人はいるだろうか。答えは言わずもがなである。現代人は「知識は力なり」「知識は権力のしもべである」という考えを信奉しているため，知識をパワーや権力を手に入れるための手段に過ぎず，最終目的ではないと見なしている。しかし古代ギリシャ人はそうではなかった。彼らは知識こそが究極の目的であり，知識を獲得することは自由を獲得することだと考えていた。古代ギリシャ人にとっては，知識は生産力でないだけでなく，IQでもなく，自由な人間性への教化の方法であった。知識を求めることは非功利的な「好奇心」の現れであり，ちょうどアリストテレスの言うと

ころの「知識を追い求めることは人間の本性」である。知識への欲求がなければ，あなたには自由人たる資格はない。もちろん，今に生きる人々は古代ギリシャ人の洒脱さからはほど遠い。現代社会の発展は日進月歩であり，少しでも気を抜けば置いてきぼりにされてしまう。だから新しい知識を絶えず吸収し，自己の今の世界に対する認知能力を高めてはじめて，飛ぶようなスピードで変化する社会環境の中で主導権を握ることが可能となるのである。

(1) 空欄補充

老百姓大多对读书人尊敬有加，甚至□，对读书的工具也奉若神明（庶民の多くは読書人に対してことさらに尊敬の念を抱いており，尊敬が高じて読書のための道具まであがめている）

① 爱不释手（àibùshìshǒu [成]大切にしまって手放すのが忍びない）

② 爱莫能助（àimònéngzhù [成]同情するが助ける力がない）

③ 爱才若渴（àicái-ruòkě [成]才能ある人を渇望する）

❹ 爱屋及乌（àiwū-jíwū [成]「人を愛すれば，その人の家の屋根にとまるカラスまでもかわいい」から「人を愛すると，その人と関わりのあるすべてのものを愛するようになる」）

“甚至”（[接]甚だしきに至っては）に続くので，読書人に対する態度が“尊敬有加”（ことさらに尊敬の念を抱く）から極限まで進み，“对读书的工具也奉若神明”（尊敬が高じて読書のための道具まであがめている）という状況を表すのに，意味から適当な④を選びます。

(2) 空欄補充（不適当）

人们对读书人的敬意，不过是权力崇拜的□罢了

（人々の読書人に対する敬意は，権力崇拝の延長に過ぎなかった）

① 延展（yánzhǎn [動]延びる，広げる）

❷ 延缓（yánhuǎn [動]〔時間を〕延ばす）

③ 延伸（yánshēn [動]延びる，延ばす）

④ 延长（yáncháng [動]〔長さ，時間などを〕延長する）

①～④はここでは名詞として用いられています。3行目“人们真正看好的并非读书人，也不是知识本身，而是读书人做官的机会”（人々が本当に重んじるのは読書人では決してなく，知識そのものでもなく，読書人が官職に就くチャンスであった）と符合することから，「延長。一続きの物事

と考えること」という意味が入ることが考えられ，不適当な②を選びます。

⑶ 空欄補充

这让我们[　　]想到，

（このことはわたしたちに次のように思わせざるを得ない）

❶ 不禁（bújìn [副]…せずにはいられない）

② 不妨（bùfáng [副]差し支えない）

③ 不啻（búchì [動]…にとどまらない）

④ 不吝（búlìn [動]惜しまない）

“想到”（思いつく）について用いるのに意味から適当な①を選びます。

⑷ 空欄補充

知识创造财富早已成为当今人们的共识，商界成功人士拥有高学历背景的比比皆是，[　　]人们宣称这是一个知识经济的时代（知識が富を築くことはとっくに現代人の共通認識となっており，ビジネス界の成功者はいずれも高学歴で，現代は知識経済の時代であると公言する人さえいる）

① 及至（jízhì [介]…になってから）

❷ 以至（yǐzhì [接]さらには）

③ 直至（zhízhì [動]…になる）

④ 截至（jiézhì [動]…で期限を切る）

“人们宣称这是一个知识经济的时代”（人々は現代は知識経済の時代であると公言する）は，空欄の前の部分より状況を強調する内容になっているので，意味から適当な②を選びます。

⑸ 空欄補充

答案是[　　]的（答えは言わずもがなである）

❶ 不言而喻（bùyán'éryù [成]言うまでもない）

② 不打自招（bùdǎ-zìzhāo [成]語るに落ちる，何気なく話しているうちに真実を漏らしてしまう）

③ 不假思索（bùjiǎ-sīsuǒ [成]考えもせずに）

④ 不堪设想（bùkān-shèxiǎng [成]どうなるか予断を許さない）

“答案”について用いるのに意味から適当な①を選びます。

(6) 空欄補充

他们认为知识本身就是［　　］目标，…

（彼らは知識こそが究極の目的であり，…と考えていた）

① 终究（zhōngjiū 副結局のところ）

② 终点（zhōngdiǎn 名終点）

❸ **终极**（zhōngjí 名究極）

④ 终了（zhōngliǎo 動終了する）

“目标”を修飾するのに品詞と意味から適当な③を選びます。

(7) 空欄補充

没有对知识的追求之心，你就［　　］做一个自由人

（知識への欲求がなければ，あなたには自由人たる資格はない）

① 不愧（búkuì 副…に恥じない）

② 不乏（bùfá 動少なくない）

③ 不屑（búxiè 動…するに値しない）

❹ **不配**（búpèi 動ふさわしくない）

空欄のある節は，“就”があることから，“没有对知识的追求之心”（知識への欲求がない）という条件に対する結論を述べていることが分かります。16 行目“他们认为…”以降の内容と一致するよう，意味から適当な④を選びます。

(8) ピンイン表記

懈怠

① jiětái

② jiědài

③ xiétǎi

❹ **xièdài**

「形気持ちが緩む」。

(9) 空欄補充

不断［　　］新知识（新しい知識を絶えず吸収し）

① 捞取（lāoqǔ 動〔不正な手段で〕手に入れる）

❷ **汲取**（jíqǔ 動取り入れる）

③ 领取（lǐngqǔ 動受け取る）

④ 争取（zhēngqǔ 動実現するよう努力する，勝ち取る）

“新知识”を目的語にとるのに意味から適当な②を選びます。

⑽ 内容の不一致

① 一个人的命运有可能因读书学习而改变。
（一人の人の運命は勉学によって変えられる可能性がある。）

② 以前尊重知识更主要的是对权力的崇拜。
（以前は知識の尊重とは主に権力に対する崇拝であった。）

③ 古希腊人认为没有知识的人就没有自由。
（古代ギリシャ人は知識のない人には自由はないと考えていた。）

❹ 今天拥有较高学历的成功商人凤毛麟角。
（今日比較的高学歴のビジネス界の成功者は稀有である。）

10行目“商界成功人士拥有高学历背景的比比皆是”（ビジネス界の成功者はいずれも高学歴で）と一致しないので，④を選びます。“凤毛麟角”は成語で「鳳凰の羽毛や麒麟の角」から「極めて得難い人や物」。

2 適当な語句を補います。読解力と語句の知識を問います。 （各2点）

解答：⑴❸ ⑵❶ ⑶❷ ⑷❷ ⑸❶ ⑹❶ ⑺❸ ⑻❹ ⑼❷ ⑽❶

⑴ 他没有什么真本事，却总摆出一副谁也瞧不起的（ 架势 ）。（彼には本当の才能なんてものはないのに，いつも眼中人無しというポーズをとっている。）

① 局势（júshì 名〔政治や軍事などの〕形勢，情勢）

② 态势（tàishì 名態勢）

❸ 架势（jiàshi 名姿勢，ポーズ，もったいぶった態度）

④ 声势（shēngshì 名勢い）

量詞“副”で数え，“摆出”の目的語となり，“谁也瞧不起”（眼中人無し）とするものを表すことから，③を選びます。“摆架子”（もったいぶる）という慣用句もあります。

⑵ 你老实说，这件事到底是不是你（ 指使 ）他干的?
（正直に言ってくれ，この件は結局君が彼をそそのかしてやらせたのかい？）

❶ 指使（zhǐshǐ 動そそのかす）

② 指靠（zhǐkào 動〔生活面で〕頼る）

③ 指控（zhǐkòng 動告発する）

④ 指认（zhǐrèn 動指摘し確かめる）

意味から適当な①を選びます。“指使” は使役文を作ることができる動詞です。

⑶ 我觉得在孩子的教育问题上，父母既不能放纵（fàngzòng），也不能（ 苛求 ）。（わたしは子どもの教育問題において，両親は放任してはいけないし，厳しすぎてもいけないと思う。）

① 寻求（xúnqiú 動〔抽象的なものを〕探し求める）

❷ 苛求（kēqiú 動厳しすぎる要求をする）

③ 谋求（móuqiú 動追求する）

④ 讲求（jiǎngqiú 動重んじる）

“既…也…” は並列を表す「…でもあれば…でもある」なので，“不能（　）” で，子供の教育問題において “不能放纵” と並列する事柄になるよう，意味から適当な②を選びます。

⑷ 关于这个问题，大家都提出了十分（ 中肯 ）的意见。
（この問題に関して，みんなは非常に的を射た意見を出した。）

① 中正（zhōngzhèng 形公正公平である）

❷ 中肯（zhòngkěn 形的を射ている）

③ 端正（duānzhèng 形端正である）

④ 首肯（shǒukěn 動承知する）

“意见” を形容するのに品詞と意味から適当な②を選びます。

⑸ 你们几个（ 竟然 ）为这么点儿小事而大动干戈（dàdòng-gāngē），真是太不值得了。（あなたたち何人かはなんとこんなちっぽけな事で大げんかしているが，全く大げさにするに値しない。）

❶ 竟然（jìngrán 副なんと）

② 固然（gùrán 接もとより…であるが）

③ 偶然（ǒurán 副たまたま）

④ 显然（xiǎnrán 形はっきりしている）

“为…而…” は「…のために…（する）」。“为…” の介詞句の前に置く品詞と，“小事”と“大动干戈”（成兵力を発動する，大げさに振る舞う）の対比に意外を表す意味から適当な①を選びます。

(6) 能够一直（　洞悉　）行业最新动态，是他取得成功的主要原因。（業界の最新動向を熟知し続けるということが，彼が成功を収めた主な理由である。）

❶ 洞悉（dòngxī 動知り抜く）

② 洞开（dòngkāi 動〔ドアや窓が〕大きく開く）

③ 悉心（xīxīn 副心を集中して）

④ 悉数（xīshù 副残らず全部）

副詞“一直”の後に入り，“行业最新动态”という目的語をとる品詞と意味から適当な①を選びます。

(7) 想到明天要去见女朋友的父母，他心里不免有些（　忐忑　）。（あすガールフレンドの両親に会いに行くことを考えると，彼の心はどうしても気が気でない。）

① 坎坷（kǎnkě 形〔道が〕でこぼこである，不遇である）

② 朦胧（ménglóng 形〔意識や景色が〕ぼんやりしている）

❸ 忐忑（tǎntè 形気が気でない）

④ 谄谀（chǎnyú 動こびへつらう）

副詞“有些”の後に入る品詞と“心里”について用いる意味から適当な③を選びます。

(8) 你这么说，给人的感觉就是在为自己（　开脱　）责任。
（あなたがそんなふうに言うと，人は自分の責任を逃れるためだと感じる。）

① 开释（kāishì 動〔犯人などを〕釈放する）

② 开销（kāixiao 動〔費用を〕支払う）

③ 开除（kāichú 動除名する）

❹ 开脱（kāituō 動〔罪や責任を〕言い逃れる）

“责任”を目的語にとるのに意味から適当な④を選びます。

(9) 有些规定太过（　笼统　），让我们在具体执行时感到为难。
（一部の規則はあいまいすぎるので，実際に執行するときにはやりづらい。）

① 笼络（lǒngluò 動丸め込む）

❷ 笼统（lǒngtǒng [形]大ざっぱである，あいまいである）
③ 体面（tǐmiàn [形]体裁がよい，面目が立つ）
④ 体统（tǐtǒng [名]体裁，品位）

副詞“太”“过”の後に入る品詞と，“让我们在具体执行时感到为难”（実際に執行するときにはやりづらい）状態にする“规定”について用いる意味から適当な②を選びます。

⑽ 之所以有如此（ 扎实 ）的文学基础，是因为他阅读了大量中外名著。（このようなしっかりとした文学的基礎があるのは，彼が大量の内外の名著を読んだからだ。）
❶ 扎实（zhāshi [形]確かである）
② 充实（chōngshí [形]充実している）
③ 切实（qièshí [形]適切である）
④ 翔实（xiángshí [形]詳細で確実である）

“之所以…，是因为…”は「…であるのは，…であるからだ」。“他阅读了大量中外名著”（彼が大量の内外の名著を読んだ）が，どのような“文学基础”（文学的基礎）を持つ結果につながるか，意味から適当な①を選びます。

3 正しく解釈した文を選びます。語句の意味についての知識を問います。（各2点）

解答：⑴❸ ⑵❸ ⑶❶ ⑷❷ ⑸❹ ⑹❷ ⑺❶ ⑻❸

⑴ 你再继续这样下去，早晚会丢乌纱帽（diū wūshāmào）的。
（こんなふうにし続けていると，君は遅かれ早かれ官職を失うだろう。）
① 比喻获得真正的自由。（本当の自由を手に入れることをたとえる。）
② 比喻改变以往的形象。（これまでのイメージを払拭《ふっしょく》することをたとえる。）
❸ 比喻失去现有的官职。（今の官職を失うことをたとえる。）
④ 比喻摆脱当下的困境。（目下の苦境を脱することをたとえる。）

“丢乌纱帽”は「[名]昔の文官の帽子の一種」から「官職」をたとえ，“丢乌纱帽”で「官職を失う」なので，③を選びます。

⑵ 有些人对于新生事物总是采取横挑鼻子竖挑眼的态度。
（一部の人は新しい事物に対していつもあれこれとほじくる態度をとる。）

① 比喻对人或事物高度赞赏。

（人や事物に大きな称賛を送ることをたとえる。）

② 比喻敢于向极限发起挑战。（極限状態にあえて挑戦することをたとえる。）

❸ 比喻对人或事物百般挑剔（tiāoti）。

（人や事物に対してあれこれとあら探しをすることをたとえる。）

④ 比喻对人或事物极力回避。

（人や事物に対して極力回避することをたとえる。）

“横挑鼻子竖挑眼”は，「[慣]（あれやこれやと）あら探しをする」なので，③を選びます。“挑”は③の“挑剔”（[動]あらを探す）の“挑”も含め，「欠点を探す」という意味です。

(3) 毎次遇到这样的情况，他的做法就是和稀泥（huò xīní）。

（このような状況に陥ったときの彼のやり方は，いつも人を丸め込むやり方だ。）

❶ 比喻没有原则地进行调解。（無原則に仲裁することをたとえる。）

② 比喻非常武断地处理问题。

（とても独断的に問題を処理することをたとえる。）

③ 比喻固执己见地做出判断。

（自分の意見に固執して判断を下すことをたとえる。）

④ 比喻不懂变通地考虑问题。（臨機応変に問題を考えないことをたとえる。）

“和稀泥”は「[慣]無原則に妥協をはかる，なあなあでまとめる」なので，①を選びます。③の“己见”は「[名]自分の意見」。

(4) 必要时要做一些妥协，以避免高不成，低不就的情况出现。（どっちつかずの情況が生じないように，必要に応じて妥協をしなくてはならない。）

① 比喻夫妻双方的关系不够和谐。

（夫婦の関係があまり仲むつまじくないことをたとえる。）

❷ 比喻人们选择时陷于两难境地。

（どちらかを選ぶのが難しい状況に陥ることをたとえる。）

③ 比喻上下级之间的关系很紧张。

（上下関係が緊迫していることをたとえる。）

④ 比喻亲子间产生了严重的对立。

（親子間で深刻な対立が生じていることをたとえる。）

“高不成，低不就”は，「[成]望んでいるものは得られず，得られるものは気に入らず。どっちつかずで心が決まらない」なので，②を選びます。多く職業や配偶者の選択について用います。④の“亲子”は「[名]親と子」。

(5) 平时工作很忙的他，见缝插针地自学了日语。
（ふだん仕事がとても忙しい彼は，わずかな暇を盗んで日本語を独学した。）

① 比喻做事情有很强的针对性。
（物事を行うに当たり十分に的確であることをたとえる。）

② 比喻做事情追求完美的结果。
（物事を行うに当たり完璧な結果を追求することをたとえる。）

③ 比喻利用最佳的时机做事情。
（最もよい時機を見て物事を行うことをたとえる。）

❹ 比喻利用一切可利用的时间。（使える時間はすべて使うことをたとえる。）

“见缝插针”は「[成]ほんの小さな空間やわずかな時間も活用する」なので，④を選びます。

(6) 治疗这种病对于他那样的大夫来说，简直太小儿科了。
（こんな病気を治療することは彼のような医師にとっては，まったく朝飯前だ。）

① 比喻处理起来很棘手（jíshǒu）的事情。
（処理するに当たりとてもやっかいな事柄をたとえる。）

❷ 比喻处理起来很容易的事情。
（処理するに当たりとても容易な事柄をたとえる。）

③ 比喻既罕见又不好办的事情。
（めったになく，やりにくい事柄をたとえる。）

④ 比喻常见但不好处理的事情。（よくあるが処理しにくい事柄をたとえる。）

“小儿科”は「[名]容易なこと，朝飯前」なので，②を選びます。ここでは形容詞のように用いられています。①の“棘手”は「[形]やっかいである」。

(7) 无风不起浪，大家这么猜测也不是没有道理的。（火のないところに煙は立たない，皆がこのように推測するのも道理のないことではない。）

❶ 比喻事情的发生总是有原因的。
（物事の発生には常に原因があることをたとえる。）

② 比喻事情的变化是非常偶然的。

（物事の変化は非常に偶然であることをたとえる。）

③ 比喩事情的发展完全出乎意料。

（物事の発展はまったく予想外であることをたとえる。）

④ 比喩事情的进展既平稳又顺利。

（物事の進展は穏やかでスムーズであることをたとえる。）

“无风不起浪”は成語で「風がなければ波は立たない」から「事が起きるにはすべて原因がある」なので，①を選びます。

(8) 我觉得这部电视剧中男女主角的演技都可圈可点。（わたしは，このテレビドラマの男女の主役の演技はいずれも称賛に値すると思う。）

① 形容演技比以前有了很大提高。

（演技が以前より大きく上達していることを形容する。）

② 形容表现不佳，应当受到批评。

（表現が下手で，批評を受けるに相当することを形容する。）

❸ 形容表现上佳，应当予以肯定。

（表現がすばらしく，認めるに値することを形容する。）

④ 形容某个人的行为很值得商榷（shāngquè）。

（人の行為が議論を呼ぶに値することを形容する。）

“可圈可点”は「成 圏点（文章中の妙所・要点などを示すため文字の傍につけるしるし）をつける価値がある，称賛に値する」なので，③を選びます。④の“商榷”は「動 議論する，検討する」。

4 **600字程度の文章を読み，2か所のピンインを漢字に改め，3つの文を日本語に訳します。全体の内容を理解しながら，正しく漢字で書く能力，日本語の翻訳力を問います。** ((1)(ア)(イ)各2点，(2)(a)(c)各7点，(b)6点)

颐和园是北京众多的名胜古迹之一，它的前身叫清漪园（Qīngyīyuán）。是由乾隆皇帝亲自主持设计并建造的。清漪园始建于1750年，用时近15年。清漪园的总体规划和许多景点设计是以江南胜景为蓝本的，其主要参照对象是杭州西湖。乾隆为什么要模仿西湖建这样一座皇家园林呢？喜欢作诗的乾隆皇帝肯定从数不胜数的历朝诗歌中(ア) lǐnglüè 领略了杭州西湖的美丽，而杭州西湖正是中国江南风物的代表，是汉族文人们理想中的天堂。(a)出于对汉族文化的敬仰与向往，乾隆皇帝要创建一个属于自己的梦，以使自己的内心获得安宁，这个梦就是清漪园。

頤和園

宽阔的昆明湖尽显了乾隆的西湖情结，而乾隆的许多治国理想在清漪园的其他建筑中也有所展现。至于儒家文明和农耕文明的象征在园内更是随处可见。

1860 年 11 月，清漪园被英法联军的一把大火烧成了灰烬。(b)这是乾隆所始料不及的，这把火烧掉的不仅仅是一座园林，还葬送了一代帝王的梦想，同时灼伤（zhuóshāng）了每个中国人的心。

到了慈禧太后执政时期，慈禧挪用（nuóyòng）建设海军的经费，重修这座园林并改名为颐和园。新建的颐和园与清漪园相比少了很多东西，尤其是那些(イ) chéngzài 承载着乾隆治国理想的东西都不见了踪影。这说明慈禧的重建之举并非要继承乾隆的理想，而只是将其变成自己享乐的地方。

(c)从清漪园到颐和园不仅仅是中国的造园艺术由奢而俭的象征，更是一个强大的封建王朝由盛而衰、由强而弱的象征。这一转变在政治上和文化上都具有无与伦比的代表性意义。今天的颐和园是国家重点文物保护单位，是每一个来北京观光的游客必到的游览胜地。

蓝本：[名]原本，種本

数不胜数：[成]枚挙にいとまがない

挪用：[動]（金を）流用する

无与伦比：[成]比べるものがない

訳：頤和園は北京にたくさんある名所旧跡の一つであり，前身を清漪園《せいいえん》と言う。乾隆帝自ら設計し建造を指揮したのである。清漪園の建設は 1750 年に始まり，15 年近くの年月を要した。清漪園全体の計画とたくさんある名所スポットは，江南の美しい景色をお手本にしており，主に参考の対象としたのは杭州の西湖だった。乾隆帝はなぜ西湖を模倣してこのような皇室の庭園を造ったのだろうか。詩作を好んだ乾隆帝は，数えきれない歴代王朝の詩歌から杭州西湖の美しさを味わい，杭州西湖はまさに中国江南の風物の代表であり，漢族文人の理想の楽園だと深く理解したのだろう。(a)漢族文化に対する敬慕と憧憬から，乾隆帝は自分なりの夢を創り，自己の内心に安寧を得ようとしたかったのだ。その夢が清漪園だった。

広々とした昆明湖は乾隆帝の西湖への思いを余すところなく表現しており，乾隆帝のたくさんの治国理念は清漪園のその他の建造物に表現されている。儒家文明と農耕文明の象徴に至っては，さらに園内の随所で見ることができる。

1860 年 11 月，清漪園は英仏連合軍の攻撃によって焼き尽くされ灰燼《かいじん》に帰した。(b)これは乾隆帝にとって思いもかけなかったことであり，この火事は庭園を一つ焼け落としただけでなく，一代の帝王の夢をも葬り，同時にまたすべての中国人の心にもやけどを負わせたのだった。

慈禧太后（西太后）の治世になると，慈禧太后は海軍建設の経費を流用してこの庭園を建て直すとともに，名前を頤和園と改めた。新たに建設された頤和園は清漪園に比べて多くのものがなくなった。とりわけ乾隆帝の治国理念を継承したものはことごとく跡形をなくした。これは，慈禧太后による再建が，乾隆帝の理想を引き継ごうとしたのでは決してなく，ただ自らの享楽の場に変えたということを示している。

(c)清漪園から頤和園への変化は，中国造園芸術が奢（ぜいたく）から倹（質素）へと移行したことの象徴であるだけでなく，それ以上に強大な封建王朝の盛（繁栄）から衰（衰退）へ，強（強大）から弱（弱小）へと変化したことの象徴でもある。この転変は政治的にも文化的にも比類のない代表的意味合いを帯びている。今日の頤和園は国家重点文物保護単位であり，北京に観光に来たすべての旅行客にとって必ず行かなくてはならない景勝地である。

(1) (ア) lǐnglüè

領略

「動味わう」。

(イ) chéngzài

承載

「動継承する，支える」。

(2) (a)～(c)上記を参照

(a)の“出于”は「動…による，…に基づく」。(b)の“始料不及”は「成前もって予測できなかった」，“把”は“火”の量詞，“不仅仅是”は「…ばかりでなく」，“灼伤”は「動やけどさせる」。(c)の“由…而…”は場所・時間・変化・発展・範囲などの起点と終点を表します。

5 100字程度の日本語の文章2題を中国語に訳します。会話，手紙，論説などの少しまとまった長さの文章を組み立てる能力を問います。　(各10点)

(1) 幸福な結婚とはどのようなものだろうか。それは夫婦が互いに支え合い，互いに理解し合い，互いに寛容であることである。苦楽を共にし，運命を共にし助け合って困難を乗り越える夫婦関係こそが，最も堅固である。

幸福的婚姻是什么样的呢？那就是夫妇双方相互扶持，相互理解，相互宽容。能够同甘共苦、同舟共济的夫妻关系才是最牢固的。

「苦楽を共にし」「運命を共にし助け合って困難を乗り越える」は，それぞれ成語の“同甘共苦”“同舟共济”で訳すとよいでしょう。「互いに」は“互相”でもかまいません。

(2) このところ，平均的な中国都市部の居住民の給与所得が大幅に増加していることは疑う余地のない事実ではあるが，跳ね上がり続ける家賃に比べたら，収入の増加は取るに足らない微々たるものだと言うべきだ。

近些年，中国普通城市居民的工资收入有了大幅度增加，这是个不争的事实，但相比于持续飙升的房价，收入的增加可以说是微不足道的。

「…ことは…である」は，この場合，「…こと」までが長いので，「このところ，平均的な中国都市部の居住民の給与所得が大幅に増加している」を訳した後，“这”で受けて表します。「平均的な中国都市部の居住民」は“普通城市居民”と訳せばよいでしょう。価格や数値についての「跳ね上がる」は“飙升”(biāoshēng)，「…に比べたら」は“相比于…”，「取るに足らない微々たるものだ」は成語の“微不足道”を用いることによって簡潔にして要を得ます。

1 級第 99 回

(2019 年 11 月)

問　題

解答時間：計 120 分

配点：リスニング 100 点，筆記 100 点

解答と解説

リスニング

（⇨解答と解説86頁）

03 **1** 中国語を聞き，(1)～(10)の問いの答えとして最も適当なものを，それぞれ①～④の中から１つ選び，その番号を解答欄にマークしなさい。　(50点)

メモ欄

04
12

05
13

06
14

07 (1)
15 ①　②　③　④

08 (2)
16 ①　②　③　④

09 (3)
17 ①　②　③　④

10 (4)
18 ①　②　③　④

11 (5)
19 ①　②　③　④

メモ欄

20
28

21
29

22
30

23 (6)
31 ①　②　③　④

24 (7)
32 ①　②　③　④

25 (8)
33 ①　②　③　④

26 (9)
34 ①　②　③　④

27 (10)
35 ①　②　③　④

36 **2** はじめに中国語の文章を読みます。続いて文章の中から５か所を選んで読みますので，その５か所を漢字で解答欄に書きなさい。 (50点)

37 メモ欄

45

38

46

39

47

40

41

42

43

44

筆　記 （⇨解答と解説96頁）

1 次の文章を読み，(1)～(10)の問いの答えとして最も適当なものを，それぞれ①～④の中から１つ選び，その番号を解答欄にマークしなさい。 (20点)

近年来，星座文化越来越受到中国年轻一代的青睐。作为“舶来品”，它已被中国年轻人广为接受，甚至深深地影响着年轻人的生活。相比之下，流传了千百年的生肖概念虽然依旧活跃，但年轻的一代却将之视为“老一辈的东西”，而源自西方的充满新鲜感的占星术才不落(1)窠臼，也更加富于异国情调。

在中国的一些婚恋交友网站上，用户除了列出自己的基本信息，如年龄、职业、薪水之外，还要标明星座。不少年轻人相信，不同星座的男女有着不同的性格，星座［　(2)　］与否，直接影响两人关系的走向。比如“处女座”往往会被贴上“完美主义者”的标签，特别是处女座的男性更常常被认为爱吹毛求疵。

相信星座性格和运势的人越来越多，网络上的占星师大多拥有海量的粉丝。更多的年轻人通过网络了解自己的星座运势，并以此“指导”自己的日常生活。中国［　(3)　］出现了一些以特定星座和血型为员工录用条件的企业。比如，招聘市场营销人员时，优先考虑天蝎座、水瓶座和双鱼座；而招聘管理人员时，则选择摩羯座和天秤座，等等。有人把这种将星座列入录用［　(4)　］的现象称为“星座歧视”，相当多的大学毕业生表示，在求职时曾遭遇过星座或生肖歧视。

星座理论对同一时段出生的群体的性格进行统计分析后得出某些结论，有时确实可以［　(5)　］一个人的某些特性。但仅凭星座来决定某人可否入职或能否称职，则难免［　(6)　］。一位负责人员招聘的经理说：其实，以星座决定录用与否的作法，不一定代表录用方绝对相信星座，只是现在人才市场供大于求，招聘方选择的余地很大，同等条件的应聘者众多的情况下较难决定取舍，于是把星座当成筛选工具的［　(7)　］现象也就出现了。

星座文化在中国的兴起，与互联网的迅速发展［　(8)　］。任意打开一个［　(9)　］网站，几乎都可以看到关于星座的版块。正是日益壮大的星座爱好者，成就了占星术红火的生意。

⑴ 下線部⑴の正しいピンイン表記は，次のどれか。

① kèjiù　② kèqiù　③ kējiù　④ kēqiù

⑵ 空欄⑵を埋めるのに適当なものは，次のどれか。

① 搭档　② 搭配　③ 匹敌　④ 匹配

⑶ 空欄⑶を埋めるのに適当なものは，次のどれか。

① 毕竟　② 甚至　③ 直接　④ 果然

⑷ 空欄⑷を埋めるのに適当なものは，次のどれか。

① 条件　② 条款　③ 教条　④ 信条

⑸ 空欄⑸を埋めるのに適当なものは，次のどれか。

① 反射　② 反馈　③ 反应　④ 反映

⑹ 空欄⑹を埋めるのに適当なものは，次のどれか。

① 以偏概全　② 因噎废食　③ 参差错落　④ 求全责备

⑺ 空欄⑺を埋めるのに適当なものは，次のどれか。

① 相形　② 畸形　③ 忘形　④ 雏形

⑻ 空欄⑻を埋めるのに適当なものは，次のどれか。

① 蠢蠢欲动　② 步步为营　③ 息息相关　④ 面面相觑

⑼ 空欄⑼を埋めるのに適当なものは，次のどれか。

① 门第　② 门户　③ 门槛　④ 门路

⑽ 本文の内容と**一致しないもの**は，次のどれか。

① 不少年轻人对来自西方的占星术情有独钟。

② 有人认为处女座的男性是喜欢挑毛病的人。

③ 统计结果显示某星座的人不宜做某种工作。

④ 网络成了星座文化在中国大行其道的推手。

2 ⑴～⑽の文の空欄を埋めるのに最も適当なものを，それぞれ①～④の中から１つ選び，その番号を解答欄にマークしなさい。 (20点)

⑴ 听说他的新作上个星期刚刚（　　　）。
① 看青　② 返青　③ 杀青　④ 踏青

⑵ 无论男女老少，我们都应热情接待，不要（　　　）一个客人。
① 冷落　② 冷漠　③ 冷场　④ 冷眼

⑶ 这几年日子过得好了，像以前那样四处（　　　）的人也越来越少了。
① 打哈欠　② 打秋风　③ 打平手　④ 打秋千

⑷ 上个星期一直大雨（　　　），不少地方的交通都受到了严重的影响。
① 汹涌　② 滂沱　③ 浇灌　④ 淋漓

⑸ 为了不（　　　）孩子，那对老夫妻决定去养老院生活。
① 拖拉　② 拖欠　③ 拖沓　④ 拖累

⑹ 那个电视剧的情节都是（　　　）的，根本没有史实依据。
① 抄袭　② 编辑　③ 杜撰　④ 描写

⑺ 我跟你说过多少回了，以后别买这些（　　　）的东西了。
① 礼多人不怪　② 一问三不知　③ 吃软不吃硬　④ 中看不中用

⑻ 那个人在旧上海是有名的（　　　），横行霸道，为害一方。
① 地头蛇　② 老黄牛　③ 落水狗　④ 纸老虎

⑼ 由于刚刚开始创业，他们只好一切（　　　），以节省开支。
① 因陋就简　② 随心所欲　③ 假公济私　④ 轻举妄动

⑽ 为了生存，有些作家不得不（　　　）着良心，写些官样文章。
① 怀　② 昧　③ 藏　④ 包

3 ⑴～⑻の文の下線を付した語句の説明として最も適当なものを，それぞれ①～④の中から１つ選び，その番号を解答欄にマークしなさい。（16点）

⑴ 我从来没见过像他这么冥顽不灵的人。

① 形容善于思考且非常勤奋。

② 形容昏庸愚钝且非常固执。

③ 形容不善思考且非常懒惰。

④ 形容充满智慧且非常坚定。

⑵ 经过数次通宵达旦的谈判，双方终于达成了协议。

① 形容时间过得非常缓慢。

② 形容一直持续没有间断。

③ 形容整整一夜无休无眠。

④ 形容断断续续不甚顺利。

⑶ 让小李去完成这项任务，你这不是赶鸭子上架吗？

① 比喻强迫人做力不能及的事情。

② 比喻强迫人做羞于启齿的事情。

③ 比喻强迫人做得心应手的事情。

④ 比喻强迫人做不屑一顾的事情。

⑷ 巧言令色的她在选举中，战胜了对手，当上了议员。

① 形容语言表达能力强，衣着很鲜艳。

② 形容词汇丰富，说出的话有说服力。

③ 形容说话声音洪亮，感情非常饱满。

④ 形容用甜言蜜语来迷惑、取悦他人。

(5) 听说小张有与小王结秦晋之好的念头。

① 比喻两个人成为同事关系。

② 比喻两个人结为朋友关系。

③ 比喻两个人结成夫妻关系。

④ 比喻两个人成为邻居关系。

(6) 这件事是你干的吗？你可真是吃了豹子胆了！

① 比喻做事迅速灵敏。

② 比喻做事肆无忌惮。

③ 比喻做事小心谨慎。

④ 比喻做事凶狠残暴。

(7) 他说起话来很少长篇大论，往往是一语破的。

① 表示平时很少写论文，也不当众讲话。

② 表示说出来的话非常有趣，令人愉悦。

③ 表示说出来的话非常深奥，难以理解。

④ 表示用简洁的语言说出最核心的内容。

(8) 他只讲自己过五关斩六将的辉煌，却不提自己走麦城的历史。

① 比喻遭遇非常惨痛的失败。

② 比喻被迫逃亡到异国他乡。

③ 比喻被流放到很远的地方。

④ 比喻去很艰苦的地方工作。

4 次の文章を読み，下線部(1)～(3)を日本語に訳し，解答欄に書きなさい。 (24点)

我们偶尔会听到有些人在介绍一道佳肴时感叹：“太美了，简直让人舍不得吃！”或者“漂亮得和艺术品一样！”发出这种感叹的人，显然注重的只是食物的色彩与造型，他们所谓的艺术品自然是指视觉艺术上的。的确，近些年流行着一种“食品艺术”，(1)艺术家们用各种方式淡化食物本可食用这一最重要的功能，使之“升华”为供人赏心悦目的艺术品，用观赏取代了品尝。

根据最常见的分类方式，艺术可以粗略分为视觉艺术与听觉艺术。如果艺术只有这两大类，那么，饮食就不能算是一种艺术了。(2)因为饮食使用的主要器官是嘴巴和舌头，人们下意识地认为咀嚼、吞咽等动作与眼睛和耳朵无关。假如真要把食物当成艺术，我们就只能把本该满足口腹之欲的食物变成仅供观赏的对象了。可又有谁是闭着眼睛吃东西的呢?

我们不妨换个角度。把“品尝”当作欣赏艺术的一种方式，用口舌去感知艺术。食物注定是要被吃掉的，如果食物真的是艺术品的话，那么我们欣赏它的唯一方式就是毁灭它。我们常常把艺术与创造联系在一起，认为艺术不是在毁灭，而是在创造某些东西，如音乐、绘画、诗歌等等。可是也不尽然，比如烟花。(3)我们在观赏烟花时，你可曾想过，烟花在夜空绽放的瞬间，为人们展示的就是一种毁灭的艺术。“食品艺术”也是如此，“吃”这一动作意味着破坏与消毁，但只有“吃掉”，我们才能完整地体验食物之美，才能领会食物作为艺术品的精髓。

5 (1)・(2)の日本語を中国語に訳し，解答欄に書きなさい。 (20点)

(1)「外交辞令」を「相手が喜ぶような事を口先だけで言う」と説明する国語辞典がある。しかし外交では厳しい姿勢を表明するのに，柔らかで婉曲な表現を用いることがある。つまり「外交辞令」とは本心を隠すためではなく，逆に冷静な雰囲気を守りながら，誤解なく重大な警告を相手側に伝えるための外交上の言語だ。

(2) 特許庁は31日，中小企業の知的財産保護を後押しするため，全国で講習会や審査官による出張面接を集中的に実施する「巡回特許庁」を7月から始めると発表した。出張面接では，書面上のやりとりで特許申請の趣旨を正確に伝えるのが難しいケースに対応する。

リスニング （⇨問題76頁）

1 600字程度の2つの文章を聞き，内容についての問い5問ずつに答えます。ポイントとなる内容を聞き取り，全体の趣旨をつかむ能力を問います。（各5点）

解答：(1)❷　(2)❸　(3)❹　(4)❶　(5)❶　(6)❷　(7)❹　(8)❶　(9)❸　(10)❹

(1)～(5)の中国語

04　“不务正业”自古就是个贬义词，然而现在用在时尚界可就未必了。思维活跃的大师们向来缺乏安分守己的基因，一些大品牌也往往因“不务正业”而引领时尚。

说起“不务正业”，首当其冲的应该算是米其林。今天提起米其林，我们首先想到的是世界各地的星级餐厅。其实这是个错觉，有着130多年历史的米其林，其正业是生产和销售各种轮胎，而著名的餐饮指南则是米其林的副业。再如家具行业大名鼎鼎的宜家，在中国的餐饮销售额，一年可以多达10亿元人民币，相当于宜家集团在中国整体销售额的十分之一，远远不是无足轻重的副业。

05　有些品牌的跨界甚至让人无法想象，最典型的莫过于雅马哈了。众所周知，雅马哈的摩托车驰名世界，而另一个以雅马哈命名、享誉全球的就是乐器。这两个看似完全不搭界的大品牌，其实出自一家。雅马哈制作乐器的历史是130多年，其在乐器领域的成功是有目共睹的；而摩托车的生产历史才不过50年，产量也并非世界第一。但作为副业，同样做得世界驰名。我们不得不说，雅马哈的“不务正业”堪称（kānchēng）完美。

06　跨界经营，对于一个品牌来说最大的益处就是：让原本毫不相干或关联淡薄的行业，相互渗透、相互融合，相得益彰，从而产生出新的亮点。跨界经营的背后，也许是残酷竞争的现实，所以它追求的不是噱头（xuétóu），而是巩固和扩大市场版图的终极目的。这种能给品牌带来更大话题效应的“不务正业”的风尚一定会经久不衰，因为它在确立名誉的同时又创造了利润，难怪大牌们都乐此不疲。

不务正业：成 正業に就かない，正業に精を出さない

安分守己：成 己の本文を守る

首当其冲：[成]真っ先に攻撃の矢面に立つ

米其林:[名]ミシュラン, Michelin。フランスで設立。ガイドブック発行は 1900 年，格付けは 1926 年から

宜家：[名] IKEA，イケア。1943 年，スウェーデンで設立

无足轻重：[成]どうでもよい

跨界：[形]クロスオーバーの

雅马哈：[名]ヤマハ。1897 年設立。オートバイを作っているヤマハ発動機は 1955 年設立

搭界：[動]関わり合う

有目共睹：[成]誰の目にもはっきりしている

堪称：[動]…と称するに足る

亮点：[名]際立った長所

噱头：[名]手管，小細工

乐此不疲：[成]物事に没頭して疲れを感じない

訳：“不务正业”（正業に精を出さない）ということばは古くはマイナスの意味を持っていたが，現在ファッション業界で使うのであれば必ずしもそうとは限らなくなっている。考え方が活発な大家たちは自分の本分を守って生きるという遺伝子が生まれながら欠けているため，一部の大ブランドは往々にして“不务正业”によってファッションをリードしている。

“不务正业”と言えば，真っ先に矢面に立つのはミシュランだろう。今日ミシュランと言えば，我々がまず思い浮かべるのは世界各地の格付けレストランである。実はこれは錯覚で，130 年以上の歴史があるミシュランの正業は各種タイヤの生産と販売であり，有名なレストランガイドはミシュランの副業である。また，家具業界で広く知れ渡っている IKEA は，中国での飲食売上高は，1 年で 10 億元にも達し，IKEA グループの中国全体の売上高の 10 分の 1 に相当し，どうでもよい副業とは決して言えない。

一部のブランドのクロスオーバーは想像のしようはないが，その最も典型的なものはといえばヤマハに勝るものはない。周知のとおり，ヤマハのオートバイは世界に名を馳せているが，もう一つヤマハと命名されて世界的によく知られているのが楽器である。この二つは見たところ全く関係のない大ブランドであるが，実は同じところから生まれている。ヤマハの楽器作りの歴史は 130 年以上であり，楽器の分野での成功は誰の目にも明らかである。しかしオートバイ生産の歴史はわずかに 50 年以内にすぎず，生産量も世界第一ではない。しかしながら副業としては，同様に世界に名を馳せている。我々はヤマハが“不

务正业”が完璧だと言わないわけにはいかない。

クロスオーバー経営の，あるブランドにとっての最大の利益とは，元々全く関係がない，あるいは関連が薄い業界において，相互に浸透，融合させ，相乗効果によって新たな魅力を産み出すことである。クロスオーバー経営の背後には，苛酷な競争の現実があるかもしれないが，そうであるから追求するのは手練手管ではなく，市場シェアを強固にし拡大する究極の目標である。このようなブランドにより大きな宣伝効果をもたらす“不务正业”の風潮は，きっといつまでも衰えないであろう。というのは，このようなやり方は名声を獲得すると同時に利益も作り出すからであり，どうりでビッグブランドの連中は，熱を上げているのだ。

07 (1) 問：世界闻名的米其林，它的主业是什么？
(世界的に有名なミシュランの本業は何か。)

答：① 在各国经营高级餐厅。(各国での高級レストランの経営。)
❷ 生产和销售各种轮胎。(各種タイヤの生産と販売。)
③ 生产并销售高档家具。(高級家具の生産と販売。)
④ 出版各种版本的图书。(各種版本の図書の出版。)

08 (2) 問：雅马哈享誉世界的原因是什么？
(ヤマハが世界に名を馳せた理由は何か。)

答：① 因为它生产乐器的历史是最长的。
(楽器生産の歴史が最も長いから。)
② 因为它是第一大摩托车生产厂家。
(一番大きいオートバイ生産メーカーだから。)
❸ 因为它在不同领域都取得了成功。
(異なる領域でともに成功を収めているから。)
④ 因为它占有了全世界最大的市场。
(全世界で最大の市場を獲得しているから。)

09 (3) 問：为什么说“不务正业”未必是坏事？ (なぜ“不务正业”〔正業に精を出さない〕ことが必ずしも悪いことではないと言うのか。)

答：① 因为“不务正业”才能提高企业的知名度。
(“不务正业”こそが企業の知名度を上げることができるから。)
② 因为“不务正业”能够减少经营上的风险。
(“不务正业”が経営上のリスクを減らすことができるから。)

③ 因为“不务正业”可以活跃大师们的思维。
（“不务正业”が大家たちの思考を活発にすることができるから。）

❹ **因为“不务正业”有时会带来意外的成功。**
（“不务正业”が時として意外な成功をもたらすから。）

10 (4) 問：成功的跨界经营有什么显著特点？
（成功しているクロスオーバー経営にはどんな顕著な特徴があるか。）

答：❶ **副业同样也获得巨大的经济利益。**
（副業も同様に巨大な経済的利益を獲得している。）

② 原本的副业后来逐渐变成了主业。
（もともとの副業がその後次第に本業となった。）

③ 它们都是历史不过五十年的企业。
（それらはみな歴史が50年を超えていない企業である。）

④ 主业与副业相互利用对方的市场。
（本業と副業が相互に相手の市場を利用している。）

11 (5) 問：与本文内容相符的是以下哪一项？
（本文の内容に合うものは，次のどれか。）

答：❶ **“不务正业”之风今后也会长期持续下去。**
（“不务正业”という流れは今後も長期的に続いていくだろう。）

② 副业远远超过正业是跨界经营的普遍现象。（副業がはるかに本業を超えているのがクロスオーバー経営の普遍的な現象である。）

③ 跨界经营是企业在残酷竞争中唯一的选择。
（クロスオーバー経営は企業の苛酷な競争の中の唯一の選択である。）

④ 安分守己是每一个企业经营者必备的特质。（自分の本分を守って生きることは企業の経営者の誰もが必ず備えなければならない特質である。）

(6)～(10)の中国語

20 有一名长年居住在纽约的记者，多年来在采访来自中国的移民或游客时，总会问一问，他们初来乍到（chūlái-zhàdào）时，纽约留给他们印象最深刻的是什么。这本是个无心之问，只是为接下来的对话暖场，但将这些答案串在一起，竟能折射出时代的沧海桑田。

21 一个20世纪80年代初来纽约的艺术家说，曼哈顿鳞次栉比的高楼大厦让他看得目瞪口呆；一个 20 世纪 80 年代末来纽约的国企职员说，超市里琳琅满目的商品让他眼花缭乱；一个 20 世纪 90 年代初来纽约的大学教授说，他很想逛逛第五大道上的名品店，却没敢进去，因为他觉得自己太过寒酸；一个 20 世纪 90 年代末来纽约的高中生说，上学的第一天，学校发的他从未见过的纸盒牛奶让他花了好长时间才打开；我本人到美国留学时，已是 2000 年了，公园和运动场上随处可见的饮水器，让我很是好奇，并特意拍照留念。

22 然而，今天面对同样的提问，初来纽约的中国人的答案竟然是千篇一律的：“纽约，不过如此而已”。

新移民一落脚就开始怀疑来这里是不是个错误的决定，慕名而来的观光客也难掩些许失望之情。机场、地铁、高速公路，远不如中国的敞亮（chǎngliàng）气派，闻名遐迩（xiá’ěr）的华尔街不过是条小巷，中央公园也不过就是一大片草坪。这些有什么好看的呢？是的，纽约昔日的富丽堂皇确已风光不再，它表面上破旧、衰颓、杂乱。但来自世界各地的肤色不同、容貌各异的人们共同构建起的多元文化才是纽约的灵魂，是纽约不可替代的根本所在。

如果中国游客能在纽约切身体会到这种独特的多元之美，拓展自己的包容之心，那就真的算是不虚此行了。

初来乍到：[成]来たばかりだ
暖场：[動]（広く）場を盛り上げる
折射：[動]映し出す
沧海桑田：[成]「滄海変じて桑田となる」から「世の移り変わりが激しいこと」
曼哈顿：[名]マンハッタン，Manhattan
鳞次栉比：[成]（家などがうろこやくしの歯のように）ずらりと並んでいるさま
目瞪口呆：[成]「目を丸くし口をぽかんと開ける」から「呆然とする，唖然とする」
琳琅满目：[成]すばらしいものが数多くあるさま
眼花缭乱：[成]複雑で目がくらくらする
第五大道：（マンハッタンの）5 番街，Fifth Avenue
寒酸：[形]みすぼらしい，貧乏くさい
敞亮：[形]広々として明るい
遐迩：[名]遠近。書き言葉
华尔街：[名]ウォール街，Wall Street
中央公园：（マンハッタンの）セントラルパーク，Central Park
不虚此行：[成]むだ足を踏まなかった，行ったかいがあった訳：ニューヨークに長く住むある記者は，長年にわたり中国からの移民あるいは旅行者をインタビューする際，彼らが来たばかりの時にニューヨークが彼らに残した最も深い印象は何か，といつも尋ねてみる。これはもともと何の気なしの問いで，続く対話を盛り上げるためにすぎないが，これらの回答を一つにつなげると，意外にも時代の移り変わりの激しさを映し出すことができる。

20世紀80年代初めにニューヨークに来た芸術家は，マンハッタンに林立する高層ビルを唖然として見上げていたと言う。80年代末に来た国営企業の社員は，スーパーの色とりどりの商品に目がくらんだと言う。90年代初めに来た大学教授は，5番街のブランド店をぶらぶらしてみたかったが，自分があまりにもみすぼらしいと思ったので，入ることができなかったと言う。90年代末に来た高校生は，通学した初日，学校で配られた紙パックの牛乳を見たことがなく，それを開けるのに長い時間がかかったと言う。わたし自身がアメリカに留学した時はすでに2000年で，公園とグラウンドの至る所にウォーターサーバーを見かけて，たいへん不思議に思って，わざわざ写真を撮って記念にした。

しかし，今日同じように質問をすると，初めてニューヨークに来た中国人の答えはなんと千篇一律の「ニューヨーク，大したことはない」である。

新しい移民は到着するやいなや，ここにやって来たのは間違った決定ではないかと疑い始め，名を慕ってやって来た観光客も少しばかり失望の気持ちを隠せない。空港，地下鉄，高速道路は中国の明るく広々とした立派さには遠く及ばず，名が知れわたっているウォール街は路地にすぎず，セントラルパークも一面の芝生にすぎない。これらにどうして見る価値なんかあるのか。そう，ニューヨークの昔の華麗で立派な姿はすでになく，表面的にはぼろぼろで，衰退し，雑然としている。しかし世界各国から来る肌の色が違い，容貌が異なる人々が共同で作ったマルチタイプな文化こそがニューヨークの魂であり，ニューヨークの（他が）取って代わることができない根本的なところである。

もし中国人観光客がニューヨークでこのような独特の多元的な美を身をもって感じ，自身の包容する心を切り開くことができたならば，本当に行ったかいがあったというものである。

23 (6) 問：记者问被采访者的问题是什么？

（記者がインタビューを受ける人に尋ねた質問は何か。）

答：① 长期居住后对纽约的印象。

（長く住んだ後のニューヨークに対する印象。）

❷ 刚刚来到纽约时的印象。（ニューヨークに来たばかりの時の印象。）

③ 移民纽约多年来有何感想。
（ニューヨークに移民して長年のうちにどんな感想があるか。）

④ 是否已习惯了纽约的生活。
（すでにニューヨークの生活に慣れたかどうか。）

24 (7) 問：谁被纽约的摩天大楼惊呆了?
（誰がニューヨークの摩天楼にびっくりしたか。）

答：① 本世纪初年才来纽约留学的作者本人。
（今世紀の初年にやっとニューヨークに留学した作者本人。）

② 上世纪 90 年代初来纽约的大学教授。
（前世紀 90 年代初めにニューヨークに来た大学教授。）

③ 上世纪 80 年代末来纽约的国企职员。
（前世紀 80 年代末にニューヨークに来た国営企業の社員。）

❹ 上世纪 80 年代初期来纽约的艺术家。
（前世紀 80 年代初期にニューヨークに来た芸術家。）

25 (8) 問：上世纪末来纽约的高中生遇到了什么为难的事?
（前世紀末にニューヨークに来た高校生はどんな困ったことに遭ったか。）

答：**❶ 不知道怎样才能喝到纸盒里的牛奶。**
（どうやったら紙パックの牛乳を飲めるのか分からなかった。）

② 面对琳琅满目的商品不知买什么好。
（色とりどりの商品を前にして何を買えばいいのか分からなかった。）

③ 自己太寒酸而没敢去逛名品店。（自分がとてもみすぼらしくて，ブランド店をブラブラしに行く勇気がなかった。）

④ 不知道中央公园其实是一大片草坪。
（セントラルパークが実は一面の芝生だと知らなかった。）

26 (9) 問：为什么有些人来到纽约后会感到失望?
（なぜ一部の人はニューヨークに来たあと失望を感じるのか。）

答：① 因为他们在纽约体会不到多元文化之美。
（彼らはニューヨークで多元文化の美を体得できないから。）

② 因为他们在这里常常会做出错误的决定。
（彼らはここでよく間違った決定をしてしまうから。）

❸ 因为他们看到的纽约跟想象的大不一样。
（彼らが見たニューヨークが想像していたのと大きく違うから。）

④ 因为著名的华尔街其实很破旧，也很杂乱。
（有名なウォール街が実はぼろぼろで雑然としているから。）

27 ⑽ 問：与本文内容不相符的是以下哪一项?
（本文の内容に合わないものは，次のどれか。）

答：① 多种族共建的多元文化才是纽约的魅力所在。
（多民族が共に作る多元文化こそがニューヨークの魅力である。）

② 中国人对纽约的印象随着时代的发展而变化。（中国人のニューヨークに対する印象は時代の発展とともに変化している。）

③ 今天的纽约已经不再能让中国人感到新奇了。
（今日のニューヨークはもう中国人に目新しいと感じさせなくなった。）

❹ 来纽约的游客无不为它的繁荣和奢华所折服。（ニューヨークに来る旅行者でその繁栄と豪華さに心服しないものはない。）

2 **600 字程度の文章を聞いた後，指定された 5 か所の文を漢字で書き取ります。全体の内容を理解しながら，正しく漢字で書く能力を問います。** （各 10 点）

37 ⑴我平时喜欢看烟雾朦胧中远处的树木、白雪覆盖下周围的景色，还有更深夜静时高悬的月亮。这些本来都是司空见惯、不足为奇的东西，但由于有烟雾、白雪和黑暗的笼罩，让人感觉格外美丽。

北方人初见西湖，平原人初见峨嵋，会对它们的奇美惊讶不已。但对于生长在西湖岸边和峨嵋脚下的人来说，⑵除了那种近水楼台的自豪感之外，往往会觉得西湖也好，峨嵋也罢，不过如此而已。熟悉的地方总是不如新奇的地方美，西方人初到东方或东方人初到西方，往往会觉得眼前的景物都很值得玩味。

38 种田人常羡慕读书人，而读书人也反过来常常觉得种田人的生活更潇洒。⑶不管是粗茶淡饭，还是山珍海味，旁观者看出来的滋味都比当局者尝出来的滋味甘美。陶渊明诗中农人的生活是那么令人艳羡，可是农人自己在烈日寒风中劳作时所体验到的，绝没有文人所描绘的那样闲逸。

39 人们常常对他人的工作内容和生活环境充满羡慕，对于当下与过去的态度也与此相似。曾经很辛酸的经历，到了后来也许会成为甜美的回忆。⑷我小时候住在乡下，映入眼帘的是，近处的几间茅屋、几片农田、远处的几座青山。早上看是这些，晚上看依然是这些。当时觉得十分单调、无比枯燥。

但今天回忆起来，却又非常怀恋。

之所以会有这样的差别是由于立场和观点的不同。(5)要看出事物本身的美，必须把它摆在适当的距离之外。这就是所谓的“距离产生美”吧。

司空见惯：“司空”（［名］古代の土木を司る役人）が見慣れていて珍しがらなかったことから，「［成］見慣れてしまうと少しも珍しくない」

近水楼台：［成］何かをするのに便利な場所にあるたとえ。“近水楼台先得月”（水辺にある高閣はどこよりも早く月が照らす）を略したもの

艳羡：［動］非常に羨ましい。書き言葉

眼帘：［名］目の中。書き言葉

訳：(1)わたしはふだん霧でもうろうとした遠くの木，雪に覆われた身近な景色，そして夜が更けて静かなときに高く懸かっている月を見るのが好きだ。これらはもともとみな見慣れていて，何ら珍しくないものだが，霧，雪，暗闇にすっぽりと覆われることによって，格別な美しさを感じさせられる。

北方の人が初めて西湖を見たり，平原の人が初めて峨眉山を見たら，それらの並外れた美しさに不思議がることしきりだろう。しかし西湖のほとりや峨眉山のふもとで生まれ育った人にとっては，(2)地元であるという誇り以外は，往々にして西湖にしろ，峨眉山にしろ，それだけに過ぎないという感じであろう。見知った場所はしょせん目新しい場所の美しさには及ばず，西洋人が初めて東洋に来たり，あるいは東洋人が初めて西洋に行くと，往々にして目の前の風物はすべて玩味するに値すると感じるだろう。

耕作者は常に読書人を羨み，そして読書人も逆によく耕作者の生活がずっとあか抜けていると思っている。(3)粗末な食事であろうと，あるいは山海の珍味であろうと，傍観者が見いだした味わいはいつも，当事者が味わったそれよりも甘美である。陶淵明の詩中の農民の生活にはとてもうらやましく感じさせられるが，農民自身が灼熱の太陽の下や寒風の中での労働で体験するものは，決して文人が描き出すようなのんびりとしたものではない。

人々はよく他人の仕事内容や生活環境を非常に羨むが，それは現在と過去に対する態度の違いとも似ている。かつてのつらい経験が，あとになってみると楽しい思い出となっているかもしれない。(4)わたしは小さいころ田舎に住んでいて，目に映るのは，近所の数軒の草ぶきの家に，いくばくかの農地に，遠くのいくつかの青々とした山だった。朝に見るのはこれらで，夕べ見るのもやはりこれらだった。当時は非常に単調で，この上なく味気ないと思っていた。しかし今思い出してみると，やはり非常に懐かしく思う。

このような差があるわけは，立場と視点の違いによるものである。(5)物事の

本当の美しさを見いだしたければ，それを適切な距離の外に置かなければいけない。これが言うところの「距離が美を産み出す」だろう。

40 (1) 我平时喜欢看烟雾朦胧中远处的树木、白雪覆盖下周围的景色，还有更深夜静时高悬的月亮。

41 (2) 除了那种近水楼台的自豪感之外，往往会觉得西湖也好，峨嵋也罢，不过如此而已。

42 (3) 不管是粗茶淡饭，还是山珍海味，旁观者看出来的滋味都比当局者尝出来的滋味甘美。

43 (4) 我小时候住在乡下，映入眼帘的是，近处的几间茅屋、几片农田、远处的几座青山。

44 (5) 要看出事物本身的美，必须把它摆在适当的距离之外。这就是所谓的“距离产生美”吧。

筆　記

(⇨問題79頁)

1 900字程度の文章を読み，流れをつかんで適当な語句を補う8問，正しいピンインを選ぶ1問，内容の理解を問う1問に答えます。語句の知識と読解力を問います。（各2点）

解答：(1)❸　(2)❹　(3)❷　(4)❶　(5)❹　(6)❶　(7)❷　(8)❸　(9)❷　(10)❸

近年来，星座文化越来越受到中国年轻一代的青睐（qīnglài）。作为“舶来品”，它已被中国年轻人广为接受，甚至深深地影响着年轻人的生活。相比之下，流传了千百年的生肖概念虽然依旧活跃，但年轻的一代却将之视为“老一辈的东西”，而源自西方的充满新鲜感的占星术才不落(1)窠臼 kējiù，也更加富于异国情调。

在中国的一些婚恋交友网站上，用户除了列出自己的基本信息，如年龄、职业、薪水之外，还要标明星座。不少年轻人相信，不同星座的男女有着不同的性格，星座 (2)匹配 与否，直接影响两人关系的走向。比如“处女座”往往会被贴上“完美主义者”的标签，特别是处女座的男性更常常被认为爱吹毛求疵。

相信星座性格和运势的人越来越多，网络上的占星师大多拥有海量的粉丝。更多的年轻人通过网络了解自己的星座运势，并以此“指导”自己的日常生活。中国 (3)甚至 出现了一些以特定星座和血型为员工录用条件的企业。比如，招聘市场营销人员时，优先考虑天蝎座（tiānxiēzuò）、水瓶座和双鱼座；而招聘管理人员时，则选择摩羯座（mójiézuò）和天秤座（tiānchèngzuò），等等。有人把这种将星座列入录用 (4)条件 的现象称为“星座歧视”，相当多的大学毕业生表示，在求职时曾遭遇过星座或生肖歧视。

星座理论对同一时段出生的群体的性格进行统计分析后得出某些结论，有时确实可以 (5)反映 一个人的某些特性。但仅凭星座来决定某人可否入职或能否称职，则难免 (6)以偏概全 。一位负责人员招聘的经理说：其实，以星座决定录用与否的作法，不一定代表录用方绝对相信星座，只是现在人才市场供大于求，招聘方选择的余地很大，同等条件的应聘者众多的情况下较难决定取舍，于是把星座当成筛选（shāixuǎn）工具的 (7)畸形 现象也就出现了。

星座文化在中国的兴起，与互联网的迅速发展 ⑻息息相关 。任意打开一个 ⑼门户 网站，几乎都可以看到关于星座的版块。正是日益壮大的星座爱好者，成就了占星术红火的生意。

青睐：動歓迎・好意を示す。書き言葉

吹毛求疵：成「毛を吹いて疵《きず》を求める」から「あら探しをする」

天蝎座：名さそり座

摩羯座：名やぎ座

供大于求：成供給過剰である

筛选：動ふるいにかけて選別する

版块：名コーナー

訳：近年，星座文化がますます中国の若者世代の支持を集めている。「舶来品」として，すでに中国の若者に広く受け入れられており，ひいては若者の生活に深く影響している。比べてみると，遠い昔から伝わっている干支の概念も依然として盛んではあるが，若い世代は「一世代上のもの」として見ていて，西洋を起源とする新鮮味に満ちた星占いは，古い型にとらわれず，さらには異国情緒にも富んでいる。

中国の一部の婚活サイトでは，ユーザーは年齢，職業，給料などの基本データをアップする以外に，星座も明記しなければいけない。多くの若者が，異なる星座の男女は異なる性格であり，星座がマッチするかどうかが直接二人の関係の発展に影響すると信じている。例えば「乙女座」はしばしば「完璧主義者」というレッテルを貼られているので，乙女座の男性はさらによくあら探しを好むと思われている。

星座による性格と運勢を信じる人がますます多くなっていて，ネットの占い師の多くは膨大なファンを抱えている。さらに多くの若者はネットから自分の星座の運勢を知り，これを自分の日常生活の「教え」としている。中国では特定の星座と血液型を従業員採用の条件とする企業さえも現れた。例えば，マーケティングスタッフを募集するときは，さそり座，みずがめ座，うお座を優先的に検討する。管理スタッフを募集するときには，やぎ座，てんびん座を選ぶなどである。こういった星座を採用条件に入れる現象を「星座差別」と称する人もあり，多くの大学卒業生は就活のときに星座あるいは干支の差別に遭ったと言っている。

星座の理論は，同時期に生まれたグループの性格について統計分析を行って，ある種の結論を出したもので，時には確かにある人のある特性を反映しうるかもしれないが，星座だけを根拠にある人を採用するか，適任であるかを決定するのは，一部だけ見て判断しているということを免れない。ある採用担当のマネージャーは，実際，星座で採用するかどうかを決めるやり方は，採用側が絶対的に星座を信じているということを表すものではなく，ただ現在，人材市場は供給過剰で，募集側の選択の余地は大きく，同条件の応募者が非常に多い状況では取捨選択が難しいため，そこで星座をふるいにかける道具とするといういびつな現象が起こったのだと言っている。

中国での星座文化の出現は，インターネットの急速な発展と切っても切り離せない関係にある。任意にあるポータルサイトを開けると，ほとんどすべて星座に関するコーナーを見かける。まさに日増しに多くなる星座愛好者が，星占いを人気の商売に成り立たせたのだ。

(1) ピンイン表記

窠臼

① kèjiù

② kèqiù

❸ kējiù

④ kēqiù

「[名]紋切り型」。“不落窠臼”で「[成]古い型にとらわれない」。

(2) 空欄補充

不同星座的男女有着不同的性格，星座［　　］与否，直接影响两人关系的走向（異なる星座の男女は異なる性格であり，星座がマッチするかどうかが直接二人の関係の発展に影響する）

① 搭档（dādàng [動]協力する）

② 搭配（dāpèi [動]組み合わせる）

③ 匹敌（pǐdí [動]匹敵する）

❹ 匹配（pǐpèi [動]〔男女が〕お似合いである，マッチする）

6行目“在中国的一些婚恋交友网站上…”から婚活サイトでの星座の情報としての使われ方が述べられています。空欄の前で述べられた“不同星座的男女有着不同的性格”（異なる星座の男女は異なる性格である）を根拠とし，“星座［　　］与否”が“直接影响两人关系的走向”（直接二人の関係の発展に影響する）の主語になっています。意味から適当な④を選びます。

(3) 空欄補充

中国［　　］出现了一些以特定星座和血型为员工录用条件的企业

（中国では特定の星座と血液型を従業員採用の条件とする企業さえも現れた）

① 毕竟（bìjìng 副結局）

❷ 甚至（shènzhì 副〔甚だしい場合は〕…さえ）

③ 直接（zhíjiē 形直接の，じかに）

④ 果然（guǒrán 副思ったとおり）

11行目“相信星座性格和运势的人越来越多”（星座による性格と運勢を信じる人がますます多くなっていて）の後に，その具体例が述べられています。空欄のある文は，その前に述べられた例より状況を強調する内容になっているので，意味から適当な②を選びます。

(4) 空欄補充

有人把这种将星座列入录用［　　］的现象称为“星座歧视”

（こういった星座を採用条件に入れる現象を「星座差別」と称する人もあり）

❶ 条件（tiáojiàn 名条件）

② 条款（tiáokuǎn 名条項）

③ 教条（jiàotiáo 名教条）

④ 信条（xìntiáo 名信条）

“这种将星座列入录用［　　］的现象”は13行目“中国甚至出现了一些以特定星座和血型为员工录用条件的企业。比如…”（中国では特定の星座と血液型を従業員採用の条件とする企業さえも現れた。例えば…）を受けているので，13行目と同じ①を選びます。

(5) 空欄補充

星座理论对同一时段出生的群体的性格进行统计分析后得出某些结论，有时确实可以［　　］一个人的某些特性（星座の理論は，同時期に生まれたグループの性格について統計分析を行って，ある種の結論を出したもので，時には確かにある人のある特性を反映しうるかもしれない）

① 反射（fǎnshè 動反射する）

② 反馈（fǎnkuì 動フィードバックする）

③ 反应（fǎnyìng 動反応する）

❹ 反映（fǎnyìng 動反映する）

“星座理论对同一时段出生的群体的性格进行统计分析后得出某些结论”（星座の理論は，同時期に生まれたグループの性格について統計分析を行って，ある種の結論を出したもの）であれば，“一个人的某些特性”（ある人のある特性）についてどうし得るかを考え，意味から適当な④を選びます。

⑹ 空欄補充

但仅凭星座来决定某人可否入职或能否称职，则难免［　　］（…が，星座だけを根拠にある人を採用するか，適任であるかを決定するのは，一部だけ見て判断しているということを免れない）

❶ 以偏概全（yǐpiān-gàiquán [成]一部だけを見て全体を判断する）

② 因噎废食（yīnyē-fèishí [成]「食物がのどにつかえたために食事までやめてしまう」から「間違いを恐れるあまり何もしない」）

③ 参差错落（cēncī cuòluò 不ぞろいでまちまちである）

④ 求全责备（qiúquán-zébèi [成]完全無欠であることを要求する）

“仅凭星座来决定某人可否入职或能否称职”（星座だけを根拠にある人を採用するか，適任であるかを決定する）ことが免れないのは何か考え，意味から適当な①を選びます。

⑺ 空欄補充

把星座当成筛选工具的［　　］现象也就出现了

（星座をふるいにかける道具とするといういびつな現象が起こった）

① 相形（xiāngxíng [動]対照する）

❷ 畸形（jīxíng [形]いびつである，アンバランスである）

③ 忘形（wàngxíng [動]我を忘れる）

④ 雏形（chúxíng [名]原型）

“把星座当成筛选工具”（星座をふるいにかける道具とする）のはどんな現象か考え，意味から適当な②を選びます。

⑻ 空欄補充

星座文化在中国的兴起，与互联网的迅速发展［　　］（中国での星座文化の出現は，インターネットの急速な発展と切っても切り離せない関係にある）

① 蠢蠢欲动（chǔnchǔn-yùdòng [成]悪事を働こうとしているさま）

② 步步为营（bùbù-wéiyíng [成]「一歩ごとにとりでを設ける」から「用心深く

行動する」)

❸ 息息相关（xīxī-xiāngguān [成]互いに親密な関係にある）

④ 面面相觑（miànmiàn-xiāngqù [成]互いに顔を見合わせる，どうしたらよいか分からない）

空欄のある文に続く 25 行目“任意打开任意打开一个 [　] 网站，几乎都可以看到关于星座的版块”（任意にある [　] サイトを開けると，ほとんどすべて星座に関するコーナーを見かける）のほか, 6 行目“婚恋交友网站”（婚活サイト），11 行目“网络上的占星师”（ネットの占い師）について述べられていることから，“星座文化在中国的兴起”（中国での星座文化の出現）は“互联网的迅速发展”（インターネットの急速な発展）とどういう状況にあるかを考え，意味から適当な③を選びます。

⑼ 空欄補充

[　] 网站（ポータルサイト）

① 门第（méndì [名]家柄）

❷ 门户（ménhù [名]入り口）

③ 门槛（ménkǎn [名]敷居）

④ 门路（ménlu [名]つて）

“网站”の前について「ポータルサイト。インターネットにアクセスするとき，入り口となるサイト」の意味になる②を選びます。

⑽ 内容の不一致

① 不少年轻人对来自西方的占星术情有独钟。
（多くの若者は西洋から来た星占いが何よりも好きだ。）

② 有人认为处女座的男性是喜欢挑毛病的人。
（乙女座の男性はあら探しをするのが好きだと思っている人がいる。）

❸ 统计结果显示某星座的人不宜做某种工作。
（統計ではある星座の人はある種の仕事に不向きだと示されている。）

④ 网络成了星座文化在中国大行其道的推手。
（インターネットが星座文化が中国で流行する推進者となった。）

①の“情有独钟”は「[成]一人の人, あるいは一つの物事に夢中になる」。①は 1 行目“近年来, 星座文化越来越受到中国年轻一代的青睐。作为‘舶来品’, 它已被中国年轻人广为接受, 甚至深深地影响着年轻人的生活”（近

年，星座文化がますます中国の若者世代の支持を集めている。「舶来品」として，すでに中国の若者に広く受け入れられており，ひいては若者の生活に深く影響している）と，②は9行目“特别是处女座的男性更常常被认为爱吹毛求疵”（乙女座の男性はさらによくあら探しを好むと思われている）と，④は25行目“星座文化在中国的兴起…成就了占星术红火的生意”（中国での星座文化の出現は…星占いを人気の商売に成り立たせたのだ）と一致します。③は，そのように述べられているところはありません。16行目“将星座列入录用条件的现象”（星座を採用条件に入れる現象）について述べられ，18行目“星座理论对同一时段出生的群体的性格进行统计分析后得出某些结论，有时确实可以反映一个人的某些特性”（星座の理論は，同時期に生まれたグループの性格について統計分析を行って，ある種の結論を出したもの）とありますが，③と一致するわけではありません。

2 適当な語句を補います。読解力と語句の知識を問います。（各2点）

解答：(1) ❸　(2) ❶　(3) ❷　(4) ❷　(5) ❹　(6) ❸　(7) ❹　(8) ❶　(9) ❶　(10) ❷

(1) 听说他的新作上个星期刚刚（ 杀青 ）。
（彼の新作は先週完成したばかりだそうだ。）

① 看青（kānqīng 動〔農作物を盗まれないように〕見張りをする）
② 返青（fǎnqīng 動根づく，緑を取り戻す）
❸ 杀青（shāqīng 動脱稿する，著作を完成する）
④ 踏青（tàqīng 動清明節のころに新緑の中で遊ぶ）

“新作”について行うのに，意味から適当な③を選びます。“杀青”は，昔，青竹に字を書く際，まず青竹を火であぶって青みを消してから行ったことから，このように言います。

(2) 无论男女老少，我们都应热情接待，不要（ 冷落 ）一个客人。（老若男女を問わず，我々は親切に接待すべきで，1人の客も冷遇してはならない。）

❶ 冷落（lěngluò 動冷遇する）
② 冷漠（lěngmò 形冷淡である）
③ 冷场（lěngchǎng 動場が白ける）
④ 冷眼（lěngyǎn 名冷たい眼差し）

“不要”の後に入り，“客人”を目的語にとることから動詞で，“不要(　)”が“应热情接待”（親切に接待すべきである）と同じ方向の意味になるよう，意味から適当な①を選びます。

⑶ 这几年日子过得好了，像以前那样四处（ 打秋风 ）的人也越来越少了。（この数年暮らし向きはよくなり，以前のようにどこででも金品をねだる人もますます少なくなった。）

① 打哈欠（dǎ hāqian あくびをする）
❷ 打秋风（dǎ qiūfēng 金品をねだる）
③ 打平手（dǎ píngshǒu 試合が引き分けになる）
④ 打秋千（dǎ qiūqiān ぶらんこに乗る）

“这几年日子过得好了”（この数年暮らし向きはよくなり）から，“越来越少了”（ますます少なくなった）のは，どんな人か考え，意味から適当な②を選びます。

⑷ 上个星期一直大雨（ 滂沱 ），不少地方的交通都受到了严重的影响。（先週はずっと土砂降りで，多くの場所の交通がひどい影響を被った。）

① 汹涌（xiōngyǒng 動渦巻く）
❷ 滂沱（pāngtuó 形〔雨が〕激しく降るさま）
③ 浇灌（jiāoguàn 動灌漑《かんがい》する）
④ 淋漓（línlí 形液体がしたたるさま）

“大雨”について用い，“不少地方的交通都受到了严重的影响”（多くの場所の交通がひどい影響を被った）を引き起こす状況を表すのに意味から適当な②を選びます。

⑸ 为了不（ 拖累 ）孩子，那对老夫妻决定去养老院生活。（子どもの足手まといにならないために，その老夫婦は老人ホームに入って生活することに決めた。）

① 拖拉（tuōlā 形だらだらする）
② 拖欠（tuōqiàn 動返済を滞らせる）
③ 拖沓（tuōtà 形はかどらない）
❹ 拖累（tuōlěi 動足手まといになる）

“不（　）孩子”が“那对老夫妻决定去养老院生活”（その老夫婦は老人ホームに入って生活することに決めた）の目的を表すよう，“孩子”という目的語をとる品詞と意味から適当な④を選びます。

(6) 那个电视剧的情节都是（ 杜撰 ）的，根本没有史实依据。
（そのテレビドラマの筋書きはみなでっちあげで，全く史実的な根拠がない。）

① 抄袭（chāoxí 動 剽窃《ひょうせつ》する）

② 编辑（biānjí 動 編集する）

❸ 杜撰（dùzhuàn 動 でっちあげる）

④ 描写（miáoxiě 動 描写する）

“根本没有史实依据”（全く史実的な根拠がない）と言われる“情节”は，どんなものなのか考え，意味から適当な③を選びます。

(7) 我跟你说过多少回了，以后别买这些（ 中看不中用 ）的东西了。（わたしはあなたに何度も言ったけど，今後はこんな見かけ倒しで役に立たない物を買わないように。）

① 礼多人不怪（lǐ duō rén bù guài 諺「礼儀が過ぎても人はとがめない」から「礼はいくら多くてもよい」）

② 一问三不知（yí wèn sān bù zhī 慣「一つ聞いたら三つ知らない」から「何を聞いても知らぬ存ぜぬ」）

③ 吃软不吃硬（chī ruǎn bù chī yìng 慣「軟らかい物を食べ，硬い物を食べない」から「下手《したで》に出られると折れるが，強く出られると反発する」）

❹ 中看不中用（zhōngkàn bù zhōngyòng 慣 見かけはよいが役には立たない）

何度も“别买”と言われるものはどんなものか考え，意味から適当な④を選びます。

(8) 那个人在旧上海是有名的（ 地头蛇 ），横行霸道，为害一方。（あの人は旧上海では有名な地元の顔役で，横暴な振る舞いをし，一帯に被害をもたらしていた。）

❶ 地头蛇（dìtóushé 名 土地のボス）

② 老黄牛（lǎohuángniú 名 こつこつと働く人）

③ 落水狗（luòshuǐgǒu 名「水の中に落ちた犬」から「権力を失った悪人」）

④ 纸老虎（zhǐlǎohǔ 名「張り子の虎」から「見掛け倒し」）

“横行霸道”は「[成]権勢をたのんで横暴な振る舞いをすること」，“为害”は「[動]被害をもたらす」，“一方”は「[名]一地方」。そのようなことをしうるのはどのような者か考え，意味から適当な①を選びます。

(9) 由于刚刚开始创业，他们只好一切（ 因陋就简 ），以节省开支。（創業したばかりなので，彼らは利用できるものはすべて利用して，出費を節約するほかない。）

❶ 因陋就简（yīnlòu-jiùjiǎn [成]有り合わせのもので間に合わせて節約する）
② 随心所欲（suíxīnsuǒyù [成]思うままにする）
③ 假公济私（jiǎgōng-jìsī [成]公事にかこつけて私腹を肥やす）
④ 轻举妄动（qīngjǔ-wàngdòng [成]浅はかな行動をする）

“刚刚开始创业”（創業したばかり）が理由となり，“节省开支”（出費を節約する）が目的となるよう，意味から適当な①を選びます。

(10) 为了生存，有些作家不得不（ 昧 ）着良心，写些官样文章。（生きていくために，一部の作家は良心に背いて，紋切り型の中身のない文章を書かざるを得ない。）

① 怀（huái [動]気持ちを抱く）
❷ 昧（mèi [動]隠す）
③ 藏（cáng [動]しまう）
④ 包（bāo [動]包む）

“良心”と組み合わさって「良心に背く」という決まった言い方になる②を選びます。問題文の“官样文章”は成語で「お役所式の決まり文句」から「紋切り型の中身のない文章」。

3 正しく解釈した文を選びます。語句や表現の意味についての知識を問います。

（各 2 点）

解答：(1)❷ (2)❸ (3)❶ (4)❹ (5)❸ (6)❷ (7)❹ (8)❶

(1) 我从来没见过像他这么冥顽不灵（míngwán bù líng）的人。
（わたしはこれまで彼のようにかたくなで無知な人に会ったことがない。）

① 形容善于思考且非常勤奋。
（深く考えて非常に勤勉であることを形容する。）

❷ 形容昏庸愚钝且非常固执（gùzhi）。
（愚かで非常に頑固であることを形容する。）

③ 形容不善思考且非常懒惰。
（深く考えず非常に怠惰であることを形容する。）

④ 形容充满智慧且非常坚定。（知恵深く非常に決意が固いことを形容する。）

“冥顽不灵”は「頑迷で思うようにならない」から「たいへん頑固でものの道理が分からない」なので，②を選びます。

⑵ 经过数次通宵达旦的谈判，双方终于达成了协议。
（数回の夜を徹しての折衝により，双方はついに合意に達した。）

① 形容时间过得非常缓慢。（時間が経つのが非常に遅いことを形容する。）

② 形容一直持续没有间断（jiànduàn）。
（ずっと持続し間断がないことを形容する。）

❸ 形容整整一夜无休无眠。（夜通し不眠不休であることを形容する。）

④ 形容断断续续不甚顺利。（途切れ途切れで順調でないことを形容する。）

“通宵达旦”は「徹夜し夜が明ける」から「夜も寝ずに不眠不休である」なので，③を選びます。

⑶ 让小李去完成这项任务，你这不是赶鸭子上架吗？（李さんにこの任務をやり遂げるように言うのは，それは無理な注文ではないですか。）

❶ 比喻强迫人做力不能及的事情。
（人に力が及ばない事をするのを強要することをたとえる。）

② 比喻强迫人做羞于启齿（qǐchǐ）的事情。
（人に口に出すのが恥ずかしい事をするのを強要することをたとえる。）

③ 比喻强迫人做得心应手的事情。
（人に思いどおりの事をするのを強要することをたとえる。）

④ 比喻强迫人做不屑一顾的事情。
（一顧だに値しない事をするのを強要することをたとえる。）

“赶鸭子上架”は「（飛べない）アヒルを止まり木に追い上げる」から「無理強いをする」なので，①を選びます。②の“启齿”は「動（多く人に何かを頼む時に）口に出す」。③の“得心应手”は成語で「手が思うように自由自在に動く」から「思いどおりの結果が表れる」。④の“不屑”は「動…するに値しない」。

(4) 巧言令色的她在选举中，战胜了对手，当上了议员。（ことば巧みにこびへつらう彼女は選挙中，ライバルに打ち勝ち，議員に当選した。）

① 形容语言表达能力强，衣着很鲜艳。
（言語表現力が高く，服装が鮮やかで美しいことを形容する。）

② 形容词汇丰富，说出的话有说服力。
（語彙が豊富で，話すことばに説得力があることを形容する。）

③ 形容说话声音洪亮，感情非常饱满。
（話し声がよく響き，感情が非常に豊かであることを形容する。）

❹ 形容用甜言蜜语来迷惑（míhuo）、取悦他人。
（甘いことばで人を惑わし，機嫌をとることを形容する。）

“巧言令色”は，『論語・学而』“巧言令色鲜矣仁”を出典とし，日本語でも「巧言令色」で用いられ，「[成]ことばが巧みで人にこびへつらう」なので，④を選びます。④の“甜言蜜语”は「[成]甘いことば」，“迷惑”は「[動]惑わす」，“取悦”は「[動]機嫌をとる」。

(5) 听说小张有与小王结秦晋之好的念头。
（張くんは王さんと結婚したいと思っているそうだ。）

① 比喻两个人成为同事关系。（二人が同僚の関係になることをたとえる。）

② 比喻两个人结为朋友关系。（二人が友人関係になることをたとえる。）

❸ 比喻两个人结成夫妻关系。（二人が夫婦関係になることをたとえる。）

④ 比喻两个人成为邻居关系。（二人が隣人関係になることをたとえる。）

“结秦晋之好”は春秋時代の秦と晋が世々婚姻を重ねて親密であったところから「結婚する」ことを表すので，③を選びます。

(6) 这件事是你干的吗？你可真是吃了豹子胆了！
（これはあなたがしたことなの？本当に大きな危険を冒したね。）

① 比喻做事迅速灵敏。
（事を行うのに迅速で敏捷であることをたとえる。）

❷ 比喻做事肆无忌惮（sìwú-jìdàn）。
（事を行うのにしたい放題することをたとえる。）

③ 比喻做事小心谨慎。（事を行うのに用心深く慎重であることをたとえる。）

④ 比喻做事凶狠残暴。（事を行うのに凶悪で残忍であることをたとえる。）

“吃豹子胆”で「[慣]大きな危険を冒す」なので，②を選びます。②の“肆无忌惮”は「[成]したい放題する」。

⑺ 他说起话来很少长篇大论，往往是一语破的（yìyǔ-pòdì）。（彼は話し出してもめったに長々と話すことなく，往々にして一言でずばりと急所をつく。）

① 表示平时很少写论文，也不当众讲话。
（平素はめったに論文を書かず，みんなの前で話もしないことを表す。）

② 表示说出来的话非常有趣，令人愉悦。
（話すことが非常におもしろく，人を楽しくさせることを表す。）

③ 表示说出来的话非常深奥，难以理解。
（話すことが非常に難しく，理解しがたいことを表す。）

❹ 表示用简洁的语言说出最核心的内容。
（簡潔なことばで最も核心をついた内容を話すことを表す。）

“一语破的”の“的”は「[名]まと」を表し，全体で「[成]一言でずばりと言い当てる」なので，④を選びます。問題文の“长篇大论”は「長々と話すこと」。

⑻ 他只讲自己过五关斩（zhǎn）六将的辉煌，却不提自己走麦城的历史。（彼は自分が次々と困難を克服した輝かしい事だけを話し，失敗した過去には触れたがらない。）

❶ 比喻遭遇非常惨痛的失败。（非常に無惨な失敗に遭うことをたとえる。）
② 比喻被迫逃亡到异国他乡。（異国への逃亡を強いられることをたとえる。）
③ 比喻被流放到很远的地方。（遠い場所に流刑にされることをたとえる。）
④ 比喻去很艰苦的地方工作。（苦しい場所に仕事に行くことをたとえる。）

“走麦城”は関羽が戦に敗れ麦城の地に逃げ込んだことから「失敗する」ことを表すので，①を選びます。問題文の“过五关斩六将”も，関羽が曹操軍の５つの関所を突破し，６人の大将を倒して進んだことから「[成]次々と困難を克服する」で，“过关斩将”とも言います。

4 600字前後の文章を読み，３か所の文を日本語に訳します。全体の内容を理解しながら日本語に翻訳する力を問います。（各８点）

我们偶尔会听到有些人在介绍一道佳肴时感叹：“太美了，简直让人舍不得吃！”或者“漂亮得和艺术品一样！”发出这种感叹的人，显然注重的只是食物的色彩与造型，他们所谓的艺术品自然是指视觉艺术上的。的确，近些年流行着一种“食品艺术”，(1)艺术家们用各种方式淡化食物本可食用这一最重要的功能，使之“升华”为供人赏心悦目的艺术品，用观赏取代了品尝。

根据最常见的分类方式，艺术可以粗略分为视觉艺术与听觉艺术。如果艺术只有这两大类，那么，饮食就不能算是一种艺术了。(2)因为饮食使用的主要器官是嘴巴和舌头，人们下意识地认为咀嚼、吞咽等动作与眼睛和耳朵无关。假如真要把食物当成艺术，我们就只能把本该满足口腹之欲的食物变成仅供观赏的对象了。可又有谁是闭着眼睛吃东西的呢？

我们不妨换个角度。把“品尝”当作欣赏艺术的一种方式，用口舌去感知艺术。食物注定是要被吃掉的，如果食物真的是艺术品的话，那么我们欣赏它的唯一方式就是毁灭它。我们常常把艺术与创造联系在一起，认为艺术不是在毁灭，而是在创造某些东西，如音乐、绘画、诗歌等等。可是也不尽然，比如烟花。(3)我们在观赏烟花时，你可曾想过，烟花在夜空绽放（zhànfàng）的瞬间，为人们展示的就是一种毁灭的艺术。“食品艺术”也是如此，“吃”这一动作意味着破坏与消毁，但只有“吃掉”，我们才能完整地体验食物之美，才能领会食物作为艺术品的精髓。

不尽然：必ずしもそうとは限らない

訳：我々はたまに誰かがごちそうを紹介しているときに感嘆して，「美しすぎる，まったく食べるのが惜しい。」とか，「芸術品と同じくらい美しい。」と言うのを耳にすることがある。このように感嘆している人は，言うまでもなく注目しているのは食べ物の色と形だけであり，彼らが言うところの芸術品とは当然ながら視覚的芸術におけるものを指している。確かに，近年「食品芸術」というものがはやっており，(1)芸術家たちは様々な方法で食べ物はもともと食べられるべきだというこの最も重要な機能を薄れさせ，人々に心や目で楽しませる芸術品に「昇華」させ，鑑賞することを味わうことに取って代わらせている。

最もよく見られる分類方式によると，芸術は大まかに視覚芸術と聴覚芸術に分けられる。芸術がこの二大分類であるならば，飲食は芸術に数えられない。(2)飲食が使う主要な器官は口と舌であるため，人々は無意識にそしゃくすることや飲み込むことなどの動作は目や耳とは無関係だと考えているからだ。仮に本当に食べ物を芸術とするならば，我々は本来口腹の欲を満たすべき食べ物を鑑賞にのみ供する対象に変えるしかない。しかし目を閉じてものを食べるような人はいるのだろうか。

我々は角度を変えて見てみるのも悪くはない。「味わう」ことを芸術を鑑賞する一つのスタイルとするならば，口と舌で芸術を感じられる。食べ物は食べられるものだと定められていて，もし食べ物が本当に芸術品であるならば，我々がそれを鑑賞する唯一の方法とはそれを破壊することである。我々はよく芸術と創造を一つに結び付けるが，芸術は破壊することにあるのではなく，例えば音楽，絵画，詩歌などある種のものを創造することにあると考えている。しかしそうとも限らず，例えば花火がある。(3)我々が花火を鑑賞しているとき，考えたことがあるだろうか，花火が夜空に咲いた瞬間に，人々にはっきりと表現しているのが破壊の芸術だということを。「食品芸術」もこれと同じで，「食べる」というこの動作は破壊と消滅を意味するが，ただ「食べてしまう」ことでのみ，我々は食べ物の美しさをすべて体験することができ，食べ物の芸術品としての真髄を理解することができるのである。

(1)〜(3)上記を参照

(1)の“本”は「副もともと」，“可”は「助動…すべきである」，“赏心悦目”は「成心や目を楽しませる」。(2)の“下意识地”は「無意識のうちに」，“咀嚼”は，「動そしゃくする，よくかむ」，“吞咽”は「動飲み込む」。(3)の“可”は「副…かどうか」，“绽放”は「動（花が）咲く，満開になる」，ここでは比喩的に用いられています。

5 **100字程度の日本語の文章2題を中国語に訳します。会話，手紙，論説などの少しまとまった長さの文章を組み立てる能力を問います。** （各10点）

(1)「外交辞令」を「相手が喜ぶような事を口先だけで言う」と説明する国語辞典がある。しかし外交では厳しい姿勢を表明するのに，柔らかで婉曲な表現を用いることがある。つまり「外交辞令」とは本心を隠すためではなく，逆に冷静な雰囲気を守りながら，誤解なく重大な警告を相手側に伝えるための外交上の言語だ。

有的国语辞典对“外交辞令”的解释是“只在嘴上说一些令对方高兴的事”。但是，在外交上有时表明的是严厉的态度，使用的却是委婉温柔的词语。也就是说，“外交辞令”并不是为了隐瞒自己的本意，相反是为了在维持冷静气氛的同时，明白无误地向对方表达严重警告的外交上的语言。

「相手が喜ぶような事」は“令对方高兴的事”で，不定量を表す“一些”をつけます。「…を口先だけで言う」は“只在嘴上说…”。「厳しい姿勢を表明するのに，柔らかで婉曲な表現を用いる」は「表明するのは厳しい姿勢だが，用いるのは柔らかで婉曲な表現」と読み換えて訳します。「柔らかで婉曲な」は“委婉温柔”と訳せます。「つまり」は“也就是说”と覚えておきます。「…ながら…する」は“在…的同时，…”。「誤解なく」は“明白无误”と訳せます。

(2) 特許庁は31日，中小企業の知的財産保護を後押しするため，全国で講習会や審査官による出張面接を集中的に実施する「巡回特許庁」を7月から始めると発表した。出張面接では，書面上のやりとりで特許申請の趣旨を正確に伝えるのが難しいケースに対応する。

专利厅31日发布消息，为了帮助中小企业保护知识产权，从七月份开始在全国举办讲习会、或审查官员前往各地集中进行当面咨询等“巡回专利厅”活动。书面的问答很难正确地表达专利申请上的主旨，“当面咨询”就是针对这一问题的举措。

「特許庁」は“专利厅”，「知的財産」は“知识产权”。「出張面接」の「出張」は“前往各地”で表し，「面接」はこの場合“当面咨询”とします。最初の文は，先に“专利厅31日发布消息，”とし，その後に発表した内容「中小企業の…7月から始める」を続けます。2番目の文は，先に「書面上のやりとりで特許申請の趣旨を正確に伝えるのは難しい」と訳し，後半は，それを“这一问题”（そのケース）で受け，「出張面接とはそのケースに対応する措置である」と読み換えて訳します。この「出張面接」は“当面咨询”でかまいません。

中国語検定試験について

一般財団法人 日本中国語検定協会が実施し，中国語運用能力を認定する試験です。受験資格の制限はありません。また，目や耳，肢体などが不自由な方には特別対応を講じます。中国語検定試験の概要は以下のとおりです。詳しくは後掲（p.115）の日本中国語検定協会のホームページや，協会が発行する「受験案内」をご覧いただくか，協会に直接お問い合わせください。

認定基準と試験内容

準4級	**中国語学習の準備完了** 学習を進めていく上での基礎的知識を身につけていること。 （学習時間60～120時間。一般大学の第二外国語における第一年度前期修了，高等学校における第一年度通年履修，中国語専門学校・講習会などにおける半年以上の学習程度。） 基礎単語約500語（簡体字を正しく書けること），ピンイン（表音ローマ字）の読み方と綴り方，単文の基本文型，簡単な日常挨拶語約50～80。
4　級	**中国語の基礎をマスター** 平易な中国語を聞き，話すことができること。 （学習時間120～200時間。一般大学の第二外国語における第一年度履修程度。） 単語の意味，漢字のピンイン（表音ローマ字）への表記がえ，ピンインの漢字への表記がえ，常用語500～1,000による中国語単文の日本語訳と日本語の中国語訳。
3　級	**自力で応用力を養いうる能力の保証（一般的事項のマスター）** 基本的な文章を読み，書くことができること。 簡単な日常会話ができること。 （学習時間200～300時間。一般大学の第二外国語における第二年度履修程度。） 単語の意味，漢字のピンイン（表音ローマ字）への表記がえ，ピンインの漢字への表記がえ，常用語1,000～2,000による中国語複文の日本語訳と日本語の中国語訳。
2　級	**実務能力の基礎づくり完成の保証** 複文を含むやや高度な中国語の文章を読み，3級程度の文章を書くことができること。 日常的な話題での会話が行えること。 単語・熟語・慣用句の日本語訳・中国語訳，多音語・軽声の問題，語句の用法の誤り指摘，100～300字程度の文章の日本語訳・中国語訳。

準1級	**実務に即従事しうる能力の保証（全般的事項のマスター）** 社会生活に必要な中国語を基本的に習得し，通常の文章の中国語訳・日本語訳，簡単な通訳ができること。 （一次）新聞・雑誌・文学作品・実用文などやや難度の高い文章の日本語訳・中国語訳。 （二次）簡単な日常会話と口頭での中文日訳及び日文中訳など。
1　級	**高いレベルで中国語を駆使しうる能力の保証** 高度な読解力・表現力を有し，複雑な中国語及び日本語（例えば挨拶・講演・会議・会談など）の翻訳・通訳ができること。 （一次）時事用語も含む難度の高い文章の日本語訳・中国語訳。熟語・慣用句などを含む総合問題。 （二次）日本語と中国語の逐次通訳。

日程と時間割

準4級，4級，3級，2級及び準1級の一次試験は3月，6月，11月の第4日曜日の年3回，1級の一次試験は11月の第4日曜日の年1回実施します。

一次試験は次の時間割で実施し，午前の級と午後の級は併願できます。

午　前			午　後		
級	集合時間	終了予定時間	級	集合時間	終了予定時間
準4級	10:00	11:15	4　級	13:30	15:25
3　級		11:55	2　級		15:45
準1級		12:15	1　級		15:45

準1級と1級の二次試験は，一次試験合格者を対象に，一次が3月，6月の場合は5週間後，一次が11月の場合は1月の第2日曜日に実施します。（協会ホームページに日程掲載。）

受験会場

全国主要都市に42か所，海外は北京，上海，台北，シンガポールの4か所を予定しています（2020年5月現在）。二次試験は，準1級を東京と大阪，1級を東京で実施します。ただし，受験者多数の場合，上海でも実施することがあります。

受験申込

郵送かインターネットで申込みます。 受験料は次のとおりです。

級	郵送による申込	インターネットによる申込
準4級	3,200 円	3,000 円
4 級	4,200 円	4,000 円
3 級	5,200 円	5,000 円
2 級	7,200 円	7,000 円
準1級	8,700 円	8,500 円
1 級	9,700 円	9,500 円

（2020 年 5 月現在）

出題・解答の方式，配点，合格基準点

級	種類	方式	配点	合格基準点
準4級	リスニング	選択式	50 点	60 点
	筆　記	選択式・記述式	50 点	
4 級	リスニング	選択式	100 点	60 点
	筆　記	選択式・記述式	100 点	60 点
3 級	リスニング	選択式	100 点	65 点
	筆　記	選択式・記述式	100 点	65 点
2 級	リスニング	選択式	100 点	70 点
	筆　記	選択式・記述式	100 点	70 点
準1級	リスニング	選択式・記述式	100 点	75 点
	筆　記	選択式・記述式	100 点	75 点
1 級	リスニング	選択式・記述式	100 点	85 点
	筆　記	選択式・記述式	100 点	85 点

・解答は，マークシートによる選択式及び一部記述式を取り入れています。また，録音によるリスニングを課し，特に準１級・１級にはリスニングによる書き取りを課しています。

・記述式の解答は，簡体字の使用を原則としますが，２級以上は特に指定された場合を除き，簡体字未習者の繁体字の使用は妨げません。但し，字体の混用は減点の対象となります。
・４級～１級は，リスニング・筆記ともに合格基準点に達していないと合格できません。準４級は合格基準点に達していてもリスニング試験を受けていないと不合格となります。
・合格基準点は，難易度を考慮して調整されることがあります。

二次試験内容

準１級は，面接委員との簡単な日常会話，口頭での中文日訳と日文中訳，指定されたテーマについての口述の３つの試験を行い，全体を通しての発音・イントネーション及び語彙・文法の運用能力の総合的な判定を行います。10～15分程度。合格基準点は75点／100点

１級は，面接委員が読む中国語長文の日本語訳と，日本語長文の中国語訳の２つの試験を行います。20～30分程度。合格基準点は各85点／100点

一般財団法人 日本中国語検定協会
〒103-8468　東京都中央区東日本橋2-28-5 協和ビル
Tel：０３－５８４６－９７５１
Fax：０３－５８４６－９７５２
ホームページ：http://www.chuken.gr.jp
E-mail：info@chuken.gr.jp

試験結果データ（2019年度実施分）

L：リスニング　W：筆記　口試1：中文日訳　口試2：日文中訳

第98回	準4級	4級	3級	2級	準1級	準1級二次	1級一次	1級二次
		L / W	L / W	L / W	L / W	口試	L / W	口試1/口試2
合格基準点	60	60(55)/60(55)	65(60)/65(60)	70/70(65)	75/75(70)	75	−	−
平均点	70.6	58.2/67.7	64.3/63.2	67.7/60.3	67.2/59.5	88.2	−	−
志願者数	1,992	2,619	2,758	1,481	491	91	−	−
受験者数	1,812	2,263	2,423	1,339	445	79	−	−
合格者数	1,425	1,210	1,115	437	90	73	−	−
合格率	78.6%	53.5%	46.0%	32.6%	20.2%	92.4%	−	−

第99回	準4級	4級	3級	2級	準1級一次	準1級二次	1級一次	1級二次
		L / W	L / W	L / W	L / W	口試	L / W	口試1/口試2
合格基準点	60	60/60	65(55)/65(55)	70(65)/70(65)	75(70)/75(70)	75	85/85	85/85
平均点	70.6	64.8/69.4	54.0/61.5	64.5/59.1	62.7/57.8	89.5	72.6/66.1	89.1/84.4
志願者数	3,525	3,836	3,392	1,895	469	81	259	17
受験者数	3,235	3,387	2,933	1,715	407	72	241	17
合格者数	2,526	1,953	1,238	540	70	70	16	11
合格率	78.1%	57.7%	42.2%	31.5%	17.2%	97.2%	6.6%	64.7%

※　（二次）志願者数には，一次試験免除者を含みます。

※　合格基準点欄（　）内の数字は，難易度を考慮して当該回のみ適用された基準点です。

カバーデザイン：トミタ制作室

音声ダウンロード

中検準１級・１級試験問題2020［第98・99回］解答と解説

2020年5月22日　初版印刷
2020年5月28日　初版発行

編　者　一般財団法人 日本中国語検定協会
発行者　佐藤康夫
発行所　白 帝 社

〒171-0014　東京都豊島区池袋2-65-1
TEL 03-3986-3271　FAX 03-3986-3272
info@hakuteisha.co.jp　http://www.hakuteisha.co.jp/

印刷 倉敷印刷（株）／㈱ティーケー出版印刷

Printed in Japan　〈検印省略〉　6914　ISBN978-4-86398-387-8

F　第　　　回　準1級　解答用紙　　リスニング

受験番号							
会場							
氏名							

記入例

良い例	悪　い　例
▬	▭●　▭✓　▭○　▭✕　▭═　▭▬

小さすぎたり，はみだしたり，うすすぎたりしないように。

マーク欄全体を塗りつぶしてください。

1

	1	2	3	4
(1)	▭	▭	▭	▭
(2)	▭	▭	▭	▭
(3)	▭	▭	▭	▭
(4)	▭	▭	▭	▭
(5)	▭	▭	▭	▭
(6)	▭	▭	▭	▭
(7)	▭	▭	▭	▭
(8)	▭	▭	▭	▭
(9)	▭	▭	▭	▭
(10)	▭	▭	▭	▭

2

		点数
(1)		
(2)		
(3)		
(4)		
(5)		

G　第　　　回　準1級　解答用紙　　　筆記 1 2 3 4

受験番号							
会場							
氏名							

記入例

良い例	悪い例
■	

（小さすぎたり，はみだしたり，うすすぎたりしないように。）

マーク欄全体を塗りつぶしてください。

1

	1	2	3	4
(1)				
(2)				
(3)				
(4)				
(5)				
(6)				
(7)				
(8)				
(9)				
(10)				

2

	1	2	3	4
(1)				
(2)				
(3)				
(4)				
(5)				
(6)				
(7)				
(8)				
(9)				
(10)				

3

	1	2	3	4
(1)				
(2)				
(3)				
(4)				
(5)				
(6)				
(7)				
(8)				

4

点数

(1) ア　　イ

(2)
a

b

c

第　　回　1級　解答用紙　　リスニング

受験番号							
会場							
氏名							

記入例

良い例	悪い例
■	(mark examples)

↑ マーク欄全体を塗りつぶしてください。

（小さすぎたり，はみだしたり，うすすぎたりしないように。）

1

(1)	1	2	3	4
(2)	1	2	3	4
(3)	1	2	3	4
(4)	1	2	3	4
(5)	1	2	3	4
(6)	1	2	3	4
(7)	1	2	3	4
(8)	1	2	3	4
(9)	1	2	3	4
(10)	1	2	3	4

2

		点数
(1)		
(2)		
(3)		
(4)		
(5)		

J 第　　　回 1級 解答用紙

筆記 1 2 3 4

受験番号	
会場	
氏名	

記入例

良い例	悪い例

（小さすぎたり，はみだしたり，うすすぎたりしないように。）

マーク欄全体を塗りつぶしてください。

1

(1)	1	2	3	4
(2)	1	2	3	4
(3)	1	2	3	4
(4)	1	2	3	4
(5)	1	2	3	4
(6)	1	2	3	4
(7)	1	2	3	4
(8)	1	2	3	4
(9)	1	2	3	4
(10)	1	2	3	4

2

(1)	1	2	3	4
(2)	1	2	3	4
(3)	1	2	3	4
(4)	1	2	3	4
(5)	1	2	3	4
(6)	1	2	3	4
(7)	1	2	3	4
(8)	1	2	3	4
(9)	1	2	3	4
(10)	1	2	3	4

3

(1)	1	2	3	4
(2)	1	2	3	4
(3)	1	2	3	4
(4)	1	2	3	4
(5)	1	2	3	4
(6)	1	2	3	4
(7)	1	2	3	4
(8)	1	2	3	4

4

		点数
(1)		
(2)		
(3)		